天津市哲学社会科学规划项目
"体育场地布局和利用对全民健身影响研究——以天津市为例"最终成果
（ 项目编号：TJGL18-029 ）

新时代全民健身
与体育场馆发展研究

侯小波 著

天津出版传媒集团

天津人民出版社

图书在版编目（CIP）数据

新时代全民健身与体育场馆发展研究 / 侯小波著.
天津 ：天津人民出版社，2024. 8. -- ISBN 978-7-201
-20655-4

Ⅰ. G812.4；G818

中国国家版本馆 CIP 数据核字第 2024A5Z324 号

新时代全民健身与体育场馆发展研究
XINSHIDAI QUANMIN JIANSHEN YU TIYU CHANGGUAN FAZHAN YANJIU

出　　版	天津人民出版社
出 版 人	刘锦泉
地　　址	天津市和平区西康路 35 号康岳大厦
邮政编码	300051
邮购电话	（022）23332469
电子信箱	reader@tjrmcbs.com

策划编辑	郑　玥
责任编辑	郭雨莹
装帧设计	汤　磊

印　　刷	天津新华印务有限公司
经　　销	新华书店
开　　本	710 毫米×1000 毫米　1/16
印　　张	22
插　　页	2
字　　数	280 千字
版次印次	2024 年 8 月第 1 版　2024 年 8 月第 1 次印刷
定　　价	98.00 元

前　言

　　由国家体育总局群众体育司指导、国家体育总局体育科学研究所学术支持，人民网"人民爱健身"科学健身指导服务平台发布的《2022国民健身趋势报告》显示，近年来，我国国民正呈现出积极健身的趋势，养成健身习惯的人数增多，主动健身意识增强。

　　2022年10月16日，中国共产党第二十次全国代表大会胜利召开，习近平总书记在开幕式上做了重要报告，指出要"促进群众体育和竞技体育全面发展，加快建设体育强国"，为我国体育事业的发展指明了方向。

　　《"十四五"体育发展规划》(2021)明确指出"十四五"期间我国体育事业的发展目标之一为"全民健身水平达到新高度"，"人均体育场地面积达到2.6平方米，经常参加体育锻炼人数比例达到38.5%，每千人拥有社会体育指导员2.16名"。为了"落实全民健身国家战略，推进健康中国建设"，具体指出"构建更高水平的全民健身公共服务体系、广泛开展全民健身活动、提高科学健身指导水平、推动全民健身智慧化发展"，其中在全民健身公共服务体系方面指出要健全全民健身场地设施、器材装备等标准体系。

　　十三届全国人大常委会第三十五次会议通过了新修订的《中华人民共

和国体育法》(2023年1月1日起施行),在关于全民健身方面突出了其在体育事业发展中的基础性作用,明确了国家实施全民健身策略,促进全民健身与全民健康深度融合,确立社会体育指导员制度,同时在规划设计、建设配置、开放管理等方面细化了全民健身的场地设施保障问题。

《"健康中国2030"规划纲要》(2016)中指出,"健康是促进人的全面发展的必然要求,是经济社会发展的基础条件",到2030年要实现"完善的全民健身公共服务体系全面建立",经常参加体育锻炼的人数达到5.3亿人,"基本建成县乡村三级公共体育设施网络,人均体育场地面积不低于2.3平方米,在城镇社区实现15分钟健身圈全覆盖。推行公共体育设施免费或低收费开放,确保公共体育场地设施和符合开放条件的企事业单位体育场地设施全部向社会开放","组织社会体育指导员广泛开展全民健身指导服务"。

《体育强国建设纲要》(2019)中指出,"到2035年,全民健身更亲民、更便利、更普及,经常参加体育锻炼人数比例达到45%以上,人均体育场地面积达到2.5平方米","到2050年,全面建成社会主义现代化体育强国"。2021年国务院印发了《全民健身计划(2021—2025年)》,这是党中央、国务院领导全民健身的重大战略,实现全民健身事业向更高水平发展,不断满足人民群众的健身需求,实现全民健康的战略目标。

党的十八大以来,国家有关部门不断深化公共体育资源管理机制改革,加强体育公园、健身步道等全民健身场地设施建设,推动健康关口前移,建立体育和卫生健康等部门协同、全社会共同参与的运动促进健康新模式,全民健身公共服务体系建设进一步完善。近年来,国家体育总局高度重视群众去哪儿健身的问题,如针对农村的"农民体育健身工程",针对社区的"雪炭工程",全民健身路径,公共体育场馆开放,以及积极倡导各级政府和社会各界共同加强体育公园和健身步道。

世界卫生组织研究数据表明,影响健康60%以上的因素是行为和生活方式,体育运动是健康生活方式的重要内容,体育锻炼可以促进人的身体健康,提高生命质量,减少医疗开支,是实现全民健康最积极、最有效也是最经济的手段。举国体制发展全民健身,是弘扬中华体育精神、增强文化自信的重要抓手,体育可以强壮一国之民,可以提振国民之精气神,可以强化国民之文化自觉。习近平总书记强调,要弘扬中华体育精神,弘扬体育道德风尚。他指出,发展体育事业不仅是实现中国梦的重要内容,还能为中华民族伟大复兴提供凝心聚气的强大力量。

目录 *Contents*

第一章 导论

　　党的二十大报告中指出,要"广泛开展全民健身活动,促进群众体育和竞技体育全面发展,加快建设体育强国"。《"十四五"体育发展规划》对全民健身做出了明确的部署,指出深入落实全民健身战略,高质量发展全民健身工程,增强人民的体魄,巩固全面建成小康社会的发展成果。

第一节　研究背景分析

　　2022年6月,《中华人民共和国体育法》迎来了自颁布以来(1995年)的第一次大修,并于2023年1月1日开始实施,适逢2022年北京冬奥会和冬残奥会的成功举办的大背景,明确国家实施全民健身战略,推行全民健身计划,促进全民健身与全民健康深度融合,逐步健全基本公共体育服务体系,为广泛开展全民体育运动提供了制度支撑。近年来,人们的生活和工作方式发生改变,加速了社会公共事业管理模式的变革,全民健康是国家对美好生活的向往,也是每个人的追求。通过体育锻炼实现身心健康、体质强健,能够保障发展的可持续性,健全体育公共服务系统,科学规划体育场地和实施建设,保障人们健身的环境发展,最终实现体育强国的战略目标。

一、深入落实国家治理体系和治理能力现代化战略

体育事业是国家事业的重要组成部分,开展全民健身、健全体育场地设施规划建设和管理是实现人民对美好生活向往的重要基础保障,是深刻落实国家治理体系和治理能力现代化的重要内容(见图1.1)。

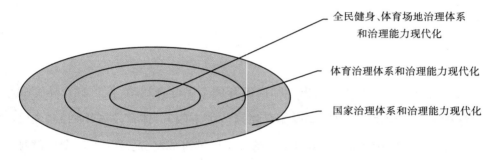

全民健身、体育场地治理体系
和治理能力现代化

体育治理体系和治理能力现代化

国家治理体系和治理能力现代化

图1.1　概念体系关系

(一)国家治理体系和治理能力现代化的提出和内涵

党的十八届三中全会提出,要推进国家治理体系和治理能力现代化。2019年,党的十九届四中全会审议通过《中共中央关于坚持和完善中国特色社会主义制度　推进国家治理体系和治理能力现代化若干重大问题的决定》。

所谓国家"治理体系现代化",就是通过系列的制度安排和宏观顶层设计,使国家的治理体系日趋完备、不断科学规范、愈加运行有效的过程。所谓"治理能力现代化",就是将制度优势转化为治理效能的现代性能力不断获取并逐渐强化的过程。其中,国家治理体系现代化体现国家的制度设计能力,治理能力现代化体现贯彻治理体系的执行能力。设计能力最终要通过执行能力来体现,制度的威力和效力归根结底要通过执行方能落地生根、开花结果。

(二)全民健身和体育场地(馆)治理体系和治理能力现代化

推进国家体育治理体系和治理能力现代化的发展路径,是体育事业全面深化改革的重要手段,体现以人民为中心、群众满意、依法治体等核心思想理念。

体育治理体系是指规范体育管理权力运行和维护体育公共管理的一系列制度和程序。从体育事业发展的多维度来分析,体育治理体系分为体育行政范畴逐步在赛事改革、组织创建、项目培育、产业开发等方面的简政放权和规范管理。

体育治理能力是指在体育治理过程中,国家、组织、公民实现体育发展目标的执行力和效能。体育治理能力现代化是国家政治、经济、社会、文化和生态现代化发展的必然要求,主要包括体育公共服务权力运行的制度化、常态化和规范化,体育公共治理和制度安排决策的民主化,体育公共治理的法制化,评价体育治理效率的科学化,协调体育治理利益关系的公正化(见图1.2)。

全民健身事业是体育事业的重要组成部分,是实现全民健康、实现体育强国目标的关键。全民健身治理体系是指在党的领导下,全民健身事业多元治理主体协同合作,多种机制协调发力,形成全面可持续发展的制度体系。在这一过程中要充分发挥中国特色社会主义制度的优越性,构建开放、包容、平等、共享、创新的治理机制,明确价值取向和发展目标,有效解决实际问题,推动全民健身事业治理体系现代化。

全民健身治理能力现代化是推进国家治理能力现代化的组成部分,是在国家、社会和市场全方位视域下对全民健身事业发展的全面审视,是指运用现代治理思维、现代治理方法和手段,推动全民健身改革、完善全民健身制度、强化全民健身服务以有效解决全民健身发展过程中的各种问题、引领全民健身发展目标的实现、使全民健身事业保持可持续发展的能力。全民健身治理能力现代化要树立全民健身现代治理意识,建立全民健身现代治理体系,强化全民健身现代治理能力,通过"三位一体"来实现。

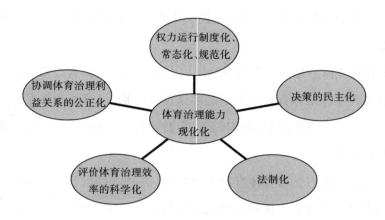

图1.2　体育治理能力现代化内涵

体育场地(馆)的建设、发展和规范管理是促进体育事业健康发展的重要环节,体育事业各领域之间的协调发展、特色发展,厘清体育在国家、社会和市场中的地位和角色是我国体育治理体系和治理能力现代化的关键问题。在体育事业发展领域,国家将承担起宏观管理和顶层设计、制定法规政策和监督的作用,转"划桨"为"掌舵",再由"掌舵"转为"服务"。在社会层面,将以体育社会组织的形式,强化公共权力责任和完善公共服务的供给机制,通过体育社会组织承担起体育运动普及、运动项目推广和体育赛事筹办,甚至体育人才培养的重任。在市场层面,将以体育职业俱乐部和体育企业的身份,明确体育产业发展中的产权主体和法律身份,按照市场机制配置体育资源,成为国民经济新的支柱型增长点(见图1.3)。

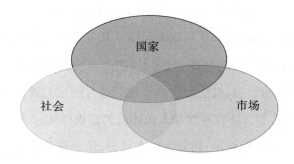

图1.3　体育治理体系和治理能力现代化的关键问题

二、提高国民体质,应对公共卫生危机

2003年的"非典"让国人体会到了公共卫生危机事件的严重性,逐渐改变了人们对待健康和卫生的态度,2020年新冠肺炎疫情突如其来,改变了人们的生活和工作,改变了人们的健康观和健康方式。人们传统的健康理念是当身体不适或者想提高身体素质时,希望通过医疗或者养生之术来实现,随着生活方式的改变,运动处方学渐渐完善发展,治未病已经被越来越多的人接纳。

(一)国民体质指标体系和政策内容

自2000年至今,每五年一次,我国已经进行了五次国民体质监测工作,建立了中国国民体质监测数据库,掌握了我国国民体质基本变化规律,为国家科学制定发展群众体育事业、增强国民体质的相关政策提供了重要依据。2000年,根据国家发展需要,为推动群众体育工作的顺利科学开展,我国制定了《国民体质测定标准》,在此基础上,2003年又制定了《国民体质测定标准施行办法》。

1.《国民体质测定标准》

体质是人类生产和生活的物质基础。党和政府历来十分重视并不断采取有效措施增强人民体质,其中一项重要举措就是建立并施行国民体质测定制度。2000年,国家体育总局会同10个有关部门对3~69岁的国民进行了首次全国性体质监测,获取了我国国民体质状况资料。此后,国家体育总局组织专家利用这些翔实的数据,制定了《国民体质测定标准》。运用科学的方法对国民个体的形态、机能和身体素质等进行测试与评定,科学指导全民健身活动的开展,发挥体育对增强人民体质的积极作用。

《国民体质测定标准》一共分为三个部分,第一部分为《适用对象的分组与测试指标》,依据年龄进行分组,测试指标分为身体形态、身体机能和身体素质三个部分;第二部分为《测试方法》,根据三个指标的细化标准进行方法的设定;第三部分为《评定标准》,包括评定方法与标准、身高和体重标准、其他单项指标的评分标准等内容。

2.《国民体质测定标准施行办法》

2003年,为推动和规范《国民体质测定标准》的施行工作,指导国民科学健身,促进全民健身活动的开展,提高全民族的身体素质,根据《中华人民共和国体育法》和《全民健身计划纲要》等有关规定,制定《国民体质测定标准施行办法》。

《国民体质测定标准施行办法》包括18条,具体对3~69岁的国民的体质测定和评价进行了具体的规定,其中青少年的标准具体设定《学生体质健康标准》,结合学校体育工作实施。《国民体质测定标准施行办法》通过制定和颁布《国民体质测定标准手册》的形式执行,根据年龄,从幼儿、成年人、老年人进行大类划分,同时各个年龄段根据一定的年龄标准进行细化,各个指标体系具体从身高、体重、测试项目等进行分类,同时对测评结果进行等级划分。(具体内容见附录1)

(二)国民体质监测结果——第五次国民体质检测数据

根据《中华人民共和国体育法》《全民健身计划(2016—2020年)》和《"健康中国2030"规划纲要》的有关规定,为落实《体育强国建设纲要》的相关目标和任务,按照国民体质监测周期,2020年我国进行了第五次国民体质监测工作。

第五次国民体质监测人群的年龄范围为3~79岁中3~6岁的幼儿,20~59岁的成年人,60~79岁的老年人。监测范围是31个省、自治区、直辖市,涉及机关、企事业单位、学校、幼儿园、行政村,包括金融、煤炭、公安、建筑等行业。采用抽样调查的方法。有效样本202123人。监测的内容包括身体形态、身体机能、身体素质等。基于《第五次国民体质监测公报》的数据,结合本书主题,选择部分数据和统计结论,具体分析如下。

1.身体形态

身体形态包括身高、体重、胸围、体脂率①等指标。

(1)幼儿(3~6岁)的身体形态数据

对幼儿的年龄范围限定为3~6岁,按照男女性别从身高、体重、胸围和体脂率四个维度进行调查和分析(见表1.1)。

表1.1　2020年第五次国民体质监测幼儿(3~6岁)身体形态数据

性别	年龄(岁)	身高(厘米)	体重(千克)	胸围(厘米)	体脂率(%)
男	3	101.9	16.4	52.3	19.2
	4	108.0	18.4	54.1	18.7
	5	115.3	21.4	56.3	19.7
	6	119.6	23.1	58.1	19.2
女	3	100.9	15.8	51.2	23.0
	4	107.0	17.7	52.7	22.0
	5	114.1	20.2	54.6	22.1
	6	118.5	21.9	56.1	21.2

---

① 体脂率是指人体内脂肪重量在人体总体重中所占的比例,又称体脂百分数,它反映人体内脂肪含量的多少。肥胖会提高罹患各种疾病的风险。例如,高血压、糖尿病、高血脂等。通过腰围、体重换算成对应参数,计算出脂肪重量。

幼儿的身体形态数据表现出其随着年龄的增长出现的生长发育特点，除了体脂率，男孩比女孩的数值要高，同时在调查中发现，城镇的幼儿指标高于农村的幼儿指标。

（2）成年人（20~59岁）的身体形态数据

成年人的年龄是分组进行统计的，按照每5岁划分一个年龄段，具体调查数据见表1.2。

表1.2　2020年第五次国民体质监测成年人（20~59岁）身体形态数据

性别	年龄组（岁）	身高（厘米）	体重（千克）	腰围（厘米）	体脂率（%）
男	20~24	172.6	70.4	82.4	20.2
	25~29	172.1	72.8	85.3	22.5
	30~34	171.4	74.3	87.6	23.7
	35~39	170.4	74.0	88.5	23.9
	40~44	169.4	73.2	89.0	23.9
	45~49	168.7	72.5	89.3	23.9
	50~54	167.9	71.6	89.5	23.8
	55~59	167.5	71.0	89.8	23.8
女	20~24	160.6	55.7	72.8	24.9
	25~29	159.8	56.7	74.4	26.5
	30~34	159.1	58.0	76.5	28.1
	35~39	158.6	59.1	78.3	29.1
	40~44	158.0	59.7	79.3	29.9
	45~49	157.5	60.1	80.4	30.7
	50~54	157.2	60.8	82.2	31.6
	55~59	157.0	60.7	83.7	31.9

在身体形态方面,男性和女性表现在20~24岁的年龄段数值最高;男性体重和体脂率呈现先增后降,女性持续增高的发展状态,女性的体脂率普遍高于男性;男女性的腰围随着年龄的增长呈现增长的发展状态。在调查中发现城乡存在差别,身高方面城镇高于农村,女性的体重、体脂率、腰围数值上乡村高于城镇,男性的体重、体脂率数值城镇高于农村。

（3）老年人（60~79岁）的身体形态数据

老年人的年龄是分组进行统计的,按照每5岁划分一个年龄段。

表1.3　2020年第五次国民体质监测老年人（60~79岁）身体形态数据

性别	年龄组（岁）	身高（厘米）	体重（千克）	腰围（厘米）	体脂率（%）
男	60~64	165.9	69.0	89.3	23.3
	65~69	165.4	68.1	89.3	23.3
	70~74	164.6	66.7	88.7	23.1
	75~79	164.2	65.6	88.2	23.0
女	60~64	155.1	60.3	85.5	32.9
	65~69	154.4	59.8	86.4	33.0
	70~74	153.4	58.9	86.8	33.0
	75~79	153.3	57.9	86.2	32.6

随着年龄的增长,老年人身体形态的各项指标值呈现下降的发展趋势。由于老年女性参与体育运动较少,忙于家庭照顾,随着年龄的增长体质下降较快,种种原因导致老年人的女性体脂率高于男性。

2.身体机能

身体机能包括肺活量、心肺耐力测试值等内容。

（1）成年人的身体机能情况

成年人的身体机能体现出年龄特点,即随着年龄的增长身体机能呈现下降的趋势;在性别方面,男性的优于女性;在城乡差别方面,城镇居民的肺

活量高于农村居民,心肺耐力差别不大(见表1.4)。

表1.4　2020年第五次国民体质监测成年人(20~59岁)身体机能情况

性别	年龄组(岁)	肺活量(毫升)	心肺耐力测试值(毫升/千克/分钟)
男	20~24	3751	44.1
	25~29	3729	42.5
	30~34	3607	41.5
	35~39	3467	41.3
	40~44	3322	40.1
	45~49	3182	39.5
	50~54	3009	34.1
	55~59	2845	33.6
女	20~24	2557	39.2
	25~29	2528	38.3
	30~34	2470	37.4
	35~39	2405	36.5
	40~44	2313	34.1
	45~49	2215	33.4
	50~54	2124	29.8
	55~59	2018	29.5

　　呈现以上结构特点的原因主要在于各个年龄阶段职业特点、生活规律不同,例如男性年龄组45~49岁向50~54岁的心肺耐力测试值下降较其他年龄段更大,这是男性职业发展的高峰期,女性也在这个年龄段出现了较大的下降,这是女性处于更年期的时间,同时照顾老幼,对自身的关注较少,导致身体机能的较快下降。

（2）老年人的身体机能情况

老年人的身体机能由肺活量和2分钟原地高抬腿两项指标构成，具体数据见表1.5。

表1.5　2020年第五次国民体质监测老年人（60~79岁）身体机能情况

性别	年龄组（岁）	肺活量（毫升）	2分钟原地高抬腿（次）
男	60~64	2509	51.8
	65~69	2342	50.7
	70~74	2124	47.4
	75~79	1960	44.2
女	60~64	1785	55.1
	65~69	1679	52.3
	70~74	1552	48.5
	75~79	1510	44.4

无论男性还是女性，老年人的身体机能随着年龄的增长均呈现下降的趋势，但是从单一指标上看，男性的肺活量好于女性，女性的高抬腿总体好于男性。在城乡差别上看，城镇老年人的身体机能好于农村老年人的身体机能。由于城镇居民大多数属于退休职工，对待生活态度较为积极，社区公共体育文化设施较为发达，所以城镇老年人的身体机能明显好于农村老年人。

3.身体素质

身体素质包括立定跳远、坐位体前屈、走平衡木等内容。

（1）幼儿的身体素质情况

幼儿的身体素质在立定跳远、坐位体前屈和走平衡木三项指标中体现，总体上看，随着身体发育的进程，身体素质也在提高和进步（见表1.6）。女孩的柔韧性优于男孩，男女孩的平衡素质差别不是很大，男孩的下肢爆发力优于女孩,同时城乡在不同指标之间也存在差异,例如城镇幼儿的灵敏性好于农村,农村幼儿的平衡素质好于城镇。

表1.6   2020年第五次国民体质监测幼儿(3~6岁)身体素质情况

性别	年龄(岁)	立定跳远(厘米)	坐位体前屈(厘米)	走平衡木(秒)
男	3	57.9	9.9	12.4
	4	77.2	9.6	10.2
	5	93.8	8.6	8.2
	6	101.2	8.1	7.1
女	3	56.4	10.9	12.3
	4	73.8	11.4	10.0
	5	88.8	11.6	8.3
	6	94.9	11.4	7.1

以上数据基本上符合幼儿生长发育的阶段特点,可以看出家庭对子女教育的关注,在平衡能力方面要注意加强对幼儿的培养。

(2)成年人的身体素质情况

成年人的身体素质指标包括握力、背力、纵跳、俯卧撑、一分钟仰卧起坐、坐位体前屈、闭眼单脚站立等内容。本书选择部分指标数据(见表1.7)进行分析。

表1.7   2020年第五次国民体质监测成年人(20~59岁)身体素质情况

性别	年龄组 (岁)	握力 (千克)	1分钟仰卧起坐 (次)	纵跳 (厘米)	坐位体前屈 (厘米)
男	20~24	43.5	27.0	37.4	7.2
	25~29	44.4	25.6	36.2	5.8
	30~34	44.7	24.3	34.6	5.2
	35~39	44.1	23.1	33.1	4.8

性别	年龄组 （岁）	握力 （千克）	1分钟仰卧起坐 （次）	纵跳 （厘米）	坐位体前屈 （厘米）
	40~44	43.8	21.4	30.8	4.9
	45~49	43.1	19.8	29.2	4.7
	50~54	41.9	17.6	27.3	4.3
	55~59	40.2	15.7	25.6	3.6
女	20~24	26.6	22.3	25.1	11.1
	25~29	26.6	20.0	24.0	10.0
	30~34	27.0	18.5	23.1	9.1
	35~39	27.2	18.2	22.4	8.5
	40~44	27.3	17.2	21.4	8.8
	45~49	27.0	15.7	20.5	8.7
	50~54	26.0	13.4	19.4	8.8
	55~59	25.4	11.9	19.0	8.9

成年人的身体素质方面,肌肉力量(握力)随着年龄的增长呈现先增后降,男性的拐点在40岁,女性的拐点在44岁。大部分指标都是随着年龄的增长而逐渐下降。女性的柔韧性(坐位体前屈)明显好于男性,其他指标男性优于女性。在城乡差别上,大部分指标城镇优于农村,但是随着年龄的增大,差距减小。

(3)老年人的身体素质情况

老年人的身体素质包括握力和坐位体前屈等指标。体现年龄的特点,即随着年龄的增长各项指标呈现下降的趋势(见表1.8)。

表1.8　2020年第五次国民体质监测老年人(60~79岁)身体素质情况

性别	年龄组(岁)	握力(千克)	坐位体前屈(厘米)
男	60~64	36.5	2.4
	65~69	35.1	1.7
	70~74	32.2	0.7
	75~79	29.9	−0.3
女	60~64	23.6	7.9
	65~69	22.8	7.1
	70~74	21.6	5.4
	75~79	21.1	3.8

从各项指标的性别差异上看,男性的肌肉力量(握力)好于女性,女性的柔韧性(坐位体前屈)优于男性。从城乡差别上看,城镇老年人的身体素质好于农村老年人的身体素质,而且农村老年人身体素质下降的速度快于城镇老年人的身体素质。

总体上看,第五次国民体质监测(2020)的数据结果显示,根据《国民体质测定标准》,合格率达到90.4%,其中幼儿合格率为94.4%,成年人合格率为87.2%(20~39岁)、90.6%(40~59岁),老年人合格率为91.4%;城镇合格率为91.1%,乡村合格率为89.3%。

(三)青少年体质监测——《学生体质健康标准》《2020中国大学生健康调查报告》

作为《国家体育锻炼标准》的重要组成部分,2002年,《学生体质健康标准》开始实行,2008年颁布实施《国家学生体质健康标准》的实施办法,后经多次修改形成目前的《国家学生体质健康标准》(2014年修订颁布),并颁布相应实施办法,在制度上保障学生体质监测工作顺利开展。(具体内容见附录3)

1.《国家学生体质健康标准》

标准的制定是为贯彻落实健康第一的指导思想,切实加强学校体育工作,促进学生积极参加体育锻炼,养成良好的锻炼习惯,提高体质健康水平。本标准适用于全日制小学、初中、普通高中、中等职业学校和普通高等学校的在校学生,从身体形态、身体机能、身体素质和运动能力等方面综合评定学生的体质健康水平。

经过多次修订,当下的《国家学生体质健康标准》展现出更加强制性的要求,即所有测试项目为必测项目,例如过去经常被弃选的引体向上项目和耐力跑项目成为必测项目。试图通过制度倒逼机制来提高青少年体育参与的积极性,提高他们的身体素质。对于如何评价学生的身体素质,该标准也是科学设定相应等级进行评判,为了督促学校组织和行政部门深入贯彻和执行标准,对于体质达标不合格或连续三年下降的地区和学校,通过一票否决来执行。

2.《国家学生体质健康标准实施办法》

2008年教育部颁布《国家学生体质健康标准实施办法》,其内容包括13条,由实施的主体、测试成绩的要求、特殊情况的处理等构成。其中指出,"在校长领导下,由学校体育教研部门、教务部门、校医院(医务室)、学工部门、辅导员(班主任)协同配合共同组织实施","测试成绩达到良好及以上者,方可参加三好学生、奖学金评选,成绩达到优秀者,方可获体育奖学分,成绩不及格者,在本学年度准予补测一次,补测仍不及格,则学年成绩为不及格,普通高中、中等职业学校和普通高等学校学生毕业时,测试的成绩达不到50分者按肄业处理"。

3.《2020中国大学生健康调查报告》

2020年,丁香园联合中国青年报发布了《2020中国大学生健康调查报告》,对不同城市、不同年级的12117名大学生进行了健康情况调查,通过调查发现有八成多的学生在过去一年出现过各种健康困扰,其中在运动方面,六成大学生为了健康而运动,但是很难坚持。

有学者研究发现,大学生的男性超重和肥胖比例较高,女性则体重较轻的比例偏大;女性大学生的肺活量好于男性,但是其自身的肺活量水平一般,可见总体的该项目都不好;在体测方面,100米测试优秀率不到10%,力量测试的优秀率更低,由于缺乏锻炼导致引体向上测试的相对力量较弱。产生以上问题的原因主要在于大学生体育锻炼时长短,在体育场馆内的活动不集中等。

4.青少年体质状况分析

少年强则国强,青少年的身心健康是个人发展的需要,是国家、民族、社会、家庭的共同期盼,青少年体育工作是体育事业发展的基础,是体育强国建设和健康中国建设的基础性工作。

我国国民体质监测报告显示,近年来我国城乡学生身体形态发育水平,即身高、体重和胸围等发育水平继续提高。肺活量持续呈现上升的趋势。城乡学生营养不良检出率进一步下降,且基本没有重中度营养不良。乡村小学生蛔虫感染率持续降低。中小学生身体素质继续呈现稳中向好趋势。但是,大学生身体素质继续呈现下降趋势,视力不良检出率仍然居高不下,继续呈现低龄化倾向,各年龄段学生肥胖检出率持续上升。

近期,"脆皮大学生"(脆弱易受伤)走红,这是指新一代大学生,虽然年纪不大,但是身体毛病较多,很脆弱,一碰就坏,成为"脆脆鲨"。2023年9月,郑州一家医院急诊科接诊1700余名18~25岁的年轻人,熬夜、饮食不规健康、缺乏运动等是主要致病因素。[①]

在青少年体育工作方面仍然存在一系列问题,包括发展战略的顶层设

---

① 极目新闻,2023年10月11日。

计中各方力量协作不够,缺少系统性、协同性的思维;青少年体育资源不均衡,在年龄阶段上婴幼儿领域的体育指导和管理缺失,在区域方面东西部仍然不均衡;学校体育教育资源和管理不规范、不均衡,"螺蛳壳里做道场"的现象仍然存在,具体表现为场地不足、设施短缺等问题;青少年体育事业发展缺乏广泛的社会力量参与;青少年体育赛事缺乏系统性,规模较小、层次不全、市场化程度低、参与不活跃等问题突出;对青少年运动员培养方面存在体系协同性不足,专业体校的体育教育存在与文化教育脱节的问题。[①]

案例资料:大学生遭遇"脆皮"标签修炼"硬核"心态

"脆皮"原是游戏术语,指代一些血量极低不堪一击的角色,和"大学生"相遇后,成为某些身体脆弱容易受伤生病的大学生的代名词,一定程度上成为大学生在身体"亚健康"时的自嘲说法。

据河南广播电视台民生频道《大参考》报道,仅2023年9月一个月,郑州一家医院急诊科就接诊了1700多名18到25岁的年轻人。大学生们将自己送进医院的方式奇奇怪怪——既有"没吃到猪脚饭气晕""转身把腰闪了""打喷嚏腰间盘突出"等意外遭遇,也有外伤、腹痛、胸闷等症状的侵扰。校园生活中,"脆皮大学生"并不少见,有同学跑完800米就"喜提"咽喉炎一周,有人跑步时肌腱受伤,有人因久坐学习而静脉曲张。一年一度的军训、大学生体质健康水平测试等,也都暴露出大学生体质下降的现状,不能晒太阳、不能吹风、容易拉肚子、有关节炎等。

2021年,由教育部公布的第八次全国学生体质与健康调研结果显示,大学生身体素质下滑问题严峻,肥胖、耐力不足等问题突出。教育部一份关于115万名在校学生体质健康的抽测复核数据显示,截至2020

---

① https://www.sport.org.cn/zfs-data/2018/zd/2019/1210/302494.html。

年,全国学生体质健康不及格率,小学生为 6.5%,高中生为 11.8%,而大学生为 30%,相关话题#三成大学生体质健康不合格#冲上微博热搜榜,引发广泛关注和讨论。

由于长时间面对电脑,缺乏运动、饮食与作息不规律等,现代大学生的身体并非想象中那么强壮。

身体的"脆皮"可以修正,比如做康复锻炼,"遇到困难,挑战困难,体质就会有进步。难以改变的是不愿锻炼、想'躺平'的心态"。

资料来源:《中国青年报》,2023 年 12 月 24 日。

三、实现体育强国发展目标,构筑全民健身公共服务体系

(一)体育强国战略的提出和内涵

习近平总书记指出,"体育强国梦都与中国梦紧密相连",全民健身是全体人民增强体魄、健康生活的基础和保障,人民身体健康是全面建成小康社会的重要内涵,是每一个人成长和实现幸福生活的重要基础。

1.体育强国战略的提出及内涵

1983 年,原国家体委在《关于进一步开创体育新局面的请示》中第一次明确提出了要在 20 世纪末把我国建设成为"世界体育强国"的目标。2008 年,胡锦涛同志《在北京奥运会、残奥会总结表彰大会上的讲话》指出:"进一步推动我国由体育大国向体育强国迈进。"2019 年 9 月 2 日,国务院办公厅印发《体育强国建设纲要》。

《体育强国建设纲要》中设定了未来国家体育事业发展的目标远景:到 2020 年建立与全面建成小康社会相适应的体育发展新机制,全民族身体素养和健康水平持续提高,公共体育服务体系初步建立;到 2035 年形成政府主导有力、社会规范有序、市场充满活力、人民积极参与、社会组织健康发展、

公共服务完善、与基本实现现代化相适应的体育发展新格局,体育治理体系和治理能力实现现代化;到2050年,全面建成社会主义现代化体育强国。(具体内容见附录4)

体育强国是一个相对的概念。体育综合实力和水平在世界各个国家和地区中处于领先地位并在国际上拥有话语权和引领能力的国家,即可称为"体育强国"[①]。

2.体育强国与全民健身和体育场地

为了实现2050年全面建成社会主义现代化体育强国的战略目标,必须落实全民健身国家战略,坚持大健康理念,从注重"治已病"向注重"治未病"转变,完善全民健身公共服务体系,并努力向农村倾斜,逐步实现基本公共体育服务的均等化。

第一,转变政府职能,充分调动社会力量,建立管办分离、内外联动、各司其职、灵活高效的发展模式,在治理体系和治理能力上实现现代化的发展目标。政府通过财政支持、政策规范等方式进行管理,并规划系统的体育工程实现体育强国的战略目标。

第二,统筹建设全民健身场地设施,鼓励社会力量建设小型体育场所,完善公共体育设施免费或低收费开放政策,有序促进各类体育场地设施向社会开放。

第三,推进全民健身智慧化发展,推进智慧健身路径、智慧健身步道、智慧体育公园建设,依托已有资源,提升智慧化全民健身公共服务能力,实现资源整合、数据共享、互联互通,加强分析应用。

(二)全民健身公共服务体系的构建

2022年3月23日,中共中央办公厅、国务院办公厅印发了《关于构建更

---

① 杜薇:《体育强国的内涵及指标构建》,广州体育学院博士论文,2020年。

高水平的全民健身公共服务体系的意见》,指出深入实施全民健身国家战略,全面推进健康中国建设,构建更高水平的全民健身公共服务体系。

1. 主要目标

到2025年,更高水平的全民健身公共服务体系基本建立,人均体育场地面积达到2.6平方米,经常参加体育锻炼人数比例达到38.5%,政府提供的全民健身基本公共服务体系更加完善、标准更加健全、品质明显提升,社会力量提供的普惠性公共服务实现付费可享有、价格可承受、质量有保障、安全有监管,群众健身热情进一步提高。到2035年,与社会主义现代化国家相适应的全民健身公共服务体系全面建立,经常参加体育锻炼人数比例达到45%以上,体育健身和运动休闲成为普遍生活方式,人民身体素养和健康水平居于世界前列(见表1.9)。

表1.9　我国全民健身公共服务体系的发展目标

目标体系	时间节点	目标1	目标2	目标3	目标4
第一阶段目标	2025年	更高水平的全民健身公共服务体系基本建立	人均体育场地面积达到2.6平方米	经常参加体育锻炼人数比例达到38.5%	政府提供的全民健身基本公共服务体系更加完善、标准更加健全、品质明显提升,社会力量提供的普惠性公共服务实现付费可享有、价格可承受、质量有保障、安全有监管,群众健身热情进一步提高
第二阶段目标	2035年	与社会主义现代化国家相适应的全民健身公共服务体系全面建立		经常参加体育锻炼人数比例达到45%以上	体育健身和运动休闲成为普遍生活方式,人民身体素养和健康水平居于世界前列

资料来源:中共中央办公厅、国务院办公厅印发的《关于构建更高水平的全民健身公共服务体系的意见》(2022)

2.核心内容介绍

《关于构建更高水平的全民健身公共服务体系的意见》包括9个方面的内容,从总体要求、体制机制、城乡发展、绿色发展、赛事体系、群众基础、标准管理、全民参与、保障措施系统构架了全民健身公共服务体系(具体内容见附录5)。这是发展全民健身事业、科学管理体育场地的重要制度基础,也是本书重要主题分析的理论依据。

(1)绿色发展,建设体育生态文明

强调体育资源的集约化、科技性,体育发展与生态建设融为一体,实现交通低碳发展,打造15分钟健身圈,充分利用现有资源,因地制宜,实现自然资源与体育健身的结合,充分利用自然环境打造运动场景,例如郊野公园、微型体育公园等,充分利用科技力量进行场馆的规划设计和建造,体现绿色、低碳、节能、生态等。

(2)协同发展,政府与社会组织充分合作

在政府引导、多方参与的原则下,充分利用社会力量来发展群众体育事业,体育行政部门、体育企事业单位、体育协会组成系统的组织网络,充分利用社区这类基层组织,从体育场地设施、体育活动、体育赛事等发展全民健身事业。

(3)促进均衡发展

基于科学布局、统筹城乡的原则,促进全民健身公共服务在城乡之间均衡协调发展。立足国情,基于我国国民体质的调研结果,全民健身体育资源向基础薄弱的乡村倾斜,实现城乡全民健身公共服务标准和质量统一发展。实现乡村体育事业从点到面,再到体综合建设和发展。

四、积极开展体育赛事活动,为全民健身打下了良好的基础

我国已经形成了中国特色的现代化的竞赛体系,构建出多部门合作、多主体参与的金字塔式的体育竞赛格局。2008年我国成功举办第29届夏季奥运会和残奥会,2022年又成功举办冬奥会和冬残奥会,第11、16、19届亚运会的成功举办,每四年一届的全运会,以及东亚运动会、大运会等综合赛事,还有单项运动赛事的举办(见表1.10)。大型赛事的举办离不开高水准的场地和设施,我国投入了大量的财力和物力进行场馆的建设和改造,为申办国际级比赛提供了坚实的基础。

我国在竞技体育领域中取得了卓越的成就,2008年北京奥运会和2022年北京冬奥会都实现了奖牌和金牌数量历史性的突破。

2023年9月23日—10月8日,杭州举办了第19届亚运会,我国再一次实现了金牌榜和奖牌榜第一的成绩,成功举办了一届高水平的体育盛事,展示了我国的综合实力,从场馆建设到赛事服务等各方面展现了我国强大的国力。

表1.10　我国举办的部分重大体育赛事及成绩

序号	时间	赛事名称	举办国或城市	获得的金牌或奖牌成绩
1	2008	第29届夏季奥运会和残奥会	中国北京	金51银21铜28
2	2022	第24届冬季奥林匹克运动会	中国北京	9金4银2铜
3	1990	第11届亚运会	中国北京	金牌183,奖牌341
4	2010	第16届亚运会	中国广州	金牌199,奖牌416
5	2023	第19届亚运会	中国杭州	金牌201,奖牌383
6	1959—2021	中华人民共和国全国运动会	中国	
7	2001 2011 2017 2022	第21届世界大学生运动会 第26届世界大学生运动会 第29届世界大学生运动会 第31届世界大学生运动会	中国北京 中国深圳 中国台北 中国成都	金牌54,奖牌103 金牌75,奖牌145 金牌103,奖牌178

序号	时间	赛事名称	举办国或城市	获得的金牌或奖牌成绩
8	1993	第一届东亚运动会	中国上海	金牌105,奖牌213
	2005	第四届东亚运动会	中国澳门	金牌127,奖牌223
	2009	第五届东亚运动会	中国香港	金牌113,奖牌232
	2013	第六届东亚运动会	中国天津	金牌134,奖牌264
9	1953—2019	少数民族传统体育运动会	中国	
10	1961	第26届世乒赛	中国北京	男团冠军
	1995	第43届世乒赛	中国天津	男女团冠军
	2008	第49届世乒赛	中国广州	男女团冠军
	2022	第56届世乒赛	中国成都	男女团冠军

体育赛事的成功举办一方面彰显了我国综合国力的强大,另一方面也为我国全民健身事业创造了更好的锻炼环境。举办和承办大型体育赛事需要规模化、专业化的体育场地和设施做保障,赛后这些场馆和设施要高效率服务社会大众,通过举办体育赛事也营造了丰富精彩的运动氛围,调动了全民健身的激情。未来,国家和地区仍会积极创造条件举办高级别的国际和国内赛事,以体育促进社会方方面面的发展,最终实现国民体质的提高,为国民带来更大的幸福感和获得感。

第二节 相关概念解读

本节内容就书中涉及的所有基本概念进行阐述。随着人们生活方式的转变,一些不健康的生活习惯对人们的身体健康造成了不良的影响,产生了越来越多的现代文明病。转变健康的理念,治未病不仅靠药物和保健品来实现,健身运动是更佳的方式,利国利民。

一、全民健身

1995年6月20日,国务院颁布实施《全民健身计划纲要》,这是我国发展全民健身事业的重大举措,指出"到2000年初步建立起具有中国特色的全民健身体系的基本框架,到2010年基本建成具有中国特色的全民健身体系,到2020年形成比较完善的全民健身体系"。

2000年12月15日,国家体育总局颁布《2001—2010年体育改革与发展纲要》,第一次提出构建面向大众的多元的体育服务系统,为全民健身事业的发展提供了重要的制度保障。

2014年,全民健身上升为国家战略,成为建设健康中国的重要着力点和体育强国战略的四梁八柱。近年来,以习近平同志为核心的党中央和国务院愈发重视全民健身工作,历年政府工作报告有关对体育的论述中也多次提及"全民健身"。从2016年"倡导全民健身新时尚"到2021年"完善全民健身公共服务体系",再到2022年的"建设群众身边的场地设施,促进全民健身蔚然成风",既彰显了党和国家对全民健身事业的重视与关心,又体现出我国全民健身事业发展遵循着"倡导—完善—提高"持续推进的规律。

(一)全民健身内涵和作用

1.全民健身的内涵

在古代,健身是指强健体魄,修炼身心,符合人们的传统养生观念,实现对生命维持和延长寿命的目的。20世纪90年代,健身作为专有词汇被提出来,这时健身的含义是指除了医疗手段之外而采取的实现健康的所有手段和方法,其中采用体育锻炼的方法被称为体育健身或运动健身。赵新世认为,健身是指采取各种体育手段,结合自然力和卫生措施,以发展身体、增进健康、增强体质和愉悦身心为目的的身体活动过程。①这个概念体现了现代健身是一个具有综合性功能的词汇。全民健身的概念可以溯源到1987年，学者们在其研究中对全民健身概念进行了不同角度的界定。例如薛刚（2019）和原霄峰（2020）认为，全民健身指全国人民不分男女老少，全体增强力量，柔韧性，增加耐力，提高协调，控制身体各部分的能力，从而使人民身体强健。②盛雨晴（2019）指出，全民健身运动又可以称为群众体育运动，是指在自愿的基础上全民参与的以强身健体、娱乐身心、社会交往等为目的的大众体育运动。③

综上，全民健身是覆盖全体人们的健身，是国家为了提高国民体质的重要事业，具体是指全国人民在体育活动方面，共同参与，积极参与，实现身体素质的增强。但是实现全民健身必须从制度规范、组织体系、具体的活动内容、体育场地和设施保障、专业体育人员、健身标准和体质评价等多个维度进行构建。

2. 全民健身的作用

全民健身利国利民，功在当代，利在千秋。国家统计局《中华人民共和国2022年国民经济和社会发展统计公报》显示，截至2022年末，全国共有体育场地422.7万个，体育场地面积37.0亿平方米，人均体育场地面积约为2.62平方米，为广泛开展全民健身活动提供了必要的条件。今后应进一步有效落实全民健身国家战略，助力健康中国建设。推动基本公共体育服务均等化，推动全民健身公共服务资源向农村倾斜，扶持老少边穷地区发展全民健身事业，推动青少年、老年人、农民、残疾人等群体的体质健康干预计划。运

---

① 赵新世：《全民健身体系及实现路径研究》，中国水利水电出版社，2019年，第2页。
② 原霄峰：《我国全民健身政策的演变及影响研究》，兰州理工大学硕士论文，2020年；薛刚：《全民健身与全民健康管理上深度融合研究》，《文体用品与科技》，2019年，第4页。
③ 盛雨晴：《新媒体视域下推动全民健身活动的开展》，《社会体育学》，2019年，第9页。

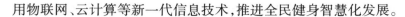

用物联网、云计算等新一代信息技术,推进全民健身智慧化发展。

(1)全民健身促进全民健康

第一,促进个体的健康。运动康复是当下人们对于体育和健康关系重新认识的集中体现,冠心病、糖尿病、肿瘤疾病等成为疾病死亡谱的首因顺位,体育运动对疾病的产生和对疾病的治疗都具有重要的影响,生命、健康是人们的基本权力和不懈追求,是人类生命周期的根本目标,个体的健康是构成社会健康和国家健康的前提和基础。

个人的健康包括身体健康、心理健康等多重标准,通过体育活动和健身在一定程度上能够实现个体的身心康健,体育被称为社会的减压阀,当人们处于压力的状态下,通过观看体育比赛、直接参与体育活动能够释放压力,减少和预防心理疾病的产生。

第二,推动社会的健康。人的本质属性是社会性,除了自然状态下的人,作为社会中的人必须具有社会适应性,通过良好的人际关系和正确的社会角色扮演体现其社会健康。

体育运动是一种社会交往活动,尤其是团队协作项目上体现得更加淋漓尽致,体育规则也是社会规则和社会关系的聚焦和体现,在体育活动中,参与者扮演着特定的角色,考验着人们的道德情操,彰显社会的精神文明,通过体育健身活动也在改变着人们的生活方式,践行社会主义核心价值观,推动社会健康。

第三,实现全民的健康。全民健康是健康中国的表现形式,是一种终极的健康目标。没有个体健康,没有社会健康,就没有全民健康,三位一体、立体构建是全面建成小康社会的重要内容之一,党中央、国务院、国家体育总局高度重视全民健身事业,这是党和国家的战略任务,体现全心全意为人民服务的宗旨和原则。

（2）有利于建设社会主义精神文明，改善社会人际关系

德智体美劳五育并举是国家的重要战略部署，组织和参与体育活动是对人进行社会教育的重要手段，五育之间是密切关联的，体育事业的开展有利于德智美劳的完善，其积极向上、健康活泼、修身养性的特征，提高了人们的精神修养和改善了其精神面貌。

在充满压力的社会环境下，人们之间的关系单薄甚至冷漠，城市化、城镇化的发展也带来了邻里之间关系的失衡，全民健身有利于改善人们的关系，给人们的交往创造了机会和平台，广场舞的流行在一定程度上起到了融洽社区邻里关系的作用，职工体育的开展也有利于同事关系、上下级关系的破冰和更加融洽。

（3）促进社会活力和社会安定

身体是革命的本钱，健康的身体是个人发展、家庭幸福、社会和谐的基础，通过全民健身实现个人活力的激发，缓释紧张的心情，以更加健康、有规律、从容的心态生活和工作，促进社会可持续发展。

体育运动是社会的减压阀，随着人们生活、工作压力的增大，社会的压力逐渐膨胀，给社会带来不稳定的因素，而体育运动的对极限的挑战，对于观看者还是参与者都能起到释放压力的作用，尤其不良的社会情绪能够得到一定程度的释放，提高身体和情绪的舒适感，最终实现社会的平安和稳定。

3.全民健身公共服务的内涵

党中央、国务院高度重视全民健身公共服务事业，把全民健身提升为国家战略（2014年10月，国务院出台《关于加快发展体育产业促进体育消费的若干意见》），作为人民追求幸福生活的重要举措，把体育作为实现中国梦的重要内容。

综合学者们的研究观点，全民健身公共服务是指政府和社会组织为广

大人民群众提供的面向全民、覆盖全生命周期、多样化的健身活动和健身服务。其内涵是政府和社会组织为广大人民群众提供全方位、多层次、多元化的健身活动和服务,旨在促进全民健康,提高全民的身体素质和生活质量。

(二)全民健身的发展历程

1.全民健身的背景分析

20世纪90年代以来,中国的老龄化进程加快。65岁及以上老年人口从1990年的6299万人增加到2000年的8811万人,占总人口的比例由5.57%上升为6.96%,按照国际惯例,当一个国家或地区60岁以上老年人口占人口总数的10%,或65岁以上老年人口占人口总数的7%,即意味着这个国家或地区的人口处于老龄化社会,因此我国在2000年之后进入老龄化社会,2020年第七次人口普查数据显示,2020年我国60岁以上人口占总人口比重为18.70%,65岁以上人口占总人口比重为13.50%。伴随而来的是针对老年人特殊的身心健康情况,除了医疗卫生条件的保障,还要依赖全民健身活动的开展。

1995年我国开始实行每周5天工作日,每天工作8小时,1999年开始实行春节、五一、十一黄金周政策,2007年增加了清明、端午、中秋三个法定节假日,双休日、小长假的出现给人们提供了越来越多、越来越长的闲暇时间,为全民健身提供了更多的机会和条件。同时,伴随着城镇化水平的提升,失地农民越来越多,失业群体的扩大,人均预期寿命的延长使得老年人空闲时间增多。这些变化为全民健身事业的发展提供了社会条件。

国民体质的强弱是衡量一个国家综合实力的重要内容,改革开放以来,随着人们生活水平的提升,一些不健康的生活习惯逐渐养成,肥胖、近视率提升、体测不达标、三高人群和肿瘤疾病的增多等成为人们体质下降的新特征,运动匮乏、肌肉流失的问题是造成人们健康问题的主要原因,而开展全民健身有利于提高国民体质,增进国民健康。

2.全民健身政策的发展历程

新中国成立以来国家就非常重视体育事业的发展,尤其竞技体育事业在举国体制下取得了举世瞩目的成就,大众体育在广播体操充分发展的背景下也适时进行调整。毛泽东同志曾指出,"发展体育运动,增强人民体质",20世纪80年代以来,我国竞技体育在国际重要赛事中取得了优异的成绩,但相比于竞技体育的辉煌成绩和国际比较,我国的群众体育、国民体质仍然处于弱势地位,国家适时调整战略目标,当时国家体委提出"以青少年为重点,以全民健身为基本内容的群众体育,以奥运会为最高层次、以训练竞赛为主要手段的竞技体育",形成学校体育、社会体育、竞技体育三位一体的发展格局。

阶段一:1995—2009年的启蒙阶段

在党的十四大的背景下,1993年5月24日原国家体委颁布了《关于深化体育改革的意见》,第一次正式提出"全民健身计划",为我国群众体育事业的发展奠定了重要的制度基础。

1995年6月20日,国务院颁布了《全民健身计划纲要》,成为我国发展全民健身事业的纲领性文件。

2000年12月15日,国家体育总局颁布了《2001—2010年体育改革与发展纲要》,第一次提出要构建一个面向大众的、多元化的体育服务系统。

在这一阶段中大众的全民健身的理念发生了变化,这些变化是基于中国由计划经济向市场经济转变,由"以社会为本"向"以人为本"转变而引发的。全民健身从"要我练"转为"我要练",从"忘我论"转为"存我论",从"生产论"进入"生活论",从"手段论"进入"目的论",更贴近民众的现实生活。[①]

阶段二:2010—2019年的高质量发展阶段

---

① 卢元稹等:《我国体育改革与全民健身:回顾、展望及应关照的社会事实》,《上海体育学院学报》,2019年第1期。

2010年《全民健身计划纲要》任务完成之后,从2011年开始国家通过每五年的《全民健身计划》来实施全民健身事业,目前已经完成《全民健身计划2011—2015》《全民健身计划2016—2020》两个阶段的任务,正在执行《全民健身计划(2021—2025年)》(见附录)第三个阶段的工作,并同国家的五年规划保持高度一致。2016年颁布的《"健康中国2030"规划纲要》指出,全民健身与全面小康紧密结合,为全民健身运动提供了新的思路。

在这一阶段,国家将全民健身归于公共产品,被确立为国家的战略目标,向城乡居民提供全民健身的公共服务是政府的责任,建立全民健身公共服务体系是政府责无旁贷的义务。

近年来,全民健身不断出现一些令人意外惊喜的场面,如马拉松的井喷,广场舞的狂热,公路自行车的暴增,跑酷跑吧、长走俱乐部等民间体育组织的兴起,户外野外活动人群的暴涨,中国式摔跤、射箭的复兴,都象征着全民健身自发自觉的热潮已经形成。全民健身正在发生深层次的变化,意味着一个新的历史时期即将到来。

阶段三:2020年之后全民健身在新时代的发展阶段

《全民健身计划(2021—2025年)》指出,"十三五"时期,在党中央、国务院坚强领导下,全民健身国家战略深入实施,全民健身公共服务水平显著提升,全民健身场地设施逐步增多,人民群众通过健身促进健康的热情日益高涨,经常参加体育锻炼人数比例达到37.2%,健康中国和体育强国建设迈出新步伐。同时指出,"十四五"时期,我们要以习近平新时代中国特色社会主义思想为指导,贯彻落实党的十九大和十九届二中、三中、四中、五中全会精神,坚持以人民为中心,坚持新发展理念,深入实施健康中国战略和全民健身国家战略,加快体育强国建设,构建更高水平的全民健身公共服务体系,充分发挥全民健身在提高人民健康水平、促进人的全面发展、推动经济社会发展、展示国家文化软实力等方面的综合价值与多元功能。

其中在体育场地和设施方面,《全民健身计划(2021—2025年)》指出,督导各地制订健身设施建设补短板五年行动计划,实施全民健身设施补短板工程。盘活城市空闲土地,用好公益性建设用地,规划建设贴近社区、方便可达的场地设施。新建或改扩建2000个以上体育公园、全民健身中心、公共体育场馆等健身场地设施,补齐5000个以上乡镇(街道)全民健身场地器材,数字化升级改造1000个以上公共体育场馆。

开展公共体育场馆开放服务提升行动,控制大型场馆数量,建立健全场馆运营管理机制,改造完善场馆硬件设施,提升场馆使用效益。加强对公共体育场馆开放使用的评估督导,优化场馆免费或低收费开放绩效管理方式,加大场馆向青少年、老年人、残疾人开放的绩效考核力度。

在五大发展理念的指导下,全民健身实现了本土精神和国际潮流的充分融合。在智能化、大数据的时代背景下,人们将以积极主动的体育参与作为获取健康的一种手段,并作为社会参与的一种形式,为承担社会责任做好准备,当全民健身被视为一种人生享受时,个人与家庭对体育参与的自觉与热情将会转入体育消费之中。

(三)全民健身的核心政策的内容介绍

历史上和当下指导我国全民健身事业发展的重要文件主要包括两个,一个是《全民健身计划纲要》,一个是《全民健身计划(2021—2025年)》,下面就这两个政策文件的重要内容,结合体育场馆相关信息进行更要介绍。

1.《全民健身计划纲要》解读[①]

1995年6月20日,顺应国家经济、政治、社会、科技、教育等条件的发展变化,国务院颁布《全民健身计划纲要》(下面简称《纲要》),成为20世纪末和21世纪初我国发展全民健身事业的纲领性文件。《纲要》是一个法律文件,具

---

① 赵磊:《全民健身视角下的休闲健身运动研究》,延边大学出版社,2019年,第5页。

有法律法规性质,是建设和谐社会、小康社会、健康中国的基础性文件,促进国家体育事业发展的重要举措,适应社会主义市场经济体制的发展,让全民健身在持续、健康、良性的轨道上发展,是我国体育事业发展历史上的里程碑。

(1)《纲要》的精神主旨

《纲要》充分体现了全心全意为人民服务的宗旨,体育是服务人民的事业,是党和国家民生工作的重要内容之一。《纲要》是基于国情制定的,是中国特色社会主义全民健身体系的制度保障。《纲要》为我国体育事业的改革提供了发展路径,从体制和机制上探索发展的新路子。《纲要》的核心目标是增强国民的体质,强健人民的身心,实现中华民族的伟大复兴。

(2)《纲要》的特征

《纲要》在我国体育制度领域具有法律的性质,从内容上系统规划了全民健身事业的各项工程。《纲要》的颁布主体和执行主体是政府部门,是政府履行公共职能的重要表现,体现社会主义制度的优越性。《纲要》也充分发挥其他相关部门的积极作用,包括各级各类群众组织、社会团体,集社会的合力实现全民健身的奋斗目标。《纲要》立足现实,着眼未来,将全民健身事业分为两期工程、多个阶段来逐步推进,最终实现既定目标。《纲要》内容既包括软件因素,也包括硬件条件,例如其中第24条指出,体育场地设施建设要纳入城乡建设规划,落实国家关于城市公共体育设施用地定额和学校体育场地设施的规定。任何单位和个人不得侵占体育场地设施或挪作他用。各种国有体育场地设施都要向社会开放,加强管理,提高使用效率,并且为老年人、儿童和残疾人参加体育健身活动提供便利条件。

(3)《纲要》的目标和任务

《纲要》指出,到2010年努力实现体育与国民经济和社会事业的协调发展,全面提高中华民族的体质与健康水平,基本建成具有中国特色的全民健身体系。

到21世纪末,经济、社会和体育发展程度不同的各类地区,经常参加体育活动的人数都应有所增长,人民体质明显增强,群众参加体育活动的时间、体育消费额等逐步加大,群众体育健身活动的环境和条件有较大的改善。初步建立适应社会主义市场经济体制的全民健身管理体制,初步形成人民群众广泛参与、充满发展活力的运行机制,建立起社会化、科学化、产业化和法制化的全民健身体系的基本框架。

(4)《纲要》的对象和重点

《纲要》系统构筑了全民健身的工作对象和工作重点,指出全民健身计划以全国人民为实施对象,以青少年和儿童为重点。机关和企事业单位要加强职工体育工作。积极发展社区体育。提高农民的体质与健康水平。进一步发展部队体育,增强体质,提高部队战斗力。积极发展少数民族体育。重视妇女和老年人的体质与健康问题。广泛开展残疾人体育健身活动。积极为知识分子创造体育健身条件等。

(5)《纲要》的对策和措施

全民健身是一个系统的工程,宏观上要纳入国民经济和社会发展的整体规划中,实现竞技体育和群众体育的协调发展。通过舆论等多媒体加强全民健身的宣传工作,实现物质文明和精神文明两手都要硬。加强群众体育事业的法制建设,实现有法可依,规范制度。实现多主体协同,充分利用社会力量,形成网络化组织。形成全民健身事业的多元投资体系,搭建财政、社会资金、个人投资等资金投入结构。基于科学的研究,通过体质监测、科学规范的体育健身方法开展全民健身活动和结果检验。对于体育场地和设施的管理进行具体明确的规定。

(6)实施步骤

《纲要》在1995—2010年分为两期工程来实现,第一期为1995—2000年

(见图),最终实现建立具有中国特色的全民健身体系的基本框架(见图1.4);第二期为2001—2010年,把全民健身工作提高到一个新的水平,基本建成具有中国特色的全民健身体系。

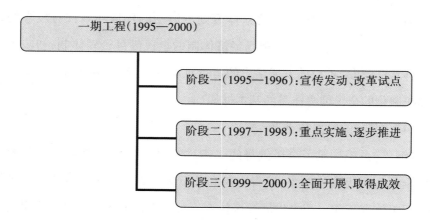

图1.4 《全民健身计划纲要》(1995)一期工程的阶段特点

2.《全民健身计划(2021—2025年)》

(1)指导思想和发展目标

以习近平新时代中国特色社会主义思想为指导,贯彻落实党的十九大和十九届二中、三中、四中、五中全会精神,坚持以人民为中心,坚持新发展理念,深入实施健康中国战略和全民健身国家战略,加快体育强国建设,构建更高水平的全民健身公共服务体系,充分发挥全民健身在提高人民健康水平、促进人的全面发展、推动经济社会发展、展示国家文化软实力等方面的综合价值与多元功能。

到2025年,全民健身公共服务体系更加完善,人民群众体育健身更加便利,健身热情进一步提高,各运动项目参与人数持续提升,经常参加体育锻炼人数比例达到38.5%,县(市、区)、乡镇(街道)、行政村(社区)三级公共健身设施和社区15分钟健身圈实现全覆盖,每千人拥有社会体育指导员2.16名,带动全国体育产业总规模达到5万亿元。

（2）八项主要任务

《全民健身计划（2021—2025年）》的主要任务由八项内容构成，具体包括加大全民健身场地设施的供给、广泛开展全民健身赛事活动、提升科学健身指导服务水平、激发体育社会组织活力、促进重点人群健身活动开展、推动体育产业高质量发展、推进全民健身融合发展、营造全民健身社会氛围。

其中，在加大全民健身场地设施供给方面指出，一方面，要制定国家步道体系建设总体方案和体育公园建设指导意见，督导各地制订健身设施建设补短板五年行动计划，实施全民健身设施补短板工程。盘活城市空闲土地，用好公益性建设用地，支持以租赁方式供地，倡导土地复合利用，充分挖掘存量建设用地潜力，规划建设贴近社区、方便可达的场地设施。新建或改扩建2000个以上体育公园、全民健身中心、公共体育场馆等健身场地设施，补齐5000个以上乡镇（街道）全民健身场地器材，配建一批群众滑冰场，数字化升级改造1000个以上公共体育场馆。另一方面，要开展公共体育场馆开放服务提升行动，控制大型场馆数量，建立健全场馆运营管理机制，改造完善场馆硬件设施，做好场馆应急避难（险）功能转换预案，提升场馆使用效益。加强对公共体育场馆开放使用的评估督导，优化场馆免费或低收费开放绩效管理方式，加大场馆向青少年、老年人、残疾人开放的绩效考核力度。

（3）四项保障措施

《全民健身计划（2021—2025年）》通过组织领导、人才队伍建设、安全保障、智慧化服务等四项措施保障其目标的实现。

《全民健身计划（2021—2025年）》具体指出，完善政府主导、社会协同、公众参与、法治保障的全民健身工作机制；加强健身指导、组织管理、科技研发、宣传推广、志愿服务等方面的人才培养供给；坚持防控为先，坚持动态调整，统筹赛事活动举办；支持开展智能健身、云赛事、虚拟运动等新兴运动，逐步形成信息发布及时、服务获取便捷、信息反馈高效的全民健身智慧化服务机制。

二、全民健康

全民健身是基本,全民健康是目标,全民健身以全民健康为目标,对全民健康作出了重大贡献,二者之间实现深度融合。

党的十八届五中全会提出健康中国战略,指出健康是促进人的全面发展的必然要求,是经济社会发展的基础条件,是民族昌盛和国家富强的重要标志,也是广大人民群众的共同追求。推进健康中国建设,要坚持预防为主,推行健康文明的生活方式,调整优化健康服务体系,强化早诊断、早治疗、早康复,坚持保基本、强基层、建机制,更好满足人民群众健康需求。全民健康是健康中国的重要内容,全民健身的目的就是要实现全民健康。习近平总书记也强调指出,要不断扩大我国全民健康运动范围,推进重点群体积极开展体育运动,进一步实现全民健身与全民健康的深度融合,在提升我国国民身体素质、健康水平、生活质量,以及探索与实现小康社会方面发挥重要作用。

(一)全民健康的内涵和指标体系

全民健康不是传统的单一身体健康,是多方位一体的健康,包括身体健康、心理健康、思想道德健康、适应性健康等。根据党的十八届五中全会的战略部署,2016年,中共中央、国务院通过了《"健康中国"2030规划纲要》,为推进健康中国建设和提高人民的健康水平做出了纲领性规定。

全民健康是健康中国的战略主题和根本目的,"把健康融入所有政策","推动人人参与、人人尽力、人人享有",指立足全人群和全生命周期,包括妇女儿童、老年人、残疾人、低收入人群,在生命的不同阶段,实现全程健康服务和保障,全面维护人民健康。

《"健康中国"2030规划纲要》中指出,到2030年促进全民健康的制度体系更加完善,健康领域发展更加协调,健康生活方式得到普及,健康服务质量和健康保障水平不断提高,健康产业繁荣发展,基本实现健康公平,主要健康指标进入高收入国家行列(见表1.11);到2050年建成与社会主义现代化国家相适应的健康国家。

表1.11　《"健康中国"2030规划纲要》中对我国居民健康水平设定的目标

领域	指标	2015年	2020年	2030年
健康水平	人群预期寿命(岁)	76.34	77.32	79.0
	城乡居民达到《国民体质测定标准》合格以上的人数比例(%)	89.6	90.6	92.2
	居民健康素养水平(%)	10	20	30
	经常参加体育锻炼人数(亿人)	3.6	4.35	5.3

从上表中我们可以看到,2030年我国城乡居民要实现《国民体质测定标准》合格的比率要达到92.2%,这已经是向着全民健康目标实现了大步的跨进。

(二)全民健身与全民健康的关系—深度融合

大量研究和实践证明,缺乏锻炼成为多种慢性病发生的重要原因。中国慢性病及危险因素监测结果显示,中国18岁及以上成年人业余静态行为时间由2010年的平均每天2.7小时,增加到了2013年的平均每天3.3小时。全球疾病负担研究显示,2013年中国居民由于身体活动不足导致的医疗花费近48.6亿美元,占全球的10%。充足的身体活动、规律运动不仅可以预防心血管病、糖尿病、肥胖等多种慢性非传染性疾病,而且有助于改善心理健康、预防老年痴呆,促进骨骼健康,提高生活质量。

全民健康与全民健身的深入融合深刻体现在体医融合领域,即体育与"健康相关服务"的融合。2016年,《"健康中国2030"规划纲要》首次将"体医融合"作为提高全民身体素质的重要举措之一。2017年,国家体育总局体育科学研究所成立了"体医融合促进与创新研究中心"。上海体育学院与社区卫生服务机构合作进行医师、体育指导师在门诊协同对患者进行诊断和指导,江苏省建立省体医融合专家库、推动运动处方师培训。

送运动健康到社区实现了全民健身"最后一公里"问题的落地解决,也充分发挥了专业体育资源的作用,提高了其社会效益,全民健身与科学健身,从数量上和质量上双管齐下,实现我国全民健身事业更好更快发展。

全民健身是促进全民健康的重要实现手段,助力国民养成运动健身的健康文明生活方式,从而促进全民健康,推动健康中国建设,提高人民群众的健康获得感。当前,公众对于全民健康有高度的认可,全民健身的理念得到广泛普及。

三、体育大国与体育强国

体育强国是一个动态的、相对的、综合的概念,主要以竞技体育、群众体育、体育产业等指标为主,是体育各领域发展水平的体现。我国竞技体育在国际舞台上占有一席之地,但体育强国不仅是竞技体育的强,也对群众体育有一定的要求。

我国是竞技体育的强国,在重大国际赛事上已经取得了辉煌的成就,并且在不断刷新历史的成绩,然而放眼整个国家的体育事业,严格来讲我国是体育的大国,仍然没有实现体育强国,因此,建设体育强国是国家在体育事业发展中的重要战略目标,实现竞技体育、群众体育、其他体育等强大,提高国家的综合竞争力。为此,我们要充分掌握体育强国的指标体系和具体的实施举措。

体育既是国家强盛应有之义,也是人民美好生活的重要内容。进入新时代,习近平总书记创造性地提出体育强国梦与中国梦息息相关。体育强则中国强,国运兴则体育兴。党的十八大以来,全民健身蔚然成风,体育产业提档升级,健康中国深入人心,竞技体育屡创佳绩。

（一）体育强国的提出

1983年,原国家体委在《关于进一步开创体育新局面的请示》中首次提出"体育强国","体育强国"的目标是竞技体育强。2008年,胡锦涛在《北京奥运会、残奥会总结表彰大会上的讲话》中指出,"体育强国"是竞技体育与群众体育协调发展。2017年,习近平总书记在会见全国体育先进工作者和先进代表时指出,体育强国建设的战略任务是推动竞技体育、群众体育和体育产业协调发展。2019年,国务院办公厅印发《体育强国建设纲要》再次指出,到2020年全民族身体素养和健康水平持续提高,竞技体育综合实力进一步增强,体育产业在实现高质量发展上取得新进展。①

（二）体育强国的指标体系

《体育强国建设纲要》中指出实现体育强国的五项战略任务,从体育事业的不同领域体现出体育强国的指标内容(见图1.5)。

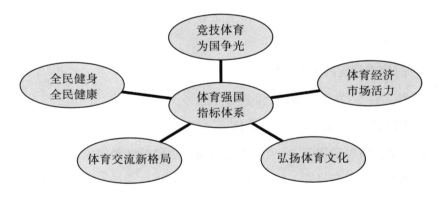

图1.5　体育强国的指标体系

第一,在社会体育领域,落实全民健身国家战略,助力健康中国建设。通过完善全民健身公共服务体系、健身全民健身场地设施、广泛开展全民健身活动、优化全民健身组织网络、智慧化发展全民健身事业等具体内容

---

① 李彦龙:《体育强国背景下我国竞技体育、群众体育与体育产业共生的现实困境与应然策略》,《吉林体育学院学报》,2021年第4期。

体现。

第二,在竞技体育领域,提升其综合实力,为国争光。在体制上不断完善举国体制和市场体制的融合,科学训练体系,建立中国特色的现代化竞赛体系,做强基础项目,保持传统优势项目,全面推动"三大球"的普及和提高,推进职业体育发展。

第三,在体育产业方面,培育体育经济发展新动能。具体体现在打造现代的体育产业体系,激发体育市场的主体活力,扩大体育消费,加强体育市场的监督。

第四,在体育文化方面,繁荣体育文化,弘扬中华体育精神。树立体育文化自信,将社会主义核心价值体系融入体育文化,把优秀的民族体育、传统体育文化传承下来,以体育赛事为契机将体育运动项目文化发展弘扬,并将体育文化和体育产品结合起来。

第五,做好体育事业的交流和交往工作,构建体育发展的新格局,提高中国体育的国际影响力。

(三)体育强国的实现举措

1.独立自主,立足国情,实现中国特色

在加快推进体育强国建设的伟大实践中,需要坚持独立自主,自力更生,要立足国情民情实际,在吸收借鉴自身历史经验和他国发展实践的基础上,依靠党的坚强领导和人民群众集体智慧,积极探索适合中国国情的体育强国建设路径。

新时代体育强国建设最本质特征是中国共产党的领导。在党的坚强领导下,科学把握体育工作发展规律和价值取向,推动体育事业更好更快发展。着眼本国实情,依靠本国力量进行体育强国建设,在中国共产党的正确领导下,中国经济持续增长,综合国力不断提升,先后成功举办了2004年南京青奥会、2008年北京奥运会和2022年北京冬奥会,成为世界上首个全领域承办奥林匹克运动会的国家。①

2.做好体育事业的顶层设计,全心全意为人民服务

习近平总书记指出:"我们最大的优势是我国社会主义制度能够集中力量办大事,这是我们成就事业的重要法宝。"新中国体育事业取得的伟大成就与"集中力量办大事"的中国特色社会主义制度优势紧密相关(见表1.12),最典型的就是"奥运争光计划"。顶层设计和国家战略有力保障了新时代体育强国建设稳步推进。体育改革发展的显著成绩,是在党中央、国务院的正确领导下,在习近平总书记的亲自谋划、倾力推动下取得的,凝结着总书记的关怀和厚爱。

表1.12　我国颁布的部分体育政策

序号	时间	颁布主体	政策文件
1	2014	国务院	《关于加快发展体育产业促进体育消费的若干意见》
2	2015	国务院	《中国足球改革发展总体方案》
3	2016	国务院	《"健康中国2030"规划纲要》
4	2019	国务院	《体育强国建设纲要》
5	2020	中央全面深化改革委员会	《关于深化体教融合 促进青少年健康发展的意见》
6	2021	国务院	《全民健身计划(2021—2025年)》

习近平总书记强调:"加快建设体育强国,就要坚持以人民为中心的思想,把人民作为发展体育事业的主体,把满足人民健身需求、促进人的全面发展作为体育工作的出发点和落脚点,落实全民健身国家战略,不断提高人民健康水平。"全民健身条件持续改善,根据国家统计局发布的《中华人民共

---

① 郝家春:《习近平关于体育强国重要论述的辩证思维》,《中南民族大学学报(人文社会科学版)》,2022年第6期。

和国2021年国民经济和社会发展统计公报》显示,2021年末全国共有体育场地397.1万个,人均体育场地面积达到2.41平方米。据2022年1月发布的《"带动三亿人参与冰雪运动"统计调查报告》显示,中国已实现"带动三亿人参与冰雪运动"的目标,全国冰雪运动参与人数已经达到3.46亿人。2020年5月,中国田径协会发布的《2019中国马拉松大数据分析报告》显示,2019年中国共举办马拉松规模赛事1828场,参赛人数达到712万。

四、社会体育、竞技体育、学校体育、其他体育

全民健身是个系统的工程,体育事业是一个由学校体育、竞技体育、社会体育、军队体育、职工体育等具体体育类型组成的系统,提高国民体质必须充分发挥各类体育事业的优势和功能,在不同的场所和领域实现协同发展和提高。

(一)社会体育

社会体育是我国体育事业的重要组成之一。社会体育是指职工、农民和街道居民自愿参加的,以增进身心健康为主要目的,内容丰富、形式灵活的体育活动。[①]社会体育以增强人民体质,增进社会健康,延长人的寿命,满足人民群众的健美、消遣、娱乐、保健、医疗、康复、社交等多方面的需要为目的,不追求达到高水平的运动成绩。

由于社会物质财富的不断增加,余暇时间的不断延长,体育价值观念的不断提高和完善,人们参加社会体育活动的条件在改善,社会体育的参与程度在提高,社会体育的发展规模在不断扩大,群众基础越来越广泛,呈现越来越繁荣的发展景象。

社会体育具有如下特点:第一,广泛性。汇聚各个民族,涵盖所有人群,

---

① 卢元镇:《体育社会学(第四版)》,高等教育出版社,2018年,第8页。

包容不同的年龄和性别,有人的地方就存在不同形式的社会体育,贯穿于人的一生。第二,多样性。按照参与的人群可以分为婴幼儿体育、老年人体育、妇女体育、残疾人体育等;按照组织形式可以分为社区体育、职工体育、农民体育、家庭体育等。第三,灵活性。社会体育既有行政部门组织的,也有社会团体组织的,还有群众自发组织的;因人、因地、因时制宜,不受规则、场地限制。第四,业余性。以自愿为原则,鼓励公民积极参与社会体育活动,不具有强制性。第五,公共产品性质。社会体育有利于实现健康中国战略,是国家健康安全的重要基础,在体育场地设施、体育人才等资源方面成本较高,个人或机构无法单独承担,主要来源于政府的财政,来自社会资本积极参与,但是不以营利为目的。

(二)竞技体育

竞技体育是体育运动的重要组成部分,是现代体育文化中的较高层次。通过学者的研究,竞技体育的内涵包括:第一,有正式的历史记载;第二,以打败对手获得有形或无形的价值利益为目标;第三,在正式组织起来的体育群体的成员或代表之间进行;第四,通过竞赛显示体力和智力;第五,正式的规则设立竞赛限度,明确规定参加者的职责和位置。

竞技体育根据不同的分类标准包含不同的内容,例如根据其社会意义可以分为非正规的竞技体育、组织化的竞技体育、商业化的竞技体育。非正规的竞技体育是指参加者为了娱乐健身而进行的游戏性的身体活动;组织化的竞技体育是指基于一定的社会组织,设定正规的章程、规则维护参加者的合法权益,提供运动设施和管理人员,在以上基础上开展竞赛活动;商业化的竞技体育是指职业体育,以企业法人为组织形式,以市场需求为导向,以生产和经营大众竞技娱乐产品为内容,以追求利润最大化为目的,具有组织化、专业化、赢利化的生产经营活动,凸显体育的经济价值,是竞技文化和市场经济互动互利的结果。

竞技体育具有重要的社会价值。第一,在教育价值方面,造就了全面、协调、完善发展的人的一种重要手段,促进人的社会化;第二,在政治价值方面,可以作为政治手段和外交手段体现其政治价值,也是稳定社会的手段;第三,在经济价值方面,竞技体育带来的经济价值越来越高,成为朝阳产业、无烟产业,成为国民经济重要的支柱产业;第四,在社会文化价值方面,竞技体育是一种庄严肃穆的礼仪庆典文化,记录着人类潜能的发展变化,提高了社会道德水平,也提高了人类的审美意识。

(三)学校体育

学校体育是学校教育的重要组成部分,是党的教育方针明确要求的内容之一,关系着中华民族体质健康的基础性教育内容。学校体育的发展是为了促进学生体育素质的发展,在体制基础、心理发展水平、体育文化素养、终身体育能力等方面综合发展。[①]学校体育要树立以人为本、健康第一的原则,通过增强学生的体质、促进其身心健康发展,为提高中华民族的身体素质和为社会主义现代化建设培养德、智、体全面发展的建设者和接班人服务。

2020年4月,习近平总书记主持召开的中央全面深化改革委员会第十三次会议审议通过了《关于深化体教融合 促进青少年健康发展的意见》,提出旨在加强学校体育工作,提高青少年的身体素质,为国家提供和培养高素质的劳动者和优秀体育后备人才。2021年7月,"双减"政策出台,同时伴随着各地中考体育政策的调整和实行,为学校体育的发展提供了有力的政策环境和机遇。

学校体育的内容包括体育课堂教学、课外体育活动、学校体育文化等。体育课堂教学基于学生的兴趣和实用性,设置体育教学项目,保障教学内容

---

① 张瑞林、秦椿林:《体育管理学(第二版)》,高等教育出版社,2008年,第6页。

的教育性和健身性,对教学内容进行必要的加工和修改,提高其适应性和生活性。课外体育活动主要由课外体育锻炼、训练、比赛组成,有利于促进学校体育目标的实现,学生们充分利用课外时间,积极参与各种体育运动和活动,是学校体育和社会体育结合的体现。学校发展体育文化有利于培养学生的健康生活态度、科学健身素养、良好运动行为,继承和传播人类优秀的体育文化,通过学校的体育社团、相关学术沙龙和讲座、丰富多彩的体育活动等形式来实现体育文化的发展和传播。

(四)其他体育类型

除了社会体育、竞技体育、学校体育之外,还存在多种形式的体育类型,包括职工体育、民族体育、残疾人体育、农民体育、老年人体育等,这些类型具有各自不同的特点和内容,充分发展各种类型的体育活动,有利于促进我国体育事业的全面发展。

五、体育场馆相关概念

(一)体育场地和体育场馆概念

体育场地和体育场馆的区别在于一字之差,一些学者认为,全封闭式的室内体育场为馆,室外的运功建筑为场,本书不做以上区分,书中关键词体育场地泛指体育场和体育馆。

体育场馆是指进行运动训练、运动竞赛、身体锻炼的专业性场所,是为了满足运动训练、运动竞赛、大众体育消费需要,专门修建的各类运动场所的总称。[①]体育场馆包括足球场、运动操场、田径场等各类室外场地,还包括篮球馆、游泳馆、健身房、体操房等各类室内场馆。

---

① 赵钢、雷厉:《体育场馆经营管理概论》,北京体育大学出版社,2007年,第9页。

(二)体育场馆类型

体育场馆是进行体育锻炼和观赏体育比赛的场所,能够提高参与者的体质健康、陶冶体育文化情操、振奋民族精神,同时科学管理和运营体育场馆可以实现扩大就业机会和促进经济发展的作用。

根据不同的分类标准,体育场馆可以分为不同的类型(见表1.13)。

表1.13　体育场馆的分类

序号	分类依据	具体类型	举例
1	使用性质	体育比赛场馆	—
		体育教学训练场馆	—
		体育健身娱乐场馆	—
2	用途	专用性体育场馆	北京射击馆
		综合性体育场馆	首都体育馆
3	占地面积	小型体育中心(<20公顷①)	南京五台山体育中心
		中型体育中心(20~60公顷)	南宁体育中心
		大型体育中心(60~200公顷)	南京奥林匹克体育中心
		特大型体育中心(>200公顷)	北京奥林匹克公园
4	承办竞赛级别	特级	举办亚运会、奥运会、世界比赛
		甲级	举办全国性和单项国际比赛
		乙级	举办地区性和全国单项比赛
		丙级	举办地方性、群众性运动会

(三)我国体育场馆现状

体育场馆是开展体育运动的基本物质条件,1974年至2014年,我国先后开展了6次全国范围的体育场馆数据普查。我国以2013年12月31日为标

---

① 1公顷等于10000平方米。

准时点开展了第六次全国体育场地普查,2014年12月颁布了《第六次全国体育场地普查数据公报》。公报显示,截至2013年12月31日,全国共有体育场地169.46万个,用地面积39.82亿平方米,建筑面积2.59亿平方米,场地面积19.92亿平方米,其中,室内体育场地16.91万个,场地面积0.62亿平方米,室外体育场地152.55万个,场地面积19.30亿平方米,以2013年末全国大陆总人口13.61亿人计算,平均每万人拥有体育场地12.45个,人均体育场地面积1.46平方米。

2020年,颁布了《全国体育场地统计调查制度》,依据这一制度对全国体育场地进行统计调查和统计分析,准确、及时、全面地反映我国体育场地发展状况。国家体育总局《2021年全国体育场地统计调查数据》(见附录6)的结果显示,全国体育场地397.14万个,体育场地面积34.11亿平方米,人均体育场地面积2.41平方米。其中全国全民健身路径92.93万个,全国健身房12.89万个,场地面积0.59亿平方米,全国健身步道10.59万个,长度26.34万千米,场地面积7.47亿平方米。(见图1.6)

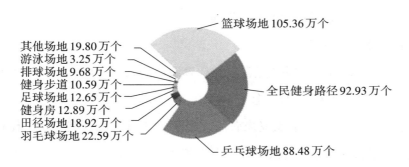

图1.6 分运动项目的体育场地数量情况

资料来源:国家体育总局《2021年全国体育场地统计调查数据》

2013年到2021年的数据变化显示,我国体育场地数量大幅度增加,从169.46万个增长到297.14万个,增长了75.35%,人均场地面积从1.46平方米增长到2.41平方米,增长了65.07%,为全民健身事业的发展创造了良好的基础。

六、体育人口

自改革开放以来,我国体育事业发展迅速,群众体育相关政策日益完善,全民健身意识及健身条件皆得到了显著提升。2016年10月25日,中共中央、国务院印发《"健康中国2030"规划纲要》,指出到2030年经常参加体育锻炼人数达到5.3亿人(见表1.14)。2019年8月,国务院办公厅下发了《体育强国建设纲要》,战略目标提出到2035年要实现全民健身的进一步普及,经常参加体育锻炼的人数比例要达到45%以上。体育人口是衡量国家或地区群众体育发展水平的重要参数。体育人口的发展与国家社会、经济、文化、制度等方面紧密相连,更与我国从体育大国向体育强国迈进息息相关。

表1.14 我国体育人口(经常参加体育锻炼的人数)的规划

	2015年	2020年	2030年
经常参加体育锻炼的人数(亿人)	3.6(2014年)	4.35	5.3

数据引自:中共中央国务院《"健康中国2030"规划纲要》

(一)体育人口的概念和判定标准

1.体育人口的概念

我国政府文件中使用"经常参加体育锻炼的人群"这一概念,学术研究中采用较多"体育人口"的概念。

在国外,日本体育社会学家菅原礼最早于20世纪60年代提出了体育人口这一概念。在此之后,欧美等国家也相继提出了对于体育人口的不同理解。由于种族、经济、文化、生活习惯等因素的影响,各个国家对体育人口的定义存在一定程度的差异。

2000年,日本表示"争取使每一位成年人每周至少参加一次体育锻炼,体育参与率达到50%以上"。欧美国家更细致地划分了体育人口,指出"一个成年人每天应有30分钟的适度体育锻炼"。澳大利亚学者整合了五个运动的体育俱乐部会员数据,并按性别和地区查整个生命周期(4~100年)的体育参与情况,提出建议体育政策应重视基层的参与,并支持体育组织优先考虑青少年体育参与问题。西班牙学者分析了从2000年到2010年西班牙成年人的体育参与现状及趋势。国外的这些研究成果对我国体育人口理论研究和群众体育人口的测量提供了重要的参考依据。

在我国,20世纪80年代开始对体育人口理论进行研究,20世纪90年代达到热点。1986年,柳伯力将体育人口定义为:"从事有一定频度、量度和强度的身体锻炼和体育运动者的个体的总和。"高俊刚于1987年表示,体育人口的定义应有广义与狭义之分,广义的体育人口除了经常参加体育锻炼的人群之外还应包含从事体育事业相关的工作人员,而狭义的体育人口要有目的、有计划且定期定量参加体育锻炼与活动,且在运动项目上要根据自身生理特点与体育锻炼要求进行选择。

徐隆瑞于1991年在《体育人口浅论》一文中指出,体育人口指经常、直接参与身体锻炼,从事运动训练及体育事业有关的亲身运动的人,核心为经常且直接参与体育运动。

卢元镇于1996年在《中国体育社会学》一书中对体育人口的概念、分类和标准进行了较细的讲述,基本上构成了我国体育人口的理论框架,对体育人口的标准也作了若干修改,标志我国体育人口多元指标体系的诞生。体育人口是指在一定的时期、地域经常从事体育锻炼、健身娱乐,接受体育教育、参加运动训练和竞赛,以及其他与体育事业有密切关系的、具有统计意义的一种社会群体。

仇军认为体育人口是指生活在一定时间、一定地域,以增进身心健康或提高运动成绩为目标,以身体活动为共同标志的个人所组成的社会群体。同时对体育人口概念争议较大的两点做出了解释,认为从事竞技体育的运动员应当属于体育人口行列,而体育事业相关工作者及观赏体育赛事、聆听体育类新闻的人群由于他律性与不具备身体活动特征而不能属于体育人口行列。①

2.我国体育人口的判定标准

1986年柳伯力将体育人口分为初级、中级、高级三类,将每周参与体育锻炼一次以上,达到一定的量并持续一定的时间的人群称为初级体育人口,将每周有目的的参加体育锻炼3次以上的人群称为中级体育人口,将从事体育运动的专业人员称为高级体育人口。柳伯力对体育人口进行分类时明确表达了体育锻炼参与频次,却未明确表达每次锻炼的参与时间。

1986年,张万和指出,我国可参照国外将每周锻炼3次以上且每次锻炼时长在30分钟以上的标准衡量体育人口。1988年,唐宏贵在《试论体育人口及其在我国的发展》一文中表示,体育人口的评判标准应满足5点要求,锻炼时长应在10分钟及以上;单次锻炼强度平均心率每分钟120次以上;锻炼频率每周2~3次;每周锻炼时长60分钟及以上;总锻炼时长要超过3个月。1996年,卢元镇在《中国体育社会学》一书中对体育人口的判定标准界定为,每周参加3次及以上体育活动、每次锻炼时间在30分钟以上且达到中等锻炼强度。

(二)我国体育人口的现状

改革开放以来,我国先后于1997年、2001年、2008年、2015年、2020年进行了5次大规模的群众体育现状调查(2015年因响应全民健身号召等原因将调查名称改为全民健身活动调查,实质上也是我国第四次群众体育现状调查),群众体育现状调查是掌握群众体育进展情况及制定全民健身计划的重要依据。

相关统计数据显示,2020年我国经常锻炼的人口为4.35亿人,约为总人

① 王先阁:《改革开放以来我国体育人口结构变迁研究》,成都体育学院硕士论文,2020年。

数的30%。较发达国家相比,还是有一定的差距。比如,法国是一个崇尚休闲运动的国家,法国早在1998年体育俱乐部就17万个,正式会员为1250万名,体育人口占总人口数量的73.9%。

学者们通过社会调查对我国部分地区16岁以上的体育人口结构情况进行统计,2018年,江苏省、四川省、湖北省居民(样本)体育参与情况,在年龄上表现16岁以上达到体育人口标准的人数比例为16.1%,其中城镇居民占样本总数的10.93%,农村人口占比为5.17%;男性占8.02%,女性占8.08%;不同文化教育结构的体育人口显示,除了研究生学历的体育人口略低于大学生体育人口的1.7%外,呈现出学历越高的群体,体育人口比例也越高的现象;2018年16岁以上居民体育人口最多的年龄段为50~59岁,占24.1%,其次为60~69岁占22.3%,20~29岁群体人数最少,仅占总人数的11.3%,70岁以上占10.2%;不同职业的体育人口率排名前四的职业分别是行政、企事业单位负责人、专业技术人员与办事人员、无职业人员,其中无职业人员占比相对较高,为17.6%,因为其中将近一半为退休人员,有较富裕的时间参加体育活动。[①]

我国各地积极发展大众体育事业,实现体育强国的战略目标。例如,2022年广州市印发《广州市全民健身实施计划(2021—2025年)》提出,到2025年,全市10分钟健身圈更加便利,人均体育场地面积达2.6平方米,每万人拥有足球场地数量不低于0.9块,经常参加体育锻炼的人数不低于860万人,每千人拥有社会体育指导员不低于2.5名。2023年成都成功举办大运会,实现当地体育生态的焕然一新,体育场馆通过低收费或免费的方式向大众开放,城市的体育人口规模达到940万人。

老年人是体育人口发展的重点群体,其自身的特点和优势有利于体育

---

① 卢元镇等:《我国体育改革与全民健身:回顾、展望及应关照的社会事实》,《上海体育学院学报》,2019年第1期。

人口的增长,内蒙古在提高老年人体育设施完备度、公共服务便利度、运动环境舒适度的基础上,100%的盟市、旗县和苏木乡镇建立老年人体育组织,94.7%的街道建立老年体协组织,88%的社区建立老年体协组织,85.6%的嘎查村建立老年体协组织,各类适宜老年人健身场馆3201个,面积约265.1万平方米,室外健身广场14767处,面积约2033.6万平方米,各类加挂老年活动中心牌子的公共体育场馆11453处,85.6%嘎查村实施"123"工程,配备健身器材22.85万套。据统计,"十三五"期间,内蒙古老年体育人口比例达62.6%,比"十二五"期间提高20.4%。人口平均寿命增加到77.56岁,极大地提升了老年人的健康水平和生活质量,为建设健康内蒙古作出积极贡献。

第三节　国内外研究综述

他山之石,可以攻玉,掌握学术界对相关内容的研究成果有利于本研究的基础搭建和创新发展,笔者在国内外权威数据库中分别以"全民健身""体育场地""健康中国""体育强国""智慧场馆"等为关键词进行文献检索,对其梳理,结合本书研究的核心关键词即"全民健身"和"体育场地(馆)"从以下几个方面进行总结综述。

一、国内研究综述

笔者在中国知网(CNKI)上以"全民健身""体育场馆"为关键词检索文献情况(见表1.15和图1.7)。

表 1.15　部分年份的文献数量情况

年份	"全民健身"	"体育场馆"
2023	586	198
2022	1005	350
2021	844	299
2020	601	290
2019	714	287
2018	717	297
2017	708	291
2016	581	295
2015	476	310
2014	434	327
2013	363	316
2012	418	313
2010	430	372
2009	500	340
2008	447	416

　　以上表格的信息显示,对该领域的研究仍然是热点,尤其是全民健身领域的关注度更高,2008年北京奥运会成功举办之后,全民健身日的确定,使得国内兴起了运动的高潮,一直不退"热"。体育场馆的相关问题也在不断深化研究,如何提高场馆的使用效率,数字化和信息化的引入,绿色、低碳理念的贯彻,等等,成为大家关注和研究的热点。

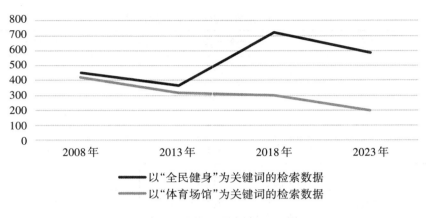

图1.7 CNKI检索相关数据发展趋势

（一）基本理论研究

1.全民健身理论

笔者以"全民健身"为关键词在中国知网上进行检索，发现有数千篇文献，包括学术期刊、学位论文、会议论文、报纸资料等。对2018年至今的几年以内的百余篇文献资料进行归纳梳理，发现存在以下方面内容。

（1）全民健身政策研究

全民健身政策的制定，不仅是国家层面的宏观要求，也是对于广大人民体育需求的一种回应，是国家宏观发展要求和公民体育切实需求的有机统一。自1995年《全民健身计划纲要》颁布以来，全民健身政策产生的社会影响不断扩大，逐渐融入国民的生活之中。全民健身计划是我国社会发展过程中，为解决这些问题，制定的一系列政策，包括《全民健身计划纲要》《全民健身计划（2011—2015年）》《全民健身计划（2016—2020年）》《全民健身计划（2021—2025年）》《"健康中国2030"规划纲要》等政策文本。

经过分类和综合分析，笔者认为政策研究主要涉及对政策目标、政策内容、政策措施、政策效果及国际经验对比借鉴等五个方面。

第一种是政策目标方面，研究全民健身政策的首要任务是明确政策的目标和导向。这包括了解政策制定的背景和动机,分析政策的宏观目标和微观目标,例如促进全民健康、提高体育锻炼率、推动全民健身活动的普及等。

第二种是政策内容方面,包括体育设施建设、健身指导与培训、健身活动组织、健身知识普及等,主要是详细分析了政策的具体规定和要求,比如针对不同人群的健身服务、体育设施的布局和配套等。

第三种是政策措施方面,主要分析政策的操作性、可行性和有效性,包括资源配置、组织管理、推广宣传等方面的具体措施。

第四种是政策效果方面,包括定量和定性的研究方法,比如数据统计分析、调查问卷、案例研究等,以评估政策在促进全民健身、提高健康水平等方面的效果。

第五种是国际经验对比借鉴方面,主要分析借鉴其他国家和地区的成功经验,比较不同国家的政策制度、政策措施和政策效果,有助于发现合适的借鉴对象,为我国全民健身政策的改进和优化提供参考。

(2)区域研究是重点

综观这些文献,发现绝大多数文献都是基于某个具体的地域进行相关主题的研究,体现研究的实践性和可操作性。例如蓝惋婷(2022)对南宁市的全民健身发展和全民健康如何进行深度融合问题进行了路径的探讨和分析;矫龙(2021)对于天津市的全民健身体育公园进行了调查和分析;黄瑶(2020)对云南省全民健身的目标体系如何构建进行了研究,以推动体育强国目标的实现;孙晶(2019)基于人们的获得感的提升视角,对上海市杨浦区的全民健身工作从供给侧改革的角度进行了分析;高二龙(2018)对内蒙古自治区的冰雪运动如何普及和推广进行了研究,以促进全民健身事业蓬勃发展。

（3）分项目研究

笔者对文献进行梳理,发现很多学者在对全民健身相关问题进行研究是从体育项目发展的视角进行的,总体上体育项目都是适合全民健身发展的大众化项目类型。比如方双（2022）基于全民健身视角对羽毛球项目的爱好者的行为特征进行了研究;王涛（2021）对业余足球赛事的发展进行了研究;徐奥旋（2020）对洪氏太极拳的传承和发展进行了研究;戴雯对高校发展网球运动的发展问题进行了研究;李锐（2019）对路跑的组织发展现状和对策进行了分析;张通（2019）对马拉松项目的开展状况进行了分析,研究了其对全民健身的影响。

（4）全民健身公共服务体系研究

构建全民健身公共服务体系是全民健身战略的保障措施,包括全民健身设施、全民健身组织、全民健身管理、全民健身指导、全民健身体质监测、大众体育文化等系统内容。

学者们也针对这一主题进行了宏观的阐述和分析:比如马兴业（2021）从社会体育组织的角度对全民健身公共服务体系的构建进行了研究,分析了社会体育组织的重要作用和价值;梅莹（2021）和王玉婷（2019）先后对全民健身的公共服务满意度的影响因素进行了探讨,并提出了相关的解决策略;武振海（2021）和赵玉辉（2021）对如何激励全民健身的志愿服务进行了机制研究;刘瀚泽（2021）从全民健身的体育场馆如何规范设计的角度进行了分析;张艳梅（2021）和吴翠玲（2019）对全民健身的设施即城市绿道进行了分析;矫龙（2021）对体育公园这一体育场地进行了研究;张月（2020）对山地公园的设计进行了分析,以促进全民健身;赵蓉雪（2018）对城市公园如何设计有利于促进全民健身进行了应用研究;杨漫（2021）对实现公共体育设施的共建共建对策进行了研究;李小宁（2019）对如何优化全民健身的体育场馆的建设和管理模式进行了研究;孙铭苑（2021）和李琳（2021）从政府的公共政策视角对全民健身进行了实践研究;张凯(2018)针对政府购买公共服务的角度对全民健身领域的赛事服务进行了研究;刘翠洁(2021)对农村的全民健身公共服务体系的发展策略进行了研究;黄振华(2019)和秦盘龙(2019)对县级城市的全民健身公共服务体系进行了实证研究;王雪鑫(2020)对如何建设全民健身公共服务体系示范区进行了研究。

(5)全民健身发展目标——全民健康

全民健身事业的发展最终是为了实现全民健康,全民健身是推进全民健康的重要措施。学者们从我国群众体育事业的发展目标进行了战略研究,比如全民健身与全民健康深度融合问题,蓝惋婷(2022)、陈佳宁(2021)、冯赟(2018)、闫富豪(2018)等学者都进行了专题研究。其中黄瑶(2020)对全民健身的目标体系的构建进行了实践研究。

(6)"供给侧改革""互联网+"等关键词成为研究的关注点

新时代下发展全民健身事业是党和国家的战略举措,我们必须立足新时代的国情,与时俱进,采取科学合理的举措实现这一伟大的目标。学者们从供给侧改革的视角下进行了分析,例如刘莹(2018)对保定社区的全民健身公共服务体系进行了研究;闫思宇(2019)从优化供给侧角度对沈阳市的全民健身中心的公共体育服务进行了研究;孙晶(2019)从供给侧结构改革角度分析居民在全民健身方面的获得感如何提升,并采用实证的分析方法,提出有针对性的建议。学者们还立足互联网+的视角进行了分析,例如邱璐(2018)对湖北省的全民健身公共服务进行了创新研究;葛延辉(2021)对在全民健身发展过程中,如何实现智能化管理进行了对策研究。

2.体育场地理论

笔者在中国知网以"体育场地"为关键词进行文献检索,发现2018—2022年该研究领域的文献包括论文、期刊、报纸等达到260余篇,通过梳理发现研究的主要内容如下。

(1)学校体育场地的研究是重点

笔者通过对文献的总结整理,发现很多学者对学校(小学到大学)的体育场地设施的相关问题进行了研究。例如范迪峰等(2022)对学校体育场地器材的利用和管理问题进行了研究;李晶(2022)采用对比的研究方法对中小学体育教育的场地资源配置情况进行了研究;朱秋生(2022)对高校体育场馆的灌溉排水系统进行了分析;何佳(2021)针对如何提高学校体育场地的利用率进行了研究;祝万顺(2021)基于公共服务视角对高校的体育场地的运行模式如何优化进行了研究;杨振宇(2020)分析高校体育场地建设中存在的问题,并且提出了相应的解决对策;孟凡鹏(2020)采用对比的研究方法,对中小学体育场地器材的配置问题进行了研究;刑国全(2019)对青海省中小学的体育场地发展建设的现状进行了研究,发现存在的问题,并分析相应的对策。

(2)区域实证研究

学者们分别基于不同的地域和地区对该地的体育场地设施相关问题进行了实证研究,并且提出有针对性的对策建议。例如陈霞明(2022)对福建省的县级体育场地发展状况进行了研究;仇方良(2022)对天津市河北区在发展全民健身事业过程中建设体育基础设施方面的问题进行探索和研究;李姝函(2022)针对河南省体育场馆的发展通过对老旧厂房进行改建进行了探讨,并进行了具体的实证研究;李书颜(2022)和何文娜(2022)都采用GIS技术分别对开封市和长春市的体育场馆在结构布局方面进行了研究;刘瑞超等(2022)对长三角地区的体育场地空间分布的特征进行了研究,并且分析了其影响因素;张晨臣(2021)对河南省的体育场地数量进行了研究,并且分析了其和社会经济发展指标的关系;马秋萍等(2021)对恩施州农村的体育场地发展状况和存在的问题进行了分析,并提出相关解决对策;易思琪(2021)采用DEA方法,对株洲市体育场地资源在资源配置效率方面进行了分析;邢月(2021)采用Super-SBM模型,对山东省的体育场地在如何提高供给效率问题进行了研究;张方周(2021)对新乡市的城市社区"15分钟健康圈"的建设进行了研究,促进了健康中国战略的实现;吴燕丽(2020)对福建省的社区体育场地资源如何配置以满足居民需求进行了现状研究和对策分析;韩昉(2020)对西安市小学的体育场地如何设计进行了研究,提出针对性的解决策略;王举翠(2020)对京津冀地区的冰雪运动场地的运营状况进行了调查分析;李骁天等(2019)对京津冀城市居民对体育场地使用的满意度进行了调查,分析影响满意度的因素;郝桐桐等(2019)和李荣芝(2019)均对上海市的体育场地问题进行了研究,前者从社区体育场地的智慧化管理视角进行了分析,后者对市民运动会结束后如何充分利用体育场地进行了分析。

(3)群众性体育场地研究

在文献中,笔者发现体育场地在服务群众性体育活动方面研究较多,比如范迪峰等(2022)分析了全民健身的体育基础设施问题;李骁天等(2022)对居民的体育健身休闲活动进行了问卷调查;倪佳琛(2022)对全民健身体育场地设施和市民的需求如何适配的问题进行了研究;陈啸(2021)分析了群众体育锻炼和社会体育场地之间的矛盾关系研究;张羽(2021)在《青岛日报》上指出,为了实现人均体育场地面积提高的目标,必须打造处处可健身的运动空间;康姮等(2021)从体育健身的视角对居民健康需求问题进行了调查研究。

(4)城市社区和农村社区体育场地研究

城市(社区)体育场地研究。例如何文娜(2022)、林汉琪(2022)、张洪斌等(2022)、马乔(2021)、杨招萍(2020)、童娟(2020)、吴燕丽(2020)、王贺芝(2020)、曹亚茹(2020)、李丽红(2020)、曹辉(2020)、贺成华(2020)、张冰洁(2019)、荣子豪(2019)、梁煦晨(2019)、高干(2018)等研究人员对城市(社区)体育场地的相关主题进行了研究,并且提出针对性的对策和建议,有利于我国各地体育管理者提高管理水平。

农村体育场地研究。例如刘梦妮(2022)、马秋萍等(2021)、罗姝(2021)、李婷(2020)、荆淦(2020)、牛晓强(2020)、许慧敏(2020)、孟凡鹏(2020)、杨华(2020)、张荣飞(2020)、刘瑛(2019)、赵垣翔(2019)、张咏望(2019)、郭耀俊等(2019)、高嵩等(2018)学者们聚焦农村体育场地的特点和现状,分析存在的问题,并提出可操作的对策和建议。

城乡对比研究。例如李晶(2022)、刘骁天(2022)、马红梅(2019)、崔佳琦(2019)、宋耀伟等(2019)、于文谦等(2018)研究人员采用对比和综合研究的方法对我国城乡体育场地设施的发展情况进行了分析,以促进城乡体育事业的均衡发展。

(5)体育场地管理方式(政府购买、开放管理、共享管理、运营)研究

首先,向社会开放问题研究。例如郑伟波(2022)基于市民需求的角度分析如何向社会开放学校体育场馆;李强(2021)分析了学校体育场馆向社会开放的困境,进而提出相关解决对策;范俐鑫等(2021)在《济南日报》上指出,到2025年80%的学校开放其体育场地;黄国波(2021)分析了高校的体育场馆向社会开放的现状和对策;李昌瑞(2021)对中小学体育场地向社会开放的影响因素进行了分析,并提出针对行解决对策;付建秀等(2021)分析了高校体育场地和设施全民共享的创新机制;张坤贺(2021)分析了高校体育场地如何和社区共享为对策;李萌萌(2020)分析了城市中的中小学校体育场馆如何实现社会共享,通过利益相关者理论进行了探讨;裴丽萍(2020)分析了中小学体育场地向社会开放的可行性;李玉刚(2019)对上海市的中小学体育场地资源如何同社区共享进行了研究;杨涛(2019)从供给侧改革的背景下对长株潭的中小学体育场地如何实现对外开放进行了路径分析和探索;丁合盛(2019)分析了北京市海淀区的高校游泳场馆在对社会开放方

面存在的问题和相应地解决对策;杨帅(2019)针对杭州市的中小学的体育场地设施在对社会进行开放的过程中存在的风险进行了分析;张弦(2019)对宁波市的高校体育场馆如何向社会开放提出了对策;梁希(2018)分析了扬州市高校的体育场馆向社会开放的现状和对策;谢高长(2018)调查了南京市的部分高校体育场地设施向社会开放的状况;姚远等(2018)分析了在健康中国2030战略背景下,我国学校的篮球场地向社会开放的优化路径;汤春龙(2018)分析了江西省高校体育场馆向社会开放的相关问题。

其次,智慧化管理研究。例如魏华等(2022)针对数字经济时代陕西省的体育场地如何通过智慧化治理进行分析,并提出相应的对策;付明兆(2021)基于O2O模式的微信公众平台对体育场地资源的整合问题进行了分析;张姣(2021)对学校体育场地和器材的管理采用网络化的方式进行了分析;欧吉林(2020)在智慧校园的背景下对学校的体育场地预约平台如何构建进行了分析;郝桐桐等(2019)通过实证分析,对上海市的体育场地如何实现智慧管理,提升其服务质量进行了研究;昝登良等(2019)分析了广东省高校的体育场地进行信息化管理的相关问题;杜子韬(2019)对高校体育场馆的管理上采用云信息管理系统进行了分析;李德智(2018)研究了城市中体育场馆的智慧化管理的基本框架和路径。

最后,生态管理研究。丁建岚等(2022)基于体育场地生态化视角,对其发展的动力、内涵和实践路径进行了分析;林玉川(2021)从环保理念对体育场地的建设进行了研究;张为康等(2020)采用社会调查的方法对广场舞冲突的问题进行了社会生态研究,分析其原因和治理对策;王佃娥(2018)对天津市中小学的体育场地设施通过构建生态系统进行运行的状况进行了分析。

(6)公共体育场地研究

张凤彪等(2021)从理论视角综述了我国公共体育资源配置;杨漫

(2021)对全民健身背景下武汉市的公共体育设施如何实现共建共享进行了对策分析;闫玉峰(2020)从供给的角度对我国公共体育场地进行了研究;陶醉(2020)对江苏省的公共体育设施的配置如何提档升级进行了路径的分析;叶敏聪(2020)分析了如何建设和实现产业转型升级公共体育场地设施;郭潇蔚(2019)分析了我国大型体育场馆的空间分布问题;陈雯(2018)对我国大型公共体育场地的运营模式进行了现状分析和对策研究;张强等(2018)对我国公共体育场地设施的规划方面存在的问题进行了分析,并提出了相应解决对策。

(二)问题研究

通过梳理相关文献资料,发现很多学者基于问题的视角对全民健身和体育场地进行了研究,下面从存在的主要问题进行综述性评价。

1.体育场地设施规模和结构存在问题导致全民健身需求无法得到有效满足

在国家高度重视全民健身事业的推动下,城市社区、乡镇农村的体育场地设施越发完善,但是仍然存在亟待解决的一系列问题。

陈啸(2021)对在全民健身背景下大众体育锻炼与社会体育场地的矛盾进行分析。研究发现,大众体育锻炼和社会体育场地与社会的需求之间存在一定的问题,群众的需要无法得到满足,同时群众也存在不合理使用场地的情况。该文对社会体育场地和大众体育锻炼进行了详细的分析,以期更好地促进二者之间的协调发展。[1]孟侨等(2020)研究认为,现阶段我国体育场地设施建设的规模、体育场地面积、体育场地数量都呈现递增趋势,但就我国体育场地运营服务而言还存在着体制机制缺乏活力、社会力量参与度

---

① 陈啸:《大众体育锻炼与社会体育场地的矛盾分析》,《当代体育科技》,2021年第11期。

与场地开放程度较低、运营服务质量及场地使用率较低等问题。[①]杨金娥等（2019）采用文献查阅、实地调研等方法，就社会力量投资运营体育场地的政策问题开展研究。结果显示存在以下问题：社会力量投资运营场地难以获得土地使用权；利用公园绿地、废旧厂房等建设场地时难以办理项目用地规划许可手续；缺少利用非体育用地投资运营体育场地的规划建设指引；社会力量投资运营的场地难以享受房产税和城镇土地使用税等优惠政策。[②]

2.缺乏专业的体育指导人员导致全民健身效果大大打折

对社会体育指导员的研究是体育研究领域的一个热点领域，通过文献的查阅和梳理，发现有关社会体育指导员的研究方面的高频关键词包括"群众体育"和"全民健身"等，可见社会体育指导员是发展全民健身事业的关键。

申丽琼（2018）对全民健身的潮流下逐渐发展起来的社会体育指导员队伍中存在的问题和未来的发展趋势进行研究，发现仍然存在一系列问题，比如专业素养不够，在工作中做不到"对症下药"，导致在老百姓的心目中认可度不高，同时关于社会体育指导员的制度规范不健全，导致把公益性的全民健身指导工作演变为营利性的工作，这些问题的存在是制约我国全民健身事业发展的不可跨越的一步，是基础性的问题。[③]张宏飞（2015）在其文章中指出，我国社会体育指导员在不断专业化的发展趋势下，没有很好地利用信息网络技术，而是仍然在"外控式"下推动发展，忽视了大数据的时代发展背景。[④]王彬（2014）分析了我国社会体育指导员在培养上存在目标不确切、培

---

① 孟侨、刘甲爽：《我国体育场地规模现状下运营服务的升级路径——基于经济高质量发展阶段》，《湖北体育科技》，2020年第9期。

② 杨金娥、陈元欣、黄昌瑞：《社会力量投资运营体育场地的政策困境及消解路径》，《上海体育学院学报》，2019年第5期。

③ 申丽琼：《全民健身视角下社会体育指导员队伍发展探析》，《中国高新区》，2018年第6期。

④ 张宏飞：《社会体育指导员的历史回顾与展望》，《当代体育科技》，2015年第5期。

训者专业能力不强、培训效果不佳、培养方式比较单一等问题。

3.由于缺乏体育锻炼导致居民身体素质不高

郝建峰(2019)指出,随着生活水平的提高,我国居民身体素质整体上呈现提高的发展趋势,但是仍然存在一系列问题,比如男性的力量(臂力和握力)指标呈现下滑的趋势,大学生的身体素质也在下降,慢性病人群在扩大,"现代文明病"和患癌风险成为人们亚健康的主要特征,总体表现出我国居民身体素质还存在欠佳的因素,产生这些问题的主要原因之一便是居民缺乏身体运动,导致身体素质变差了。①毕荟芸(2021)认为,我国国民体质自2015年至今是优化升级阶段,总体上是向好的,但依旧存在诸多问题,例如国民体质健康意识发展水平限制了全民健身活动在更大的范围内开展。②林卓才(2022)从时间和空间两个视角对我国国民体质健康情况进行了分析。一方面在时间上指出我国从20世纪80年代开始的对青少年学生的体质监测结果表明,体质健康水平在个别指标上呈现下降的趋势,例如在身体形态上,青少年肥胖的检出率增加,导致体质总体下降,而且呈现低龄化的发展趋势;始于1998年的老年人体质健康研究也表明,60~69岁男性老年人的力量素质呈现下降趋势。另一方面在空间上认为我国城乡居民体质健康水平存在差异性,城市居民身体素质优于农村居民,东南沿海地区的国民体质健康水平高于西北地区。③

4.城市社区(农村)体育场地和全民健身存在的问题分析

根据相关研究表明我国人均体育场地面积为2.41平方米,农村仅1.36

---

① 郝建峰:《新时期全民健身与全民健康融合研究》,《广州体育学院学报》,2019年第3期。

② 毕荟芸:《疫情常态化背景下全民健身与健康中国战略研究》,江西省体育科学学会、全国学校体育联盟江西省分联盟、江西省体育学学科联盟、华东交通大学体育与健康学院:《第三届"全民健身科学运动"学术交流大会论文集》,2021年,第23~24页。

③ 林卓才:《基于面板数据的我国国民体质健康的时空分异研究》,浙江师范大学硕士论文,2022年。

平方米,《第三次全国农业普查主要数据公报》显示,我国仅有16.6%的乡镇有体育场馆,城乡间体育场地设施供给不均衡。

关于农村体育健身场地问题的分析,张艳梅等(2017)认为在新农村发展背景下,农村体育事业的发展仍然存在村民缺乏正确的体育锻炼知识、农村体育基础设施匮乏、农村体育活动不足、缺乏农村体育相关人才、农民的体育消费意识低下等问题。[1]

彭响等(2023)对农村全民健身场地设施建设用地的供需矛盾及其生成原因进行研究,研究发现,农村全民健身场地设施建设用地的供需矛盾主要表现在建设用地总量、建设用地政策、建设用地制度、建设用地质量、建设用地市场等供给不足与需求加大之间的矛盾,其生成原因主要在于城乡建设用地增减挂钩政策的执行偏差,体育用地政策部门协同制定的参与度不足,体育建设用地优先保障制度的建立滞后,农村建设用地节约集约利用的意识缺乏,地方推动农村建设用地入市的意愿不强。[2]

5. 信息化背景下全民健身体育场地智慧化管理缺失

尚新科(2022)分析认为,移动互联网、云计算、大数据、物联网等现代信息技术手段与全民健身要相结合,然而现实却显示结合得不够充分,场地利用率不高、有效供给不足等问题,无法实现全民健身服务的便捷化、高效化和精准化,无法满足人民群众日益增长的多元化健身需求。[3]

魏华等(2022)认为,体育场地是实现健康中国梦的基本物质载体,由于

---

① 张艳梅、王忠礼:《新农村体育发展存在的问题与解决对策》,《辽宁师专学报(自然科学版)》,2017年第3期。

② 彭响、刘如、戴俭慧:《农村全民健身场地设施建设用地的供需矛盾与供给侧改革研究》,《南京体育学院学报》,2023年第1期。

③ 尚新科:《体育数字化趋势下河南省体育场地智慧治理主体、困境及发展路径研究》,载中国体育科学学会体育信息分会:《2022年第十四届全国体育信息科技学术大会论文摘要汇编》,2022年,第162~163页。

缺乏充分的信息化和智慧化管理,导致体育场地的利用率不高,有效供给不足,多元化的健身需求得不到满足,对体育场地的管理方面无法实现精准和高效。①

（三）对策研究

基于以上的主要问题,学者们纷纷提出相应的解决对策,具体体现在以下几个方面。

1.积极参与体育运动,提高身体素质

郝建峰(2019)认为,根据生命科学研究显示,世界上绝大多数慢性非传染病都可以通过体育锻炼的方式进而提高身体素质来进行预防,降低产生疾病的可能性,使身体能够抵抗疾病、治疗疾病。②

赵雪莹通过调查研究的方法发现大学生身体素质中的耐力指标和力量指标水平较差,表现在耐力指标和力量指标达标比例较低,体测综合成绩不及格率较高。③

2.培养全民健身人才队伍,壮大社会体育指导员组织规模

部分高校设置相关专业,加大教育投入,从理论上培养专业人才,掌握专业的知识和技术;健全管理规范制度,政府部门明确管理目标,构建健康有序的管理工作制度,做到监管制度的透明化,提高管理的公益性;充分利用互联网技术实现体育指导内容和方法的大力宣传,自媒体的飞速发展为其创造了机会,公众号、在线讲堂等形式能实现良好的宣传效果。④

---

① 魏华、王璠、祝丽妮等:《数字经济时代陕西省体育场地智慧治理的存在问题与发展路径研究》,载中国体育科学学会:《第十二届全国体育科学大会论文摘要汇编——专题报告(体育信息分会)》,2022年,第70~72页。

② 郝建峰:《新时期全民健身与全民健康融合研究》,《广州体育学院学报》,2019年第2期。

③ 赵雪莹、李晨、梁金航、阎美英、李璐、于澄:《大学生身体素质影响因素分析》,《健康教育与健康促进》,2023年第1期。

④ 申丽琼:《全民健身视角下社会体育指导员队伍发展探析》,《中国高新区》,2018年第6期。

张海燕建议将高校体育系师生和中小学体育教师等专业能力较强的人员,补充到社会体育指导员队伍中,使其在性别、年龄、项目技能等方面调整队伍结构,使其更加科学合理;社会体育指导员管理部门应完善社会体育指导员管理的相关制度,从其他途径获取资金的支持,从而加快自身建设,为全民健身服务。①

3.互联网·体育

燕国栋提出建立一个全面的健身网络指导系统,为所有居民进行有效的网络健身指导。周婷、李宇欣的研究表明,互联网线上干预在短期内对提升运动行为的效果明显。晁伟伟指出,在我们的生活中各类体育类手机应用程序,其内容涵盖体育资讯、运动健身、体育场馆预约等,给予我们很大的便利,我们要结合O2O模式,合理配置资源,利用信息技术科学定制健身计划,在健身的同时采用互联网+技术监测身体健康数据,在家庭、学校、社会综合使用,同时完善基础设施,优化场馆的技术环境,注重信息平台的建设,多元共建,扶持相关产业的建设和完善。②

4.全民健身公共服务体系的均衡发展

我国体育全民健身事业要持续均衡发展,是提高民生福祉,满足人民日益增长的体育健身需求,实现体育大国和强国目标的重要保障。安顺等人指出,全民健身要区域性均衡,实现城乡的均衡发展③;彭响等人通过研究指出,农村全民健身场地设施建设用地供给侧改革应从完善建设用地增减挂钩政策,保障农村体育建设用地总量,促进用地政策部门协同参与,打破体

① 张海燕:《全民健身背景下衡水市区社会体育指导员队伍建设研究》,《当代体育科技》,2022年第1期。

② 晁伟伟:《全民健身背景下"互联网+体育"的价值与应用探究》,《文体用品与科技》,2023年第19期。

③ 安顺、蒋宏宇:《全民健身公共服务供需结构失衡特征及其成因分析》,《体育科技文献通报》,2023年第6期。

育建设用地政策壁垒,强化体育用地优先保障供给,建立体育建设用地配套制度,加强农村土地节约集约监管,提高农村体育建设用地质量,推动农村建设用地入市进程,加快构建农村建设用地市场等路径着手推进。①

5.实现全民健身治理体系和治理能力的现代化改革

体育治理作为国家治理的重要方面,在实现国家治理体系和治理能力现代化的进程中不可或缺。蔡一尔指出,全民健身运动的顺利开展,需要建立在完善的治理服务体系基础上,要建立全民健身公共治理服务平台,对行业发展现状、场地资源管理、体育消费动态、赛事活动开展等情况进行监测,为群众参与体育健身活动提供一体化的管理与服务。构建全社会广泛参与的全民健身社会治理体系,离不开政府的领导和扶持,形成多元协同参与、社会共同管理的有利局面。②陈丛刊等人指出,坚持人民主体性是体育治理体系和治理能力现代化建设的基本原则,在这一原则的指导之下通过广泛开展全民健身活动,提高人民群众健康水平;提升竞技体育综合实力,实现为国争光、为民谋福;推动体育产业高质量发展,满足人们多元消费需求;促进体育文化繁荣发展,丰富人民体育文化生活;深化体育对外交流合作,增强国民自信心和自豪感。③

(四)实证研究

本研究所涉及的关键词都是社会现实问题,在具体的区域都有较强的体现,理论的研究是为了能够应用实践,因此实证研究既是研究方法也是研究对象。通过梳理文献,笔者发现很多学者都选择针对某一个具体的区域作为研究对象,分析其在全面健身和体育场地相关的问题。

---

① 彭响、刘如、戴俭慧:《农村全民健身场地设施建设用地的供需矛盾与供给侧改革研究》,《南京体育学院学报》,2023年第1期。

② 蔡一尔:《全民健身发展现状分析与研究》,《文体用品与科技》,2023年第19期。

③ 陈丛刊、王思贝:《坚持人民主体性:体育治理体系和治理能力现代化的价值导向》,《武汉体育学院学报》,2021年第1期。

1.高校全民健身问题研究

笔者以"高校全民健身"为主题在中国知网上进行文献检索，发现两千余篇相关文献，对近些年的文献进行综述，可以发现存在以下类别。

第一，综合研究类。

比如胡盟盟等对健康中国战略下高校全民健身的实施路径问题进行了研究，分析健康中国战略意义及高校全民健身现状，并提出一系列实施路径，包括建立高校全民健身组织机构和管理体系、建立全方位健身服务体系、加强健身教育和宣传工作、增加体育场馆建设和设施投入、推动校园文化体育融合发展及加强与社会力量的合作和交流。[①]

孔庆军基于健康中国、全民健身、体育强国及高素质人才培养与疫情防控常态化的多重需求，围绕健康意识、实践能力与美育教育等方面分析大学生全民健身参与的重要意义，并从体育制度、体育氛围、体育意识、体育内容四个方面出发，围绕全民健身的新观念、新文化、新氛围与新活动提出大学生全民健身参与的对策，旨在发挥大学生群体作用、参与健康中国战略与全民健身战略践行。[②]

第二，高校体育资源或场地对全民健身的影响研究。

史晨分析指出，篮球运动作为最受国民喜爱的运动形式之一，在全社会广泛推行，高校篮球场地对外开放成为大势所趋。杨光照采用文献资料法、逻辑分析法等，阐释全面健身视域下我国高校体育场馆面向社会开放的现实价值，指出高校体育场馆社会化服务可以实现体育资源的合理配置，促进

---

① 胡盟盟、李世英：《健康中国战略下高校全民健身的实施路径》，《文体用品与科技》，2023年第19期。

② 孔庆军：《多重需求叠加下大学生全民健身参与的意义和对策思考》，《文体用品与科技》，2022年第24期。

体育场馆的可持续发展,以及丰富高校体育文化氛围。[①]

第三,对运动项目视角进行研究。

张峻浩认为,在当前国家大力发展全民健身背景下,探索健美操在全民健身的价值体现与发展路径,可以在有效促进健美操运动广泛开展的同时,全面推进我国实施全民健身发展的进程。[②]江南指出,在全民健身活动中,推广乒乓球运动对保障健身效果具有重要影响,为了确保全民健身活动的有效性,应该加强对乒乓球运动的落实。[③]

李圆圆等通过文献资料法、视频录像法及逻辑分析法等方法,对淮南师范学院近三届校运会开幕式的团体操表演进行案例分析,认为富有艺术性的大规模表演,是对校园"全民健身"的最好动员。[④]

第四,特定主题研究。

有学者从互联网+视角对高效体育场馆信息化问题进行了研究,例如王泽宇等立足全民健身理念不断推广的现实情况及当前高校体育场馆运营管理的局限性,从强化信息化管理、落实信息化监控及加强信息化服务几方面着手对其信息化建设路径进行了详细分析,提出了平台建设和技术应用两个优化策略。[⑤]解彪等运用文献资料、实地调查等方法,探讨构建高校智慧体育服务体系的价值蕴涵和基本原则,诠释其体系建构细则,从体育场馆智慧化、生态布局智慧化、平台服务智慧化及后台管理智慧化等方面进行综合

① 杨光照、陈飞、苏灿峰:《全民健身视域下高校体育场馆社会化服务的策略研究》,《当代体育科技》,2022年第12期。

② 张峻浩:《健美操在全民健身中的价值体现与发展路径》,《文体用品与科技》,2023年第19期。

③ 江南:《乒乓球运动对促进全民健身的分析》,《文体用品与科技》,2022年第9期。

④ 李圆圆、阮宜杰、张万寿等:《校运会团体操表演对高校校园体育文化建设的价值研究——以淮南师范学院近三届校运会团体操表演为例》,《商丘师范学院学报》,2021年第12期。

⑤ 王泽宇、张子涵:《基于全民健身理念的高校体育场馆信息化建设对策》,《文体用品与科技》,2022年第24期。

性建设。①施晓红等结合普通大学学校体育现状,进一步分析运动类App的特征,提出运动类App在普通大学体育教学中的运用,以便更好的推广运动类App。②

有学者从高校体育人才培养视角进行了分析。例如严雯轩等认为,随着生活水平的提高,人们更加注重身体健康,越来越多的人参与到全民健身当中,从而导致社会体育专业人才短缺的现象,高校如何培养社会体育专业人才的工作就显得尤为重要。③

2.城市视角,服务城市全民健身事业

随着我国城镇化水平的越来越高,城市的聚集效应越来越强,大量的人口涌入城市,对城市的公共服务提出了新的挑战,城市成为全民健身事业的主要阵地。我国地大物博、人口众多,每个城市和地区有其特点和差异,为此,学者们关注这一现状和变化趋势,聚焦某一城市地区分析全民健身相关问题。

鲁婷婷等认为,在普通高校,建立高水平运动队是实现全民健身和阳光体育的拓展和补充,并采用SWOT分析方法对陕西省的高校的高水平运动队进行了研究,以推动全民健身事业的发展和进步。④

潘玉舟分析认为,辽宁省高校体育场馆开放程度不足,利用率偏低,远远不能满足学生和社会居民的需求,制约着全民健身事业的发展。解决这个问题需要政府部门和高校相互配合,一方面需要政府有关部门提供政策

---

① 解彪、赵志鹏、张鸿:《高校智慧体育服务体系的价值蕴涵、基本原则与体系建构》,《体育科技文献通报》,2022年第11期。

② 施晓红、郝祥瑞:《运动类APP在普通大学体育教学中的运用》,《鄂州大学学报》,2022年第5期。

③ 严雯轩、李吉洋、潘峰等:《全民健身背景下高校社会体育人才培养对策研究》,《经济师》,2022年第8期。

④ 鲁婷婷、易书恒、闫振龙:《陕西省高校乒乓球高水平运动队的分析及对策研究》,《当代体育科技》,2022年第6期。

支持;另一方面需要高校建立健全场馆安全管理制度和设立保险机制,打造良好的管理和服务团队,加快推进高校体育场馆信息化管理平台建设,从而提升高校体育场馆的利用率,为全民健身做出更大的贡献。[①]

李昌瑞对广西高校体育设施的现状进行调查,在全民健身运动的背景下,分析高校体育在其中所体现出的结构功能及重要作用,提出了科学、可行的协同策略,认为应充分利用高校体育场地设施,合理制定相应政策法规,保障并鼓励学校体育场地设施开放,更好地为全民健身运动需要的场地提出有效的实施办法,真正为全民健身打下坚强的后盾。[②]

徐惠等分析了粤港澳大湾区的全民健身机制,指出要充分利用湾区内的科技、人才、金融与自然资源优势,从社会公益机制、激励机制、产业促进机制和教育宣传机制等几个方面,构建大湾区全民健身社会运行机制。[③]

3.社区视角,实现全面健身事业落地发展

社区是人们实际生活的区域,是实现全民健身微治理和精细治理的对象,全民健身事业的发展如何满足人民群众的相应需求,社区是最后一站,学者们对这个领域的研究也是重点和热点。

李燕领等学者选取五个基层体育治理典型案例,基于"理念—结构—技术"分析框架探讨了精细化治理视角下城市社区公共体育服务供给对居民获得感提升的要素组态、关键路径及有效经验,认为保障民生主体建设与平衡供需以提高服务满意度,专业分工与整合资源以提高服务能力,数字赋能

① 潘玉舟:《辽宁高校体育场馆利用效率提升对策研究》,《辽宁经济管理干部学院学报》,2021年第6期。
② 李昌瑞:《"健康中国"背景下广西高校体育设施课外运行现状与发展对策研究》,《运动精品》,2021年第11期。
③ 徐惠、符壮:《粤港澳大湾区全民健身社会运行机制研究》,《广州体育学院学报》,2021年第5期。

与平台治理以提高服务效能。①

　　刘平浩等通过对北京市西城区部分全民健身路径的实地调研,指出应聚焦居民需求,激发主人翁意识,增强内外空间互动,发挥居民活动自主性,优化器械适用范围,扩充健身活动类型,有效而低成本地满足社区居民健身运动的需求,从基层出发,让城市成为百姓宜居的乐园。②

　　张泉等以广州市越秀区为例,从四个方面提出体育空间的优化策略,即合理规划体育用地布局、整合社区体育健身资源、考虑体育设施功能多样性、搭建智慧化体育管理平台,以期推动全民健身与全民健康融合,助力全民健身事业的高质量发展。③

　　4.乡村视角,聚焦特定区域的全民健身事业

　　我国农村发展具有中国特色,广大农民对美好生活的向往和现实不平衡、不充分的发展之间仍然存在主要矛盾,提高农民对体育生活质量的获得感和幸福感是我国全民健身事业的重要内容,有着重大的社会价值。

　　岳鑫尉分析了云南省乡村体育事业,认为要完善乡村公共体育设施,为乡村体育发展提供基础保障,加强乡村体育人才储备建设,全民提升农民的体育科学素养。④

　　高里程分析发现河南省乡村体育发展滞后,参与人群老龄化,乡村体育消费需求不旺,影响乡村绿色发展,为此提出在乡村振兴的背景下,将乡村体育文化、体育产业引入高校,以丰富高校体育文化,同时将高校体育引入

　　① 李燕领、代争光、张凡涛:《精细化治理视角下城市社区公共体育服务供给如何有效提升居民获得感?——基于多案例的比较研究》,《武汉体育学院学报》,2023年第9期。
　　② 刘平浩、魏琪、李煜等:《北京西城区:全民健身路径现状研究与改造建议》,《北京规划建设》,2023年第2期。
　　③ 张泉、郭小玲、彭晨曦等:《基于十分钟健身圈的城市社区体育空间优化策略——以广州市越秀区为例》,《广东技术师范大学学报》,2022年第3期。
　　④ 岳鑫尉:《乡村振兴背景下助力农村体育进阶式发展——以云南省为例》,《文体用品与科技》,2023年第13期。

农村,以提高乡村体育运动水平,助推乡村体育产业发展。①

何忠等基于国家实施乡村振兴的战略布局,分析地方高校体育专业服务乡村体育事业面临的机遇与挑战,认为要充分发挥地方高校体育专业服务乡村的办学职能,建立和完善服务乡村体育事业的长效机制,为国家乡村振兴战略的实施提供可持续和高质量的服务。②

二、国外研究综述

笔者在中国知网上以西方体育场馆为关键词进行了检索,发现15篇相关文献,通过阅读和梳理,发现国内学者对国外体育场馆相关问题进行了如下探讨。

(一)国别研究

1.加拿大:全民健身公共服务体系研究

学者刘瑞莹等对加拿大的全民健身公共服务体系进行研究,梳理总结加拿大全民健身公共服务体系建设的基本现状及主要经验,指出加拿大全民健身公共服务现状体现在健全的全民健身组织、明确的体育管理体制、广泛的群众体育基础、完善的公共体育设施、专业的体育服务人员及深厚的体育健身文化,对我国有着重要的启示和借鉴。③

2.美国:体育政策和体育场馆

谢尚森等(2022)采用文献资料法、比较研究法对美国等国的体育健康政策文本进行比较分析研究,指出美国从1980年到2021年共发布了5次健

---

① 高里程:《乡村振兴视角下河南省高校体育与乡村体育产业协同发展探究》,《开封大学学报》,2021年第4期。

② 何忠、许志琳:《乡村振兴背景下地方高校体育专业服务乡村体育事业研究》,《湖北文理学院学报》,2021年第12期。

③ 刘瑞莹、付群:《加拿大全民健身公共服务体系建设经验及启示》,《湖北体育科技》,2022年第9期。

康公民计划,对美国国民的身体健康、疾病预防、幸福生活起到了非常重要的作用,体现出体育运动是促进身体健康的重要手段。美国卫生与公共服务部在 2020 年 8 月发布《健康公民 2030》,这是美国健康公民系列的第 5 版,总共确立 489 项具体目标,其中核心目标 355 个,发展目标 114 个,研究目标 40 个,其中有 34 个主要健康指标,并提出了 56 个主题目标。[①]

美国作为世界体育强国,大众健身意识强且户外运动盛行,建设城市体育公园是政府提供公共体育服务的重要手段。美国城市体育公园建设源于 19 世纪城市公园运动,适用于不同人群及附近居民娱乐。加强顶层设计,以全域政策框架引领美国城市体育公园规划建设,是美国政府应对美国快速工业化与城市化进程所带来城市生态问题、居民健康问题和社会问题的重要举措;美国的社会制度决定其城市体育公园建设方式的社会化及管理主体的多元化,最终形成"政府主导、市场主体、商业化运作"的体育公园运作模式;美国国家公园服务部牵头,会同相关部门和社会机构联合发布报告,提出提升城市体育公园的可达性是满足城市民众运动需求的重要组成。这些都是美国在全民健身领域中发展城市体育公园方面的重要举措。[②]

3. 日本:体育公园

体育公园是全民健身事业中场地设施的重要组成部分,对于推动全民健身,改善人民的体质有着重要的保障性作用。我国也提出在"十四五"期间实现新建或改扩建 1000 个左右体育公园,日本早在 1956 年就制定了《城市公园法》,在体育公园建设和管理方面积累了较为丰富的经验,学者姜小涵等(2022)分析了日本体育公园的经验,包括注重通用化设计、注重防灾功

---

① 谢尚森、张婧茹:《美国、日本体育健康政策比较及对中国的启示》,《阜阳师范大学学报(社会科学版)》,2022 年第 1 期。

② 曹雷、范成文、钟丽萍等:《美国、澳大利亚、日本城市体育公园建设实践及其启示》,《体育学刊》,2023 年第 3 期。

能设计、贯彻人性化理念，运动项目多元化、体育公园绿视率较高、室内与室外设施相结合、保障机制完善、注重可持续发展、运营主体多元等方面，指出我国的启示有完善政策法规，加强制度保障，重视绿化率建设，提高绿视率水平，重视防灾功能设计，提高应急效率，坚持以人为本，进行多元设计；创新建设方式，提升供给水平，创新管理制度，吸引各方参与。①

曹雷等（2023）采用文献资料法和逻辑分析法，对日本等国家的城市体育公园建设实践进行分析，指出日本是亚洲范围内最早建立城市公园体系的国家，城市公园建设居世界前列，其极具特色的做法和经验对我国有着重要的借鉴意义，包括完善城市体育公园的配套政策，明确多元主体参与建设权责，细化城市体育公园建设标准，提升城市体育公园可及性，丰富城市体育公园建设内容，建设生态城市体育公园，引导社会力量参与体育公园建设，形成多元主体协同参与模式。②

谢尚森等（2022）采用文献资料法、比较研究法对日本等国的体育健康政策文本进行比较分析研究，指出日本是实施体育运动健康政策较早的国家之一，有着丰富的经验，2010年颁布的《体育立国战略》、2011年的《体育基本法》、2012年的《体育基本计划》、2013年的《为了增进健康的运动指南》、2015年的《特别措施法》、2016年的《铃木计划》、2017年的《体育基本计划》、2018年的《提高体育参与率行动计划》等一系列政策措施，对日本国民体质的健康和体育事业的发展起到了重要的政策促进作用。它山之石对我们有着一定的借鉴意义，包括全健康理念要融入身体活动和体育健康政策；基于多元治理下的各领域协作发展是实现政策有效实施的重要手段；整合相关资源，提高资金利用率；注重科学调查，引入循证科学方法；加强政策绩效管

① 姜小涵、陈元欣：《日本体育公园发展经验及启示》，《体育教育学刊》，2022年第4期。

② 曹雷、范成文、钟丽萍等：《美国、澳大利亚、日本城市体育公园建设实践及其启示》，《体育学刊》，2023年第3期。

理,构建科学政策评估体系。另外,要注重沿海和内陆国民体质的区域差异性特征,提高体育健康政策的契合度和覆盖面;开放高校体育场馆、体育俱乐部等公共体育场所;在体育健康政策制定与执行中注重和解决运动公平问题,把全民健身与全民健康的深度融合作为工作的重点。[①]

南尚杰等(2021)针对日本在2018年颁布的《提高体育参与率行动计划》进行了研究和分析,通过剖析内容,发现该计划的主要特征为:重视改变国民对体育的狭隘认识、强调青少年儿童加入体育俱乐部、倡导劳动者参加随时随地可开展的体育活动和注重为高龄者提供适宜的体育活动等。在此基础上指出要完善法律法规、强化对重点群体的干预、实施意识改革和加强调查研究工作。[②]

4.澳大利亚:全民健身政策和体育场馆管理体制

华中师范大学的胡贝(2019)对澳大利亚的全民健身体育政策进行了分析。《体育2030—国家体育计划》是澳大利亚为提高民众身体与心理健康水平,促进国家经济和社会发展的一项计划,2016年我国颁布了《"健康中国2030"规划纲要》,虽然我国与澳大利亚国情不同,但是两项政策在具体措施方面有着相互借鉴的意义和价值。澳大利亚的这项政策指出,任何年龄段的人都应该参与体育锻炼,体育要贯穿一个人的生命始终;充分利用专业的体育团队和人才;建立一个公平、安全和强大的体育部门,建立安全可靠的系统用于阻止、检测和处理相关威胁;促进体育产业的发展等。这启示我们减少运动壁垒,免费开放基础体育设施;加大运动员培养系统的投入,提升国际影响力与竞争力;加强体育部门与各级政府的合作,建立审查和监督机

[①] 谢尚森、张婧茹:《美国、日本体育健康政策比较及对中国的启示》,《阜阳师范大学学报(社会科学版)》,2022年第1期。

[②] 南尚杰、李松洋、左晓东等:《日本〈提高体育实施率的行动计划〉分析及启示》,《体育学刊》,2021年第5期。

制;注重体育外交,积极发展体育产业。①

　　学者何鹏飞等(2022)通过研究发现,澳大利亚通过精英体育政策促使其竞技体育取得巨大成功,然而不断增长的公民肥胖率引发的慢性疾病等一系列公共健康问题越发凸显。在这一背景下,澳大利亚政府进行了体育制度改革,完成了精英体育与大众体育融合的战略,在保持精英体育发展的同时,推动地方政府加大体育设施投入,提高大众体育参与度,赛后场馆成为当地社区重要的体育、娱乐、教育和休闲中心,在保障公众利益的前提下,发挥场馆自身造血功能。比如悉尼奥林匹克公园场馆在2002—2003年累计亏损1.14亿澳元,迫使赛后成立的公园管理局重新制定场馆发展战略,以满足公众需求为导向,引入市场机制,将场馆打造为以体育为主,融合教育、文化、休闲、旅游等多元业态的综合体,到2018—2019年,共举办了5604场活动,吸引了1030万游客,营收3.15亿澳元,并首次实现盈利;澳新银行体育场优质的硬件设施也是悉尼首选的娱乐活动举办地,能够满足会议、展览、宴请等多样化需求。②

　　刘辛丹等(2017)对西澳的大型体育场馆的管理体制进行了研究,分析了政府在对其管理过程中的作用和角色,指出西澳政府对场馆管理机构及其体制立法规制,州政府的服务性补贴和购买公共服务是场馆群运营经费主要来源,州政府对税收方面豁免力度大,对西澳大型公共体育场馆群的运营能源费用实施优惠和补贴。西澳的做法和经验对我国公共体育场馆的管理上的启示表现为加强相关法案的制定和完善,清晰政府的职能定位,明确政府和场馆各自的职能边界等。③

---

　　① 胡贝:《澳大利亚〈体育2030—国家体育计划〉的解读及启示》,《体育成人教育学刊》,2019年第4期。

　　② 何鹏飞、陈昆仑:《奥运场馆赛后运营模式经验及启示》,《体育文化导刊》,2022年第1期。

　　③ 刘辛丹、庞亮、许纳等:《西澳大型公共体育场馆群管理运营中政府职能的作用和启示》,《西安体育学院学报》,2017年第2期。

（二）具体内容研究

1.国外体育场馆建设和管理模式

（1）政府与市场关系

国外体育场馆,尤其是大型体育场馆,或者是立足高校体育活动和训练,或是服务职业体育赛事,抑或举办大型体育赛事,其建设和发展历程体现出政府和市场两种体制的博弈关系,学者们对此进行了研究,比如余胜茹（2016）分析了自19世纪末以来西方大型体育场馆的发展历程,对美国、欧洲多国的大型体育场馆从观赏性和政治性两个角度探讨了其管理模式,在美国大学体育赛事的蓬勃发展造就了大型体育场馆的发展,美国的职业体育也推动了体育场馆的修建,市场需求是决定体育场馆的规模和投入的关键性因素,欧洲大型体育场馆的修建也实现了和职业体育的充分融合,最具代表性的就是欧洲的足球联盟是其体育场馆发展的基础,世界杯、欧洲冠军联赛等大型体育赛事的举办体现了欧洲"无活动、无场馆"的管理理念。

通过对西方体育场馆的分析,笔者也发现为了提高体育场馆的经济价值,西方举办奥运会等大型赛事尽量使用原有的体育设施和临时场馆、公用场馆,避免因大型赛事周期短、赛后运营难、不持续等问题出现体育场馆不经济的局面。总之,西方的大型体育场馆涉及职业体育场馆的主要由市场来提供,涉及大型赛事活动的场馆主要由政府来提供,最终产生良好的经济效应和社会收益。

（2）开放管理

西方体育场馆对社会公众开放是普遍采用的管理模式。例如澳大利亚堪培拉国际体育及水上运动中心为市民提供了室内体育设施最好的体育馆,超过12000平方米的室内场馆,全年除了复活节和圣诞节共开放363天,每年超过70万居民到此健身。然而,西方开放程度高的体育场馆在建筑规模上较小,一般室内面积都在1—2个篮球场地大小,看台、后勤服务等配套很少,因此收费低廉,每天能开放15个小时左右,很好地满足了当地居民体育锻炼的需求。

国外体育场馆通过开放,成为高水平运动员训练的重要场所,比如澳大利亚西部体育馆在2009—2010年,共开放39731小时,供精英运动员进行训练和活动。

(3)民营化

民营化发展是目前西方体育场馆管理改革的趋势之一,为我国体育场馆的管理提供了宝贵的经验。20世纪80年代,在新公共管理理论的指导下西方各国纷纷在行政管理领域探索了民营化改革,其中包括基础设施和大型公共设施。大型体育场馆的民营化是指政府和民营机构合作,政府负责规划和决策,在法律、政策、资金等提供必要支持,民营机构负责建设、经营和管理,实现共享投资收益、分担投资风险、共担社会责任,最终满足大众的体育需求。(具体案例数据见表1.16)

表1.16 美国体育场馆私营化管理典型案例

体育场	公共	私人
阿拉莫多	0-5%营业税资助的城市收益债券	体育场收入
美国西运动场	特许权税资助的城市收益债券	冠名权、体育场收入地方家庭捐赠、冠名权、体育场收入、贵宾席押金收入、豪华包厢收入
布拉德利中心体育场	用一般债券购买的土地捐赠	
夏洛特	土地捐赠	
库尔斯体育场	用增加的1%销售税来担保的特税区收益债券	冠名权、体育场收入
德尔塔中心运动场	城市增值税融资债券	由建筑收入担保的私人贷款
克利夫兰骑士运动场	国家普通责任券豪华税分配	私人捐赠和基金捐助、贵宾席押金收入
塔吉特中心运动场	增值税融资债券	由运动场和健身俱乐部收入担保的贷款

体育场	公共	私人
阿林顿棒球场	增加营业税来担保的城市收益债券	冠名权、豪华包厢收入、球票附加费用、座位选择权、特许权获得者所支付的费用
	基础设施改造	

　　1992年,美国NBA联赛菲尼克斯太阳队建成美国西部球馆。政府投资占39%,并拥有体育场馆所有权,其余61%由民间资本构成。菲尼克斯市政府投入0.35亿美元(0.28亿用于建设场馆,0.07亿用于购买土地),菲尼克斯太阳队投入0.55亿,菲尼克斯太阳队做出承诺,在为期30年的时间里,每年上缴50万美元(保持3%的增长率)给菲尼克斯政府,同时该场馆的豪华包厢收入以广告收入的40%也上缴给菲尼克斯政府。美国的得克萨斯州阿拉莫圆顶体育场、科罗拉多州库尔斯棒球场、犹他州德尔塔球场也是采用该种模式投资修建的。澳大利亚的悉尼奥运会主会场,在总共6.1亿澳元的预算投资中,政府、企业、个人分别为1.2亿、2.1亿、2.8亿,另外还有英国温布利大球场的改建工程、法国的毕格体育场等。[①](见表1.17)

表1.17　1910—1995年美国主要体育场馆融资结构

政府投资比重范围(%)	场馆数	所占比重(%)
100	44	53.66
80~100	8	9.76
50~80	8	9.76
0~50	10	12.20
0(完全私人投资)	12	14.63

---

　　① 冯欣欣、邹英、荆俊昌:《西方国家大型体育场馆民营化改革研究》,《沈阳体育学院学报》,2009年第4期。

（4）场馆并购

体育场馆并购也称"场馆兼并"，是指一家企业控制或融合另一家企业，使其失去原有的控制权，从而形成企业新的经济运行轨道，实现资产有偿转移和资产集中经营的经济活动。从20世纪60年代开始，许多西方国家陆续成立了国有场馆管理和发展协调机构，如加拿大政府的运动场馆协调局、英国政府的场馆管理执行署等，这些机构挂靠在其他部门，但专门负责处理场馆资源的社会利用问题。西方国家从经济发展水平和社会文明状况，特别从不同场馆的用途和发展领域的实际情况出发，统一规定了场馆的并购申报标准，规定了被审查企业并购时禁止并购和准许并购的原则，制定和颁布了相应的场馆并购指南。

巴赛罗那市政府在1992年就开始考虑该城市在举办奥运会后的场馆并购问题，经过对主体育场评估后得出的结论是：该公司能有非比寻常的管理，能开展多样化的活动，并带来高就业率；另外，该场馆要建立市政企业最佳选择，将奥运投资达到赛前、赛后的最佳化，实现经济利益和社会效益兼收，以拥有科学的预算管理和灵活的组织活动。实践证明，截至2003年末，并购后的珀摩西奥公司在场馆的运营方面始终不需要市政府的任何补贴，共举办了4100多场的活动，累计23.5万人次的观众，接待了16.3万人次的参观游客，其中体育赛事占活动总数的38%，音乐会占24%，家庭活动占11%，其他活动占27%（包括展销会、产品发布会、宗教活动、公司活动和政治活动等）。

然而，有些体育场馆并购方案经过政府评估无法实现经济利益和社会效益，最终实现不了兼并方案的达成。瑞典某市政府一滑雪场在1995年被荷兰阿姆斯特丹竞技场顾问公司看中，由于评估量化工作未得到通过，所以政府依旧每年财政补贴给滑雪场。

如果该场馆不利于当地体育事业的发展或有其他负面影响，经论证后允许企业在并购后改建场馆,甚至同意对其进行拆除。如雅典奥运会后,当地一商人将羽毛球馆买下,改建成高档写字楼出售,因为雅典人不喜欢羽毛球运动,该场馆又不利于开展其他体育项目,所以政府同意开发商的申请。另外,一些棒球场、垒球场和曲棍球场等,除了保留其场馆外面少量有纪念性的建筑外,其他部分将被并购商拆除,地皮被挪用。①

2.西方体育场馆公共服务职能的定位

(1)大众健身

国外体育场馆除了服务体育赛事,还要为城市、社区、居民提供健身等公共服务,学者刘辛丹(2012)认为,体育场馆是提供公共服务的重要场所,西方的体育场馆运营中设置健康和健身部门,为消费者提供健身服务。例如悉尼奥林匹克公园是社区体育锻炼和体育休闲的最佳场所,公园内所有的场馆和设施对公众开放,细化产品开发,提供适合不同年龄段和不同人群的体育活动项目(见表1.18)。英国政府通过拨款补贴、低门槛收费、安排专业辅导人员等方式开发专门的妇女体育活动,在这一过程中实现了体育场馆的高效利用。

表1.18　悉尼奥林匹克公园体育活动项目

体育类别	适合人群	体育活动项目
极限运动	青少年	空中秋千、溜冰、滑板、自行车越野赛和山地自行车
大众体育	成年人	尊巴舞、水上尊巴舞、有氧搏击、飞盘高尔夫、力量训练
学校体育	中小学生	体操、篮球、高尔夫球、网球、羽毛球、游泳
儿童体育	7岁以下儿童	迷你高尔夫球、儿童跆拳道、儿童体操、儿童网球
家庭体育	父母和孩子	父母和孩子一起游泳

---

① 黄卓、周美芳、程其练、Jessicachee南昌大学体育系:《西方国家体育场馆资产并购控制的分析及启示》,《体育学刊》,2008年第3期。

（2）大众体育技能教育

在西方发达国家,体育场馆肩负着提高群众体育技能和身体素质的重任,20世纪70年代的法国,通过"流动学习游泳池"活动,开放游泳设施,吸引青少年儿童学习游泳,80年代,法国通过"绿色计划"开办高尔夫球课程,降低培训费用,吸引大众参与。[①]

3.全民健身计划先导

国外的很多国家,尤其是体育发达的国家都非常重视体育计划和制度的先导作用,为本国的国民参与体育锻炼和活动创造一个良好的制度环境和约束机制。

据不完全统计,截至1998年,全世界已经有116个国家颁布了各自的全民健身计划。这极大地推动了各国大众体育的发展,提高了各国国民的身体素质及参加体育活动的积极性,同时也极大地推动了各国的经济发展和建设。

许多国家形成了对国民体育活动情况的定期调查制度,例如日本、英国、美国和澳大利亚,决策部门通过调查准确了解国民体育锻炼的情况和数据,为科学制订全民健身计划奠定基础。例如,美国建立公民健康的数据库掌握国民的身体健康数据。

各国在制订全民健身计划之后,通过媒介进行积极的宣传和教育,提高国民的体育参与意识,通过计划的有效执行,确实提高了国民的体质,比如澳大利亚通过执行1986年的《澳式体育计划》,到1996年的调查发现有效提高了青少年的体质和体育技能。[②]

国外的许多国家为了有效实施全民健身计划,采取多项措施为国民创

---

① 刘辛丹、章丽洁:《西方大型体育场馆的公共服务及其启示》,《体育文化导刊》,2012年第11期。

② 肖丽:《国内外全民健身制度发展研究》,《河南职业技术师范学院学报》,2004年第3期。

造良好的锻炼环境,比如美国在项目设置上倾向于简便易行的项目,包括跳绳、篮球、散步、跳舞等,贴近社区和人们的生活。

第四节　研究方法和内容设计

一、研究方法

本书采用多种研究方法,以马克思辩证唯物主义哲学研究方法及信息论、系统论、控制论统领整个研究过程,具体运用的研究方法如下:

(一)文献资料法

在写作过程中,在中国知网、国家统计局、国家体育总局等多个网络资源围绕全民健身、体育场地(馆)、体育强国、健康中国、体育人口、智慧场馆、社区体育等为关键词进行了资料的收集,从中了解国家相关政策和相关数据现状,并将其进行归纳整理、总结,分析相关主题的现状。通过对文献资料的系统归纳与总结,厘清相关基本概念,明确全民健身、体育场馆核心关键词相关因素之间的内在机理和联系,分析全民健身和体育场地(馆)发展过程中存在的问题及解决对策,并进行展望。

(二)对比研究法

对比研究法是对事物之间相似性或相异程度进行研究与判断的方法。在本研究中,无论是不同国家、不同历史阶段的社会背景,还是区域社会条件与环境及影响因素等方面都存在着很大差异,比较性思维与研究方法是贯穿本研究的主要方法,只有如此才能够把握全民健身和体育场地(馆)发展变迁的内在机理。

(三)案例分析方法

在全民健身政策研究中,采用案例分析方法可以帮助研究者深入了解特定全民健身政策的实施情况、效果及其影响因素。首先通过收集与选定案例相关的各种资料,包括政策文件、统计数据、调研报告、媒体报道、专家观点等。确保资料的全面性和可靠性,为后续分析提供充分依据。其次根据研究目的和问题,选择与全民健身政策相关的典型案例。这些案例可以包括国家级、地方级或特定群体的全民健身政策实施情况;通过对政策的实施过程进行详细分析,包括政策的推动和引导机制、资源投入、组织管理、操作措施等方面。重点关注政策实施中的关键问题、挑战和解决办法。最后在分析和评估的基础上,对案例的结果进行解释和总结。深入剖析案例中存在的问题、成功因素和经验教训,以提供对全民健身政策的启示和借鉴。

通过案例分析方法,研究者可以深入了解特定全民健身政策的实施情况和效果,发现政策制定与实施中的问题和挑战,并提出相关建议和改进措施,为全民健身政策的优化和完善提供参考依据。

(四)逻辑分析法

基于哲学观点,运用理性判断、逻辑推理、因果关系分析等方法,研究全民健身事业发展过程中体育场馆如何服务全民健身,实现体育强国的国家战略这一过程中的矛盾的普遍性与特殊性、共性与个性的关系、一般规律与特殊规律的关系,在总结相关研究成果的基础上,通过提出分析、分析问题、解决问题的逻辑演绎方法归纳出相关结论。

二、内容设计和研究技术路线

本研究以社会发展为背景,以中国全民健身和体育场地(馆)为研究对象,以新中国成立以来我国群众体育事业发展历程为逻辑主线,按照"理论研究—资料收集整理—主题研究—发展趋势"整体分析框架对全民健身和

体育场地(馆)问题进行深度分析与专题研究(见图1.8)。步骤如下:

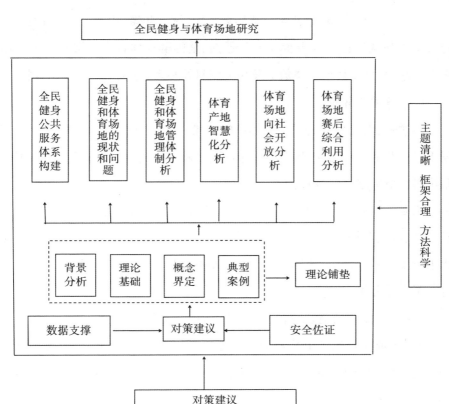

图1.8　本书研究框架思路

(一)基础理论研究

以新时代全民健身和体育场地(馆)发展的社会背景作为研究的起点,然后对全民健身、全民健康、体育强国、社会体育、体育人口等核心概念进行厘定,理顺各核心概念之间的关系,充分结合权威统计调查数据,对全民健身和体育场地(馆)发展的政策背景、和政策前沿动态进行系统的把握,基于可持续发展理论、协同治理理论、准公共产品理论、PPP理论,夯实本研究的理论根基。

（二）资料收集及整理

通过国家统计局、国家体育总局数据库、统计年鉴、中国知网、相关书籍等收集查找国民体质和青少年体质数据、全国群众体育人口资料及地方体育人口数据、体育场地普查数据及相关资料并整理，还包括具体案例资料。

（三）分主题分析

主题一，全民健身公共服务体系的构建。基于国家相关政策，以此为依据重点分析相关制度要求、经费保障机制、硬件设施建设等内容，为本书的系统研究奠定坚实的基础。

主题二，体育场馆管理体制。重点分析了新时代体育场馆分类管理的必要性和内容，按照体育场馆的性质，分别对公共体育场馆和体育场馆民营化进行了分析，在新型举国体制下如何更好地管理体育场馆，服务全民健身进行了专题分析。

主题三，体育场地智慧化。在大数据、互联网+、智能化、智慧化的背景下，如何实现体育场馆更好地为人民服务，提高服务的效能，同时实现绿色场馆的建设和维护，在材料选用、智能设施配套、信息化平台建设等环节进行分析。

主题四，体育场地社会开放。从体育场地向社会开放的必要性和可行性分析入手，充分掌握目前相关政策，结合当下存在的问题，分析相关政策，提出合理化建议。

主题五，体育场地赛后利用。本部分采用案例分析方法对国内外举办体育赛事的典型体育场馆在赛后的综合利用问题进行了分析，从成功的经验和失败的教训两个视角分析，以期对我国体育场馆的高效利用提出可借鉴的经验和启示。

（四）发展趋势分析

本书力图从不同的视角分析全民健身和体育场馆有效融合的问题，为国家在该领域的公共政策提供参考和借鉴。从体育场地和城市融合发展、城乡体育场地均衡发展等视角进行分析。

本章案例:《非凡十年:全民健身点亮幸福生活》

体育的兴衰与国家强盛息息相关,"体育强则中国强,国运兴则体育兴"。党的十八大以来,全民健身事业在新时代经历了飞速发展,运动成为满足人民美好生活需要的重要组成,全民健身蔚然成风,正展开一幅盎然生机的时代画卷。

党的十八大以来,以习近平同志为核心的党中央高度重视关心体育工作,亲自谋划推动体育事业改革发展,将全民健身上升为国家战略,广泛开展全民健身运动,推动全民健身和全民健康深度融合。

习近平总书记强调,加快建设体育强国,就要坚持以人民为中心的思想,把人民作为发展体育事业的主体,把满足人民健身需求、促进人的全面发展作为体育工作的出发点和落脚点,落实全民健身国家战略,不断提高人民健康水平。

十年间,全民健身服务供给不断增强,全民健身公共服务体系走向更高水平,人民群众尽享体育运动的快乐美好;十年间,百姓身边的体育设施举步可就,健身路径搭上互联时代高速车,"十五分钟健身圈"触手可及;十年间,健身赛事线上线下全面开花,新时代智能手段超越时间空间,乐趣乐享随时随地;十年间,全民健身坚持以人民为中心,价值不断走向多元,并日渐和青少年教育、文化、旅游、健康等领域融合,满足人民对更美好生活的期待和需求,成为人民获得感和满足感的幸福源泉。

党的十八大以来,全民健身融入国家发展大局,提升到前所未有的重要高度:2014年,全民健身正式上升为国家战略;2016年《全民健身计划(2016—2020年)》正式印发;2019年《体育强国建设纲要》提出"落实全民健身国家战略,助力健康中国建设"的目标任务;2021年《全民健身计划(2021—2025年)》正式印发;2022年《关于构建更高水平的全民健身公共服务体系的意见》发布……一系列重磅文件搭建起支撑全民健身发展的顶层设计。十年来,全民健身也成长为民众参与运动、锻炼体魄的实践动力。《2020年全民健身活动状况调查公报》显示:我国城乡居民健身水平持续提升。2020年,7岁及以上居民中经常参加体育锻炼的人数比例为37.2%,比2014年提高了3.3个百分点。《第五次国民体质监测公报》显示,2020年全国达到《国民体质测定标准》"合格"等级以上的人数比例为90.4%。人民群众的健身意愿持续增长,国民身体素养稳步提升。

从无到有从有到够:全民健身有去处

以人民为中心办体育就要着力解决群众急难愁盼问题。党的十八大以来,全民健身广场、体育公园、社区多功能运动场、百姓健身房等场地设施实现了从无到有、从有到够的变化。截至2021年底,全国体育场地共有397.1万个,较2013年增长134.3%;全国体育场地面积达34.1亿平方米,人均体育场地面积2.41平方米,分别较2013年增长71.2%和65.1%。全民健身设施举步可就,出门就是运动场,下楼就有健身房,这是群众幸福感的最好证明。

场地设施不仅要建,更要"建得好""建得巧"。十年来,跟随城市建设发展步伐,一大批场地设施随着城市金角银边开发、老旧小区改造、社区升级转型从无到有、提质升级,不仅解决了群众的健身难题,也极大地提升了城市功能和样貌。福建省龙岩市紫金山体育公园是"变废为宝"的典范,经过市场化运作,曾经环境污染严重的废弃矿区实现了边坡复绿及再造开放式公园绿地,还建成了全民健身中心、十公里漫步道、自行车赛道,令健身爱好者受益无穷。浙江温州桃花岛在污水处理厂上打造滑雪场和足球场,创新分层供地新模式,探索出城市开发新路径。

十年来,我国生态环境明显改善,"绿色"这一抹亮丽的底色也贯穿全民健身场地设施建设。四川天府骑行绿道、浙江雁荡山健身步道、湖北武汉东湖绿道、四川新都体育森林公园……一大批绿色生态的健身空间和经济实用的场地设施更好地服务人民群众,在参加体育锻炼的同时享受中华大地美景。此外,随着冰雪、徒步、登山、攀岩、露营、水上、航空等户外运动人群增多,全民健身发展为绿色健康的休闲生活方式,为百姓提供了更为丰富的健身选择。

数量增长类型增多:线上线下健身潮涌

激发群众全民健身热情,要让更多人能参与其中,给全民健身爱好者搭建展示成果的舞台。十年来,我国体育赛事活动百花齐放,数量快速增长,类型不断增多,办赛门槛不断降低也给社会力量广泛参与办赛提供了机制和平台,赛事活动体系呈现多层次多样化特点,呈现出令人欣喜的蓬勃势头。从2017年天津全运会开始,全运会增设群众赛事活动给健身爱好者提供了运动竞技的最高舞台;社区运动会作为广大群众家门口的赛场,正在全国各地如火如荼地开展;在贵州、宁夏、甘肃,乡村篮球联赛已成为当地农民每年盼望的嘉年华;在广西,"壮族三月三·民族体育炫"系列活动擦亮了区域发展的体育名片;广州的"羊城运动汇"统筹整合广州"市长杯""户外运动节""体育节""民族传统体育"等多项赛事资源,今年举办778项全民健身赛事活动,让广大市民随时随地过足"运动瘾"……天天有比赛,人人可参赛,正成为大家运动生活的美好场景。

近三年,在新冠肺炎疫情影响下,居家健身成为潮流——居家健身器材热销,健身直播课火爆网络。为满足健身爱好者在疫情防控常态化形势下的健身需求,国家体育总局群体司和中华全国体育总会群体部今年联合推出"全民健身线上运动会",整合国内多个互联网平台,为健身爱好者带来形式多样、便于参与的全民健身网络赛事活动,从今年4月28日启动以来,迅速掀起了国内大众和海外运动爱好者的参与热潮。目前上线运动项目数量100余个,累计发放参赛证书263余万份,全网累计曝光量超38亿次。参与人数比较多的项目有跑步类,在乐动力、悦跑圈等运动平台累计超80万人参与;操舞展演类,超40万人在悦动圈参加AI广播体操;地方省市类的赛事也有近130万人参与。目前全部报名参与人数已经突破1000万人,掀起了全民"云"动健身的新热潮。

北京冬奥会第一块金牌:三亿人参与冰雪运动

自2009年起,每年的8月8日成为"全民健身日"。这个日期成为北京奥运会的永远记忆,也成为人民群众更广泛地参加体育锻炼的标志。北京2022年冬奥会更把冰雪运动融入了大众生活,点燃了"冰雪热"。在冬奥会举行前夕,中国已实现"带动三亿人参与冰雪运动"的目标,全国冰雪运动参与人数达到3.46亿人,居民参与率达到24.56%,有92.64%的大众通过个人自发的方式参与到冰雪运动之中。"带动三亿人参与冰雪运动"既是北京2022年冬奥会的第一块金牌,也是全民健身的一枚奖章。通过科技助力、开展旱地冰雪运动项目等方式,冰雪运动的魅力逐渐突破小众圈层和季节限制,全国各地的冰场也从北到南,越过山海关铺开,截至2021年初,全国已有654块标准冰场,较2015年增幅达317%;已有803个室内外各类滑雪场,较2015年增幅达41%。各地群众走进冰场、雪场,享受冰雪运动的快乐,冰雪运动从单一季节性的小众运动转向四季皆宜的日常休闲运动。

自2014年启动的"大众冰雪季"成为冰雪运动普及推广的年度盛会,规模从第一届时的10个省区市参与,发展到2022年31个省区市联动,参与人数也从千万量级上升到了近1亿人次,大众冰雪活动近1200场;2021年7月"中国冰雪大篷车百场巡回"自北京发车后,半年内深入32个城市开展了100场活动。同时,各地根据季节特点和地方特色,广泛开展"赏冰乐雪"活动,一大批不受场地限制的陆地冰雪运动项目在高标准推进中焕发生机,一大批不受自然条件限制的室内滑雪场、滑冰场高质量建造,让南方等冰雪资源薄弱地区的百姓可以尽情享受冰雪运动乐趣,形成了东南西北遥相呼应、冬夏两季各具特色、冰上雪上全面开花的新格局。同时北京冬奥会形成的包括赛事场馆、体育活动等一批经验形成了永久遗产,今后也将用于群众性冰雪运动开展,"冰雪热"将经久不息。

暖心强体:城乡服务更均衡

奋力谱写乡村振兴新篇章,推动乡村文明焕发新气象,乡村体育大有可为。党的十八大以来,各地不断推动全民健身公共服务资源向农村倾斜,为村镇配备就近可及的体育健身场地设施,让农民暖心强体。以四川省为例,2019年,四川省新建农民体育健身设施8244个,并率先在阿坝、甘孜、凉山少数民族地区实现了村级农民体育工程全覆盖。2020年,四川省投入上亿元资金,继续在全省范围内实施村级农民体育工程8976个,确保实现农民体育健身工程全覆盖。

有了硬件设施作为基础保障,农民的运动生活更加便捷,全民健身活动也更加丰富。在山东高密,农村社区和行政村的社会体育指导员过去比较少,基层文体活动开展得也不多。通过提供订单式的社会体育指导员培训,910个村居的1800多名群众学以致用,辐射带动整个村庄强身健体,有的人还当起了健身器材的联络员。现在在高密大街小巷都能看到健身队伍,形成了健康、快乐、和谐的氛围,缺乏科学指导、"重建轻管"等问题也都迎刃而解。去年,全国第十四届运动会首次在多项群众赛事活动中设"农村乡镇组",最基层的群众也登上了闪亮的竞技体育舞台。

体育不仅为农民朋友送来了健康和幸福,也送来了脱贫信心、乡村振兴,"体育+旅游"让贫困群众增收致富,让乡镇走出自己的特色之路。湖北京山文峰村是附近远近闻名的"网球村",村里处处充满着网球元素,建设了28片网球场,并配备了一批公共体育设施和网球文博设施,除了为村民提供更加丰富的文体活动选择外,也给城里人留下了一块休憩之地。一到周末这里就门庭若市,因为网球,村民的身体更好了,收入更高了,体旅融合实现了乡村振兴。

互联网+:全民健身有动力

这十年,是国家科技飞跃进步的十年,全民健身也共享体育科技荣耀,变得更新潮、更时尚、更有交互感,不断丰富着生活体验。广播操AI智能领操员系统、青少年运动课后AI训练、体感运动游戏……不断出新的智慧体育产品为全民健身赋能,让运动更精准匹配大众需求。

在武汉汉阳的张之洞体育公园,园内各种智慧化的健身器材为居民提供了更多科学健身选择,健身群众扫描仪器上的二维码,便可在手机端和互动大屏上看到自己的相关数据;上海从2019年开始,将智慧健康驿站纳入市政府实事项目,目前已实现智慧健康驿站街镇全覆盖,广泛开展社区体育服务配送;安徽聚焦社区内外,通过健身设施升级智能化改造、城市公园步道系统形成步道网络等"快乐健身行动",作为暖民心行动之一高位推进……近年来,群众参与体育锻炼积极性的提高,掀起线上、线下健身热潮,也促进了智慧健身及体育大数据产业的发展。

2020年国务院办公厅发布《关于加强全民健身场地设施建设发展

群众体育的意见》,明确推进"互联网+健身",提高全民健身公共服务智能化、信息化、数字化。借助互联网发展和科技水平提高,全民健身的智慧化发展大势所趋。过去,许多体育场馆都一场难求,市民要么不知道去哪预约,要么到了要长时间排队等位,现在不少地市都研发出"运动账户""城市运动地图""场馆一键查询"等小程序或APP,一键就能实现运动场馆的查询预订、注册进场、运动健身、体质检测、体育消费等,市民运动和消费的数据可以在账户内显示,体育主管部门也可以通过大数据提升城市的体育治理决策水平,更加精准施策,推进城市现代化公共体育服务体系的建设。

全民办体育体育为全民:基层组织显活力

在全民健身热潮的吸引下,"全民办体育、体育为全民"的良好局面已经形成。一批在社区耕耘"小而精"活动赛事的体育团体不仅让基层体育有了最佳着力点,基层社会组织网络也由此同步搭建形成,为基层体育更上一层楼提供澎湃动力。上海社区体育运动会广泛动员社区力量,通过购买第三方服务和社区组织等方式打通全民健身的最后一公里,引导居民就近参加体育锻炼,弄堂游戏彰显上海特色,让体育生活化、健身科学化落到实处;浙江台州在全国率先实行基层体育委员制度,2021年底实现全市覆盖,基层体育委员3000多名,体育委员承上启下、服务群众,根据各自管辖区域特点需求进行"点菜",各体育协会组织的"体育超市"即可"点单送达",打通了基层体育服务的"最后一公里";近两年,江苏扬州开展的"百团万员进网格"活动形成了"体育+社会治理"的特色,积极引领百个体育社团、万名社会体育指导员融入社区网格服务,既丰富了社区居民的文体生活,也有力夯实了基层治理这个底板,成为体育助力和谐社区建设的典型。

发挥基层组织作用,社会体育指导员不可或缺。他们在基层热情奉献,以志愿服务的形式,帮助身边的广大群众接触体育运动,科学参与全民健身。截至2021年底,获得技术等级证书的社会体育指导员超过270万人,全国每千人拥有公益社会体育指导员达到1.91人。2022年,116个志愿服务项目入选了国家体育总局2021全民健身志愿服务项目库,全面展示了近年来全国各地开展全民健身志愿服务的成功经验和丰硕成果,有效缓解了全民健身公共服务供给人力资源压力,扩大了全民健身的参与辐射范围。

全周期守护:科学健身助健康

美好生活,健康先行。在全民健身和全民健康深度融合的今天,为人民群众提供全方位全周期健康服务,提高健康水平,体育成为了健康中国战略的重要组成部分。党的十八大以来,利用新技术、新媒体,面向不同群体,科学健身指导走进千家万户。浙江利用社体指导员资源"点单派送"科学方法指导,四川利用直播新形式通过真实运动场景向观众提供权威运动建议,安徽推进省市县三级科学健身指导中心建设、搭建覆盖全省城乡的科学健身指导服务网络,陕西利用社交平台不间断传播健身科学知识……全国各地通过资源整合,向大众及时、准确地传递科学健身方法。国家体育总局也积极推动运动促进健康行动计划,在现有线上线下科普途径的基础上,不断创编适用于幼儿、儿童、青少年、成人、老年人、慢病人群,以及残疾人等不同人群的科普作品,开发出"世界冠军教你练""AI做操"等创新形式。

如今,人们对健康水平的需求进一步提升,运动促进健康成为共识。而持续推动体育资源和医疗资源的整合共享,需要体卫融合不断深入。2021年,浙江省温州市中西医结合医院成为温州首家实行国民体质测试与医疗健康体检相结合的试点单位,国民体质测试相关项目被纳入居民医疗体检中。越来越多的医院也增设运动健康门诊,科学健身门诊、慢病干预中心,从治已病向治未病转变,大力培养体医复合型人才,让体育成为健康的守门员。

全民健身成为社会风尚,为人民群众的幸福生活增添健康和快乐,美好生活照进现实,为实现共同富裕目标迈出坚实一步,新时代的全民健身和人民群众的幸福生活一起熠熠生辉,灼灼闪耀。

资料来源:学习强国,《中国体育报》,2022年10月10日。

第二章　全民健身与体育场地理论基础

第一节　可持续发展理论

体育是人民的事业,应将体育事业的规划放到国家、社会和市场发展中审视。因此,除去竞技体育摘金夺银的比赛目标以外,体育还应作为一种社会活动回归社会,承担服务民众的社会责任,同时,体育也作为一项低碳绿色的朝阳产业回归市场。可持续发展理念是人类发展观念上的一次历史性进步,体现人和社会的全面发展,体现发展的社会适应性,体现发展的协调性和持续性原则。在可持续性发展理念的指导下,理论和实践的不断完善,为我国体育事业的发展和进步奠定了理论基础。

一、理论的提出和内容

(一)可持续发展理论的提出

20世纪五六十年代,人们在经济增长、城市化、人口、资源等所形成的环境压力下,对"增长=发展"的模式产生怀疑并展开讨论。1962年,美国女生物学家Rachel Carson(莱切尔·卡逊)发表了一部引起很大轰动的环境科普著作《寂静的春天》,书中描绘了一幅由于农药污染所事业的可怕景象,惊呼人们将会失去"春光明媚的春天",在世界范围内引发了人类关于发展观念上的争论。10年后,两位著名美国学者Barbara Ward(巴巴拉·沃德)和Rene Dubos(雷内·杜博斯)的享誉全球的著作《只有一个地球》问世,人类生存与环境的认识迈向一个新境界,即可持续发展的境界。同年,一个非正式国际著名学术团体即罗马俱乐部发表了有名的研究报告《增长的极限》(*The Limits to Growth*),明确提出"持续增长"和"合理的持久的均衡发展"的概念。1987年,联合国世界与环境发展委员会发表了一份报告《我们共同的未来》,正式提出可持续发展概念,并以此为主题对人类共同关心的环境与发展问题进行了全面论述,受到世界各国政府组织和舆论的极大重视,在1992年联合国环境与发展大会上,可持续发展要领得到与会者共识与承认。

(二)可持续发展理论的内容

可持续发展理论包括三个方面的内容,第一是发展的目的性,即发展是为了更好的发展,促进人类社会世世代代永恒发展;第二是发展的受限制的因素,发展不是随心所欲的,环境的变化、技术的阶段性发展等都是影响发展的因素;第三是发展要实现协调和持续,实现人与自然、人与人的协调,在时间上和质量上实现持续发展。

二、全民健身和体育场地发展的理论应用

体育的可持续发展是指体育要随着社会的发展和进步而健康发展和延续下去,在发展数量、质量、时间上实现体育结构和要素的发展目标和发展过程。体育的可持续发展要明确体育发展的目标,即为了增强国民体质,促进社会主义物质文明和精神文明的建设和发展,体育的发展要实现同社会

政治、经济发展的协调一致,顺应外部环境的变化。体育发展有其内在的客观规律,这是体育事业发展历程中的经验积累,也是体育不断持续发展和创新进取的结果,一定要遵循。本小节从全民健身视角和体育场馆视角进行可持续分析,立足竞技体育和全民健身的关系、体育场馆在赛后的利用和管理两个方面进行针对性分析,体现体育事业的可持续性发展。

(一)全民健身的可持续发展

新中国成立之后,在国家的大力支持和发展之下,我国竞技体育在短时间内取得了举世瞩目的成绩。我国开展体育运动的根本目的是增强人民体质,提高体育运动的水平,促进社会主义物质文明和精神文明的建设。体育事业的发展要努力加快改革步伐,顺应我国经济和政治体制改革的方向和发展趋势。通过努力创新和进取,不断探索新的形势下体育发展的新规律和新特点,严格遵循体育自身的发展规律。

我国体育可持续发展也是一个有特定结构的独立系统。根据目前我国体育运动发展的实际情况,竞技体育、群众体育和体育产业构成了我国体育发展的三个支柱,它们互相联系、互相作用、紧密配合,在发展度(数量维)、协调度(质量维)和持续度(时间维)三个维度上的互相联系、互相作用构成了我国体育可持续发展的系统结构(见图2.1)。①

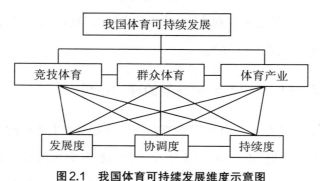

图2.1 我国体育可持续发展维度示意图

---

① 潘迎旭、钟秉枢:《我国体育可持续发展的理论探索》,《体育文化导刊》,2004年第5期。

体育的发展水平标志着一个国家的社会发展情况,竞技体育和群众体育是我国体育事业中的最为重要的构成元素和发展核心,二者之间协同发展是我国体育事业持续发展的关键,实现竞技体育和社会体育的双赢发展,助力体育强国建设。高水平竞技体育教练员、运动员带动和引领群众体育和体育产业的发展方向;群众体育的广泛开展,能够有效促进体育消费和为竞技体育输送后备人才。

竞技体育和群众体育存在非对称的发展格局,竞技体育快速发展,而群众体育相对发展能力不足,人民体质健康状况仍然存在很多问题,随着我国政治、经济、文化的快速发展,体育强国的建设朝着多元化齐抓共举的方向前进,竞技体育、群众体育和谐共生,以人民为中心,群众体育促进竞技体育发展,从非对称性向对称性过渡,坚持科学发展观,全面发展体育事业。

广泛开展全民健身运动,大力宣传树立健康消费价值观,推进体育在预防疾病、慢性病干预、健康促进和提高生活质量等方面的价值认同与行为参与,积极推动运动竞赛、人才交流、体育消费等融合发展,培育竞技体育、群众体育利益共同体。竞技体育在"为国争光"的同时,竞争功能也扩展到社会各个行业,顽强拼搏、永不服输的中华体育精神指引人们克服种种困难,奋勇前进。群众体育的普及与发展代表着竞技体育的后劲和扩张力。

(二)体育场地的可持续发展

1.体育场地的规划和设计体现绿色、低碳、可持续理念

在场馆规划和设计中加入以下一些方法和理念,比如:

(1)选择可再生能源

为了降低碳排放量,可以在体育场地的建设中使用可再生能源,如太阳能或风能发电系统。这些能源可以用于供电、供暖和照明等方面。

(2)智能节能系统

利用智能控制系统,可以监测和调整体育场设备的能源消耗,包括灯

光、空调和水泵等,以达到节能效果。

(3)雨水收集系统

设计体育场地时,可以考虑设置雨水收集系统,将雨水用于植物浇灌、洗车或冲厕等,减少对城市自来水的需求。

(4)环保材料选择

在体育场地的建设过程中,使用环保材料,如可循环利用材料、降解性材料和低VOC(挥发性有机化合物)的产品,以减少资源消耗和环境污染。

(5)绿色景观设计

在场地周边或内部增加绿化,选择本地适应性强、耐旱的植物,减少对水资源的需求,并提供自然防护措施,如树木可用于遮阳和风速调节等。

(6)垃圾分类与回收

设立垃圾分类收集点,并建立有效的回收系统,将废弃物进行分类处理和再利用,以最大限度地减少对环境的影响。

综上所述,在体育场地的规划和设计过程中,可以采取多种措施来体现绿色、低碳、可持续理念。这些举措有助于降低碳排放、节约能源、保护环境,符合中国法律对可持续发展的要求。

2.体育场地的赛后可持续利用

体育场地的赛后可持续利用非常重要,可以使其发挥更大的社会价值和经济效益。以下是几种常见的体育场地赛后可持续利用方式:

(1)多功能活动场地

体育场地可以改造成多功能的活动场地,用于举办不同类型的比赛、演出、展览、庆典等活动。这样可以最大程度地利用场地资源,为社区带来更多的文化娱乐活动。

(2)体育培训基地

将体育场地转变为专业的体育培训基地,提供全方位的体育培训服务。

这样可以吸引更多的运动员和爱好者前来训练,促进体育事业的发展。

(3)健身休闲中心

改造体育场地为健身休闲中心,提供健身器材、羽毛球场、篮球场等设施,满足人们日常的健身需求。这样可以促进居民的健康生活方式,并为社区创造经济收入。

(4)绿色公园空间

将体育场地周边打造成绿色公园空间,增加绿化植被,建设散步道等设施,为居民提供休闲放松的场所。这样不仅可以改善城市环境,还能提升居民的生活质量。

(5)科研创新基地

将体育场地转变为科研创新基地,吸引科技企业、高校等机构进行科研项目和创新实践。这样可以促进科技创新,推动当地经济的发展。

以上只是一些常见的利用方式,具体如何利用还需要根据场地的具体情况、社区需求及经济可行性来进行规划和决策。

3.实现体育场地经济效益和社会效益的协调

经济效益促进社会效益。体育场地的良好运营和有效利用可以创造经济收入,例如租赁场地、举办比赛和活动、提供培训服务等,从而带来直接的经济效益。这些经济收入可以用于改善场地设施、提升服务质量,进一步提高场地的社会效益。

社会效益增强经济效益。体育场地的合理利用不仅可以满足人们的运动需求,还可促进社交、增加社区凝聚力,提升居民的身心健康水平。这些社会效益在长期内将吸引更多的用户使用场地,进而提高场地的经济效益。

经济效益和社会效益在很大程度上是相辅相成的。充分发挥体育场地的经济潜力,创造出可观的经济效益,可以为场地的提升、维护和管理提供资金支持,进而提供更好的服务和体验,从而增强社会效益。同时,积极为社区提供健康、文化和娱乐的场所,提升社会效益,也会吸引更多的人来使用和支持场地,进而促进经济效益的增长。

综上所述,体育场地的经济效益和社会效益是相互关联、相互促进的。通过合理规划和有效运营,可以实现经济效益和社会效益的双赢,并为社区和城市的可持续发展做出贡献。

第二节　协同治理理论

推进体育治理体系和治理能力现代化是实现我国体育强国战略目标实现的重要保障,传统治理理念下,政府主导给国家带来了沉重的经济包袱,并且无法实现社会效益的理想化,全民健身事业的发展离不开社会方方面面的积极参与和贡献力量,在国家政策的大力支持下,多元主体协同治理体育发展,这是时代所需,民生所需。

一、理论内涵

协同治理理论可以追溯到20世纪70年代,当时德国的物理学家虎克·赫尔曼创立了协同增效理论,在其理论中首次提出了"协同治理"的内容。随着该理论的不断发展,目前认为协同治理的概念是指政府出于职能需要,通过发挥主导作用,构建制度化的沟通渠道和参与平台,加强对社会的支持培育,并与社会一起,发挥社会在自主治理、参与服务、协同管理等方面的作用。在此过程中,政府始终保护并尊重社会的主体地位及社会自身的运作机制和规律,综合运用行政管理、居民自治管理、社会自我调节等多种方式达成治理目的。①协同治理理论是新时代下新型的治理理论,被广泛地应用于政府管理和社会治理的实践之中,体现集体决策的特点,实现了社会公共利益的最大化,促进国家治理体系和治理能力现代化的战略的实现。

(一)何为治理?(从管理到治理)

在推进国家治理体系和治理能力现代化的大背景下,实现从管理到治理的转变,捋清管理和治理的关系,实现更高的组织效能。

全球治理委员会在1995年提出,治理是指主体的多样化和参与者之间相互合作,或公或私的个人和机构经营管理相同事务的诸多方式的总和。最先出现在市政领域,在20世纪90年代应用于行政领域,不同学者对其界定不同,但是都强调合作(政治国家和公民社会合作、政府与非政府合作、公共机构与私人机构合作、自愿和强制合作),由共同目标支持产生的活动。治理有四个特征,即过程性、调和性、公私合作、持续作用。

管理是单向的,是依赖自上而下的行政权威进行的,通过控制实现资源配置和目标达成;治理是双向的,是依赖契约和制度形成的自上而下、自下而上的关系,协调利益相关者的关系。治理是一个宏大的概念,它包含了管理,是对管理的超越,是管理、服务、建设的统一。②从"管理"到"治理"是从粗放型向集约型、从单纯追求数量向同步提升质量、从经验型向科学型、从简单供给向多方位服务、从政府主办向政府主导、部门协同、全社会共同参与转变。

从理论上分析,从管理走向治理,是人类社会发展的普遍趋势,体育也不例外,从"体育管理"走向"体育治理",是政府简政放权、多元治理、民主决

---

① 刘小静、钟秉枢、蒋宏宇:《协同治理视角下我国竞技体育与全民健身发展中的问题与思考》,《北京体育大学学报》,2022年第2期。

② 吴杰忠:《学校体育中管理与治理关系之研究》,《福州大学学报(哲学社会科学版)》,2019年第5期。

策、实现共同利益的发展趋势。具体而言,体育治理是指在国家体育行政部门和其他体育或相关公共权力机构形成的多元主体下,以协商为合作机制,以国家法规制度和契约为权力来源,以满足公民体育需求为导向,形成国家和非政府体育组织之间平行或自下而上的运行向度,从而对体育行政和公共事务领域提供服务的方式。

(二)何为协同?(主体构成和关系)

协同(synergetic)一词,源于希腊语,意为"协调合作之学"。德国赫尔曼·哈肯(H.Haken)最早提出协同概念,强调协同是各子系统间的相互协作,是多元主体间的资源共享,是主体间形成互补效应的一种集体行动。在自然科学领域,协同是指系统中元素与元素之间或各个子系统之间的相互协作。协同是指协调2个或2个以上的不同资源或个体,使之一致地完成某一目标,是不同主体超越自身看待问题的视角以寻求共同解决方案的过程。在中国的话语体系中,协同意味着主体之间的合作关系,强调组织使命的一致性。①

协同突出公共部门与私人部门的合作,弥补政府失灵、市场失灵、社会失灵,实现资源有效配置。政府、社会和市场构成了公共治理的三大主体,这些主体之间构成协调的关系,最大限度提高公共利益。作为一项公共事业,体育长期以来自上而下的行政管理体制,使得社会资源难以进入体育事业,同时市场机制也难以在体育事业发展中显现推动作用。党的十八届三中全会以来,国务院下发了《关于加快发展体育产业促进体育消费的若干意见》,明确了市场机制下体育产业的发展路径,市场将在体育产业中起到决定性的作用。同时,社会组织将作为参与社会管理的主体力量参与国家事务管理,激发社会组织的活力,形成政府主导、社会协同和公众参与的社会

---

① 袁丹:《协同治理视阈下城市社区公共事务治理机制研究》,中共上海市委党校硕士论文,2021年。

管理格局。

(三)协同治理的内涵

学术界对于协同治理的研究比较丰富,但是对于内涵的解读却有着不同的角度,综合起来即政府出于职能需要,通过发挥主导作用,构建制度化的沟通渠道和参与平台,加强对社会的支持培育,并与社会一起,发挥社会在自主治理、参与服务、协同管理等方面的作用。对这一概念的解读,主要体现在以下四点:

一是政府主导。在协同治理过程中,政府必须发挥主导作用,在制度设计、顶层设计方面发挥关键作用,从全局上、整体上指引大方向,在体育事业的治理中发挥引擎作用。一方面要发挥政策优势,从基本原则、标准规范、限制性行为和激励性政策等做出合法性要求;另一方面从思想角度引导社会达成全民健身的共识,思想引导既要走在行动的前面,也要贯穿于整个行动过程中。

政府的职能要重新定位,不再是全能政府、权力政府、管制型政府,而是有限政府、负责任的政府、服务型政府。

二是政府以外主体积极参与。针对政府大包大揽、一家独大的现象,协同治理强调要激发多元利益相关者积极参与治理,构建主体多元化、形式多元化、指标多元化、技术手段多元化,在生产者、提供者、消费者之间形成多元主体系统,重视系统的整体利益格局,治理权威的非中心化,让社会组织、社会大众发挥权威的作用,通过沟通、协调、妥协等方法解决问题,从而达到更好的治理效果,优化了资源的配置,激发了社会的活力。

三是目标一致。协同中的各主体的价值利益目标是一致的,目标是在平衡过程中形成和不断磨合的,允许价值目标多元的情况下终极目标的一致性。

四是相互配合,共同努力。协同治理强调不同程序和环节的分工与合作,各主体之间要明确自身定位,清晰自身的目标和任务,在平等的协作关系下最大程度发挥协同效果,为整体利益最大化贡献自己的力量。

总之,协同治理强调在政府、社会组织、企业、公民等子系统构成的开放系统中,通过整个系统中各要素或子系统的相互协调、共生协作,基于平等协商、共同规范等治理工具形成的集体决策效应,共同治理社会公共事务,以达成最大限度增进公共利益的目的。

二、全民健身与体育场地在协同治理理论指导下的应用

2019年9月,国务院办公厅发布的《体育强国建设纲要》明确提出:"到2035年,形成政府主导有力、社会规范有序、市场充满活力、人民积极参与、社会组织健康发展、公共服务完善、与基本实现现代化相适应的体育发展新格局。"2022年3月,中共中央办公厅、国务院办公厅联合印发的《关于构建更高水平的全民健身公共服务体系的意见》指出,坚持"政府引导,多方参与,激发社会积极性,推动共建共治共享,形成全民健身发展长效机制",为我国体育事业的发展构筑了蓝图,明确了政府、市场、社会主体的各自地位和作用,实现三大主体之间的关系协同,助推体育强国战略目标的实现。

(一)政府充分发挥主导作用,形成新型举国体制

1.为全民健身和体育场地发展做好顶层设计和制度规范

政策支持:建立健全的政策框架,明确全民健身和体育场地发展的目标、原则和优先领域,并提供相应的政策支持,包括财政资金、税收激励和政策奖励等。

规划与布局:进行全面的区域规划和城市布局,合理确定体育场地的数量、类型和分布,充分考虑社会需求、人口密度和交通便利性等因素,确保公平、合理的资源配置。

设施建设标准:制定统一的体育场地设施建设标准,包括场地面积、设

备设施、安全设施等要求,确保场地符合运动规范和安全要求,提供良好的体验和环境。

维护与管理机制:建立健全的体育场地维护与管理机制,明确责任主体和运营模式,包括政府、社会组织、专业机构和企业等,确保场地的长期可持续使用和维护。

培训与人才支持:加强体育场地管理和运营人员的培训和专业化建设,提高其综合素质和服务水平,确保场地的有效管理和良好运营。

政策宣传与推广:加大对全民健身和体育场地发展政策的宣传力度,提升社会对健身意识和参与体育活动的认知度,鼓励更多人参与体育运动,推动全民健康生活方式的普及。

监督与评估机制:建立监督与评估机制,定期对全民健身和体育场地发展的实施情况进行评估,及时发现问题和不足,并采取相应的措施进行改进和调整。

通过建立完善的顶层设计和制度规范,可以为全民健身和体育场地的健康发展提供指导和支持,促进全民健康、增强人民体质,推动体育事业的繁荣与发展。

2.举国发展全民健身事业

举国体制的确立对我国的竞技体育事业的发展和成就起到了举足轻重的作用,实现了竞技体育大国的目标,奥运争光计划、全运会的周期性举办为我国体育事业的发展作出了重大的贡献。

我国是人口大国,国家的建设和发展离不开人。强健的体魄是基础,身体是革命的本钱,当下更应通过全民健身实现国民体质的增强,夯实国家建设的基础。

2014年10月,我国颁布《关于加快发展体育产业促进体育消费的若干意见》,取消了群众体育赛事审批制度,由此引发大量社会力量和民间资本参与承办群众体育赛事的热潮。例如,据中国田径协会公布的数据显示,2019年我国共举办马拉松及路跑相关赛事1828场,较2015年增加了1694场,参赛人数则达到了712万人次。

(二)利用市场和社会组织的作用,弥补政府失灵

1.满足多元化全民健身需求

多样化的运动项目:提供多样化的运动项目选择,包括传统项目如篮球、足球、网球等,也包括新兴项目如攀岩、搏击类运动等。通过丰富的运动项目,满足不同人群的运动兴趣和需求。

不同水平的活动场所:建设不同水平的体育场地和设施,既有专业的竞技场馆用于比赛和训练,也有公共的休闲场所供大众进行日常健身活动。确保人们可以根据自身情况选择适合的场所进行运动。

引入创新科技:结合创新科技,开发智能化健身设备、虚拟现实运动项目等,为人们提供更多元化、个性化的运动方式。例如,通过手机应用提供个性化的运动方案和指导,使健身变得更加便捷和有趣。

社区体育活动:组织丰富多彩的社区体育活动,如健身跑、篮球友谊赛、太极拳等,促进居民之间的交流与互动。通过社区体育活动,为不同年龄段和兴趣爱好的人们提供共同参与的机会。

家庭健身指导:提供家庭健身指导和资源,鼓励家庭成员一起参与运动。例如,推广家庭健身操、瑜伽等,让全家人共同享受健康的生活方式。

宣传与教育:加强体育宣传和教育,提高公众对健身重要性和多元化运动选择的认识。通过媒体、社交平台、学校等渠道传播健身知识和经验,引导人们积极参与各种形式的体育运动。

通过以上措施,可以满足不同群体、不同水平、不同兴趣的全民健身需求,促进更多人参与体育运动,提高全民健康水平,实现全面健康发展的目标。

2.建设中国特色社会主义的全民健身体制

政策引导和支持：制定和完善相关法律法规、政策文件，明确全民健身的重要性和目标，为全民健身提供政策引导和支持。政府应加大财政投入，为全民健身提供资金支持，鼓励社会力量参与。

体制机制创新：通过优化政府管理机构设置、职能划分和运行机制，建立健全的全民健身部门或机构，并加强其对全民健身工作的组织领导和协调指导。同时，鼓励社会组织、企事业单位等多元主体参与全民健身活动的组织与推广。

健康教育与宣传：加强全民健康教育和宣传，普及健康知识，提高公众对健康生活方式的认知度和积极性。政府、学校、媒体等各方应加强合作，通过多种渠道和形式宣传全民健身理念和方法。

健康体检与服务：建立健全的健康体检制度，为人民群众提供定期的健康体检服务，及早发现和防治疾病。同时，发展健康管理产业，为个人提供个性化、全方位的健康管理服务。

健身设施建设与管理：加大对全民健身场馆和设施的建设投入和政策支持，建立规范的管理机制，确保场馆与设施的安全、便利和可持续使用。同时，推动健身设施的普及，让更多人能够便捷地进行体育运动。

体育人才培养和队伍建设：加强体育人才培养，建立健全的人才选拔和培养机制，提高教练员、裁判员等专业人才的水平。同时，重视基层体育工作者的培养和队伍建设，提高他们的专业素质和服务水平。

区域合作与示范项目：通过跨区域合作，分享经验和资源，推广成功的全民健身示范项目，为其他地区提供借鉴和推广的经验。同时，鼓励各地建设一批具有示范效应的全民健身基地，培育全民健身的优秀典型和品牌。

通过以上措施，可以建设中国特色的全民健身体制，促进健康中国战略的实施，推动全民健康水平的提高，实现全民健康发展的目标。

(三)实现社会公共利益最大化

1.充分利用体育场地,实现经济效益

多元化运营模式:除了传统的比赛和培训活动外,还可以将体育场地开放给企事业单位或个人进行各类体育活动,如健身训练、团建活动、康体养生等。通过收取场地租赁费用,实现场地的经济回报。

举办大型赛事和活动:积极争取承办国内外重要的体育赛事和文化活动,吸引更多的观众和参与者,提高场地的知名度和使用率。同时,通过票务销售、赞助商合作等方式获取经济收入。

发展相关产业链:在体育场地周边发展相关产业,如餐饮、酒店、零售等,为观众和运动员提供便利服务,增加附加值。此外,还可以开设体育用品商店,销售和租赁相关器材,为用户提供一站式解决方案。

培育体育IP和品牌:打造具有特色和影响力的体育IP和品牌,例如设立特色赛事、开展知名运动员的训练营等。通过品牌效应吸引更多的参与者和合作伙伴,实现场地的商业价值。

积极开展市场推广:加强体育场地的市场推广,扩大知名度和影响力。可以通过线上线下双渠道进行宣传,利用社交媒体、网站、杂志等平台增加曝光度,吸引更多用户和合作伙伴。

开展培训和教育项目:利用体育场地开展专业培训和教育项目,如运动员培训班、裁判员培训、健身教练培训等。通过提供专业服务,为体育从业人员提供学习和发展的机会,实现经济效益。

合理定价和资源管理:根据市场需求和竞争情况,合理定价体育场地的使用费用,确保经济可行性。同时,建立科学的资源管理系统,提高场地的利用效率和收益率。

通过以上措施,可以充分利用体育场地,实现其经济效益,为场地的运营和维护提供资金支持,进一步推动体育产业的发展。

2.保障体育场地的社会效益,向社会公众合理开放

公平合理的场地分配:建立健全的场地分配机制,确保公众能够依据公平原则获得场地使用的机会。避免垄断和不合理抢占现象的发生,保证各类人群都有平等的使用权利。

合理定价:根据不同场地的特点、设施及服务水平,合理定价以确保可持续运营,并保证大多数公众能够负担得起。同时,对一些特殊群体如学校、社区组织等给予适当优惠或补贴。

提供多元化服务:除了提供场地租借外,还可以有针对性地开展各种体育培训、公益活动等。例如举办免费体育课程、开展社区体育活动等,为公众提供更多选择并鼓励参与。

引入专业管理与指导:建立专业的场地管理团队,确保场地设施的正常运行和安全使用。提供必要的教练指导、器材保养等服务,保障公众在使用场地时的安全和体验。

配套设施与服务:提供完善的配套设施与服务,如更衣室、洗手间、停车场等,以提高场地的便利性和舒适度。此外,加强卫生清洁工作,保持场地整洁有序。

社会组织参与管理:鼓励社会组织、社区居民等广泛参与体育场地的管理和监督工作。建立场地管理咨询委员会或志愿者队伍,发挥社会力量的积极作用,共同推动场地的良好运营。

定期评估和改进:定期进行场地的社会效益评估,收集公众意见和建议,及时改进和优化服务。通过与公众的互动,不断提升场地的社会效益,并满足公众的需求。

通过上述措施,可以保障体育场地的社会效益,向社会公众合理开放,促进体育活动的普及和发展,提升人民群众的身心健康水平。

第三节　准公共产品理论

在大卫·休谟和亚当·斯密等学者研究的基础上,19世纪80年代奥意的财政学者们创立了比较系统的早期的公共产品理论。20世纪50年代保罗·萨缪尔森在现代经济学的基础上发展了公共产品理论,此后布坎南等学者从不同的角度又对该理论进行了丰富。

一、保罗·萨缪尔森的公共产品理论

萨缪尔森对公共产品的概念进行了严格的界定,即公共产品是任何一个人对该产品的消费都不会减少其他人对该产品的消费的产品。公共产品具有如下特征:一是非排他性,在技术上难以把不付费的人排除在外使之无法收益,或虽然可以这么做,但为此要付出高的成本;二是消费上的非竞争性,即增加一个消费者,供给者不增加成本,每个消费者的消费都不影响其他消费者消费的数量和质量。

按照公共产品的特点,可以把其细分为纯公共产品和准公共产品,在现实生活中,完全具备两个特征的公共产品,即纯公共产品少之又少,绝大多数公共产品是两个特征的不充分具备,即准公共产品。基于保罗·萨缪尔森的理论和相关学者的研究,对人类世界的物品进行了进一步的细化(见表2.1),从产品的类型、特征、提供方式和代表例子等角度系统认识各类社会物品。

表2.1　物品的划分

类型	特性	提供方式	典型行业/物品
纯公共物品	非竞争性、非排他性	政府提供	国防、公共电视节目、环境保护、基础科学、公共自由等
准公共物品	非竞争性、排他性	政府提供或市场提供、政府付费	俱乐部物品：体育场馆、图书馆、公共桥梁、收费公路等
	竞争性、非排他性	政府提供或市场提供、政府付费	公共池塘资源：水资源、石油资源、公共渔场、福利房等
私人物品	竞争性、排他性	市场提供、向消费者收费	面包、汽车、鞋子、理发等

二、詹姆斯·布坎南的准公共产品理论（俱乐部理论）

通过对保罗·萨缪尔森的公共产品理论的批判与继承，詹姆斯·布坎南认为，萨缪尔森所定义的公共产品是纯公共产品，现实世界中很少存在，大量存在的是接近于纯公共产品的公共产品，即准公共产品。

准公共产品具有两个典型的特点：一是非排他性和非竞争性的不充分性，或者指具备两个特点中的一个，或者都不完全具备；二是外部收益性，包括生产的正外部性和消费的正外部性。

按照准公共产品的特点，可以将其分为三类：一是具有非排他性但是非竞争性不充分，教育是典型代表；二是具有非竞争性但是非排他性不充分，道路是典型代表；三是两个特点都不充分，文化、卫生是典型代表。

基于以上的特点和分类，准公共产品的供给模式主要为混合模式，即政府和市场共同参与供给，消费上采用部分付费的方式。混合模式是指政府为了平衡获益者和非获益者的负担，提高资源的使用效益，通过补贴和按某种价格标准向消费者收费来提供公共产品。①

三、理论的应用

根据公共产品理论和准公共产品理论,体育场馆在属性上分为准公共产品。符合准公共产品属性的体育场馆的特点是具有非竞争性和排他性。非竞争性是指在设计的容量内,消费者通过交费允许进入场馆或使用某种体育器材后,不会增加提供这种公共物品的成本,即边际成本为零,但前提是保证消费者的总数在限定的范围之内;排他性是指某个消费者正在使用某个体育场地或某种体育设施时,其他消费者不能同时使用这种物品。

对于纯公共物品,其投入大,且有非营利性的特点,决定了只能由政府加以提供;但对于准公共物品(体育场馆的服务产品属于准公共物品),由于其位于纯公共物品与私人物品之间,虽具有公共性,但性质上更接近私人物品,因此不必向纯公共物品那样由政府包揽,如果是以市场方式提供,不但可以还这些准公共物品以其原本的市场属性,而且还往往能比政府垄断供给更具高效。美国亚特兰大奥运会主体育场是由政府出资2.89亿美元建造的,赛后通过协商出售给一民间组织,允许其独立经营30年,实践证明,这种方式产生了较好的经济效益和社会效益。②

第四节　PPP理论

PPP是政府和社会资本之间通过建立长期、平等的合作关系,共同推进

---

①　李文敏:《公共事业管理》,武汉大学出版社,2019年,第161页。

②　黄卓、周美芳:《西方国家体育场馆公共服务市场化研究》,《西安体育学院学报》,2008年第4期。

公共服务和基础设施领域项目建设的一种新型合作模式。1992 年，英国当时的财政大臣提出了这一概念，成为 PPP 产生的标志。此后，学术界的学者们从不同的角度对其进行了界定和研究。在推进全民健身事业的发展过程中，体育场馆的建设和管理采用 PPP 模式已经成为实践，并且在不断扩展。该理论中涉及了多个主体，即多元利益相关者。

一、PPP 理论的提出和内容

PPP 即 Public-Private-Partnership 的缩写，指通过政府和社会资本的合作，实现公共物品的生产和提供。PPP 模式源于英国，1992 年英国政府最早提出，当时以特许协议为基础，政府和社会资本形成合作，进行公共产品或者服务的合作，当时合作的领域在城市的基础设施方面，后来在美国、澳大利亚、法国、加拿大、新西兰等西方国家广泛发展。2014 年，我国开始大规模推广 PPP 模式，随着 PPP 项目的建设，PPP 理论的研究日趋完善。

PPP 模式的核心是政府和社会资本的长期合作关系，主要在公共项目领域实现双赢的局面：一方面政府实现了财政压力的缓解，实现角色从建设者转变为组织者和监督者；另一方面社会资本的活力被激发，在公共领域引入竞争机制，发挥其优势，提高公共产品的服务质量（见图 2.2）。在我国，2016 年国家发改委印发文件《传统基础设施领域实施政府和社会资本合作项目工作导则》，在文件中指出，PPP 模式的具体操作主要通过特许经营和政府购买服务来实现。

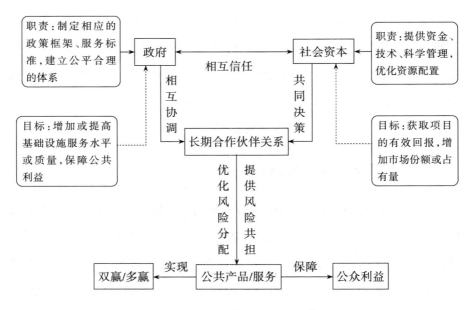

图 2.2　PPP 模式的核心涵义[①]

特许经营:通过签订合同,特许人将有权授予他人使用的商标、商号、经营模式等经营资源,授予被特许人使用,被特许人按照合同约定在同一经营体系下从事经营活动,并向特许人支付特许经营费。

政府购买服务:各级国家机关将属于自身职责范围且适合通过市场化方式提供的服务事项,按照政府采购方式和程序,交由符合条件的服务商承担,并根据服务数量和质量等因素向其支付费用的行为。

以上两种模式适合不同的公共项目,第一类是经营性项目,这类项目通过取得特许经营权,具有明确的收费基础,经营收费也能够完全覆盖投资成本,通常采用 BOT、BOOT 等模式推进。第二类是准经营性项目,该类项目的经营收费不能覆盖投资成本,一般在取得特许经营权的基础上,还需要政府补贴部分资金和资源或直接投资参股等来保障社会资本方的投资合理回

---

① 　范丹丹:《盘锦市体育中心 PPP 项目政府监管问题研究》,大连理工大学硕士论文,2020 年。

报,通常采用BOT、BOO等模式推进。第三类是非经营性项目,该类项目没有收费基础,主要利用政府购买产品和服务来回收投资成本。通常采用BOO、OM等市场化模式推进。[①]

二、PPP理论的应用

2014年9月财政部出台《关于推广运营政府和社会资本合作模式有关问题的通知》,文件指出要大力推广运用PPP模式。此后,2014年11月下发了《关于印发政府和社会资本合作模式操作指南(试行)的通知》,2016年5月财政部联同发改委发布《关于进一步共同做好政府和社会资本(PPP)有关工作的通知》。在中央政策的积极支持下,PPP模式被快速推广,同时也暴露出了各种政府监管问题,2017年11月财政部出台《关于规范政府和社会资本合作(PPP)综合信息平台管理库的通知》,开始对这些问题进行整改并强调要加强项目的准入监管和绩效监管,2019年3月财政部又出台了《关于推进政府和社会资本合作规范发展的实施意见》,再次明确对PPP项目加强严格监管,促进PPP规范健康发展。

在PPP理论中,主体之一的政府起主导作用。PPP项目一般兼具营利性和公益性,政府推广PPP模式的目的是通过引入社会资本减轻政府投资负担,利用企业先进管理方式为公众提供更优质的服务,社会资本的目的是通过获得政府支持追求利益最大化。政府的公益性目标与社会资本方的营利性目标有所冲突,在利益的驱动下,可能会导致市场失灵,如公共产品供给不足、社会资本为了降低成本而降低服务质量和要求、政府承诺最低收益等问题,而PPP的最终目的一定是提供公共服务,因此公益性决定了政府在PPP项目中承担最终责任。体育场馆作为城市的基础设施,一是具有一定的

---

① 白佳彩:《PPP模式兰州奥体中心项目社会资本方风险管理研究》,兰州交通大学硕士论文,2021年。

自然垄断性,场馆在建设和运营中有可能出现市场失灵,实施政府监管可以解决市场失灵问题及保障服务质量;二是具有公益性,实施政府监管能更好平衡效率和公平。

公共机制存在不足,但市场机制也并非万能。政府垄断与市场调节各有利弊。政府的优势在于通过政府权威保证公共物品服务的充分与公平供给,劣势是难以实现资源的有效配置;市场机制的优势是实现资源的有效配置,劣势在于难以消除外部效应与保证社会公平。无论是自由市场,还是国家干预,都说明了单纯的政府供应与市场调节都无法实现资源配置的真正优化。意大利罗马举办了世界杯足球赛后,国家主体育场一连收购了其他几个城市的赛场,以此扩大了足球运动产业,但对当地其他竞技体育的发展和国家全民健身运动产生了消极的影响,曾一度受到了意大利国人的批评。因此,许多西方国家都在探索政府行为如何更好地与市场有机的结合。场馆服务市场化恰恰是利用政府权威制度,就公共服务的数量与质量进行决策,利用市场交换制度来提高体育场馆的供给效率。从而能够较好地实现政府与市场化的合作功能优势,这是公共机制与市场机制相互均衡和结合的产物。

美国是较早开始将PPP模式引入体育场馆建设和运营的国家,各州政府拥有自主权,自行制定法律独立监管项目。西方国家在合同设计方面更严谨,能够明确政府与私营企业的各项权利和义务,对体育场馆进行更专业化的监管。

中国的PPP模式是立足中国国情的产物,从时间轴上可以分为五个阶段,20世纪80年代中期到1993年的探索阶段,1994年到2002年的试点阶段,2003年到2008年的推广阶段,2009年到2012年的反复阶段,2013年到现在的普及阶段(见图2.3)。

图2.3 我国PPP模式发展的历史阶段

中国的PPP模式具有如下基本特征:第一,密切关联国家政治经济体制运行,通过PPP模式实现融资困境和政府投融资体制转型;第二,满足政府的融资目标和公平目标,进而实现公共产品供给的效率;第三,国家通过具体明确的制度规范实现对PPP项目的强制规则;第四,政府与社会资本合作离不开国有企业的参与,混合所有制是不错的体制选择;第五,PPP模式体现国家治理体系和治理能力现代化的战略目标,政府在顶层设计上高度重视;第六,多主体合作,发挥相对优势,实现多赢。[①]

现如今,我国体育场馆运行管理进入深化改革阶段,进行市场化道路的探索,作为国际上通行的公共项目市场化PPP模式在体育场馆设施供给与运营方面不断发挥作用,为我国转变政府主导的大型体育场馆项目运营提供了方向。

本章案例——"鸟巢"PPP模式案例分析

国家体育场俗称"鸟巢",是我国采用PPP模式的公益性项目,弥补了政府建设资金的不足,同时实现风险分担机制的改革,为我国PPP模式的运用提供了鲜活的案例。然而赛后运营却面临了重大的问题,最后导致运营管理模式的转变。

鸟巢占地面积21公顷,建筑面积25.8万平方米,场内观众坐席约为9.1万个。2003年12月24日开工建设,2008年6月28日竣工。

---

① 闫江奇:《中国式PPP的存在性、基本特征及其发展趋势》,《建筑经济》,2015年第11期。

鸟巢采用的是PPP模式进行建设的,国家体育场有限公司负责融资和建设工作,北京中信联合体体育场运营有限公司负责30年特许经营期内的赛后运营维护工作。

在保证成功举办北京奥运会之外,实现场馆获得最大的价值是各方主体最大的目标,这体现在场馆的各个阶段性工作之中,作为高规格的体育场地具备举办高标准的各级各类比赛,项目公司通过积极运营可以获得相关商业利益,但同时也要承担相关的成本甚至损失。

2003年8月9日,国家体育场举行项目签约仪式,中信集团联合体与北京市人民政府、北京奥组委、北京国有资产有限责任公司分别签署了《特许权协议》《国家体育场协议》《合作经营合同》。中信集团联合体与代表北京市政府的国有资产经营管理有限公司共同组建了项目公司,即国家体育场有限责任公司。

鸟巢建设的总投资为31.39亿元,其中北京市国有资产经营有限责任公司代表政府出资18.2062亿元,占58%,中信联合体出资占42%。各方根据出资比例承担相应的风险,实现有限责任。

PPP模式中的关键内容是在项目建成后的30年内,中信联合体获得其经营管理权,获得经营利润,政府不参与分红。北京奥运会闭幕之后,鸟巢开启了PPP运营,由于市场需求有限、缺乏运营经验、硬件条件的不利变化、无形资产开发滞后、投资模式引发的利益冲突等因素的影响,导致鸟巢赛后运营效益低下。

在鸟巢赛后运营一年之后的2009年8月29日,北京市人民政府与中信联合体签署《关于进一步加强国家体育场运营维护管理协议》,对鸟巢进行股份制改造:北京市政府持有的58%的股份改为股权,主导场馆经营,承担相应责任,中信联合体持有的42%股份改为股权,放弃30年的特许经营权。形成了北京市委、市政府主导下,国家体育场公司负责运营,北京市各相关部门、属地政府全力配合的新型管理体制。PPP模式正式宣告夭折。

　　总之,鸟巢的PPP模式的夭折体现出大型体育场馆在建设和赛后运营上不同阶段的特点,具体经验有以下几点:第一,作为大型体育场馆,尤其是公共体育场馆,公共产品属性很强烈,公益性是其主要特点,过度营利性的开发不适合这类场馆,至少不适合运营阶段,虽然政府在前期建设中PPP模式有利于政府的资金压力的减轻,但是对于社会资本主体如何获得投资回报无法实现,所以在后期的运营上,保证其公益性属性的原则下,由政府作为管理主体是必然的选择,但是健全管理体系,合理引入非政府管理主体,发挥其职能优势。第二,鸟巢作为特殊的体育场馆,代表着国家和城市的形象,政府必然要在其管理上进行系统的规划,例如门票价格的制定、运营内容的选择等,存粹的商业化模式不可能彻底适用于这类体育场馆。第三,大型体育场馆的建设成本和维护成本很高,投资回报周期长,其中的风险因素不可控,也无法保障其管理效率和社会效益,所以未来探索如何兼顾前期的投资建设和赛后的运营管理是重要内容,总之在经济效益和社会效益之间,社会效益是第一位的,服务社会公众需求是根本的,准公共产品的类型序列中更接近于纯公共产品方向。

　　硬币有双面,鱼和熊掌难以兼得,PPP模式在大型体育场馆的建设和运营方面体现得淋漓尽致,解决了政府建设大型工程的资金周转问题,但是也面临着项目方向银行贷款而带来的利率成本问题转嫁问题,要避免造成老百姓买单的问题。政府与社会资本如何做好合作效用最大化也是面临的一个问题,实现双赢是最佳状态,然而企业是试图在最短的时间内实现利益最大化,若监管不力,过度商业化开发受伤害的既有体育场馆,伤害更深的是老百姓,所以鸟巢最终进行了股份制改造,

但是这样做在一定程度上违背了PPP模式的初衷,这是一次典型的合作,但是算不上成功的合作。①

① 王康.PPP项目关键因素调查研究[D].西南交通大学, 2018.方文丽.软预算约束下的PPP项目治理研究[D].中国科学技术大学, 2016.

第三章 全民健身公共服务体系分析

　　2010年，国务院颁布《全民健身计划（2010—2015年）》，首次提到全民健身公共服务体系，即"各级政府为保障人民群众基本体育权益，满足日益增长的体育服务需求，投资兴办的以公共体育场地设施、公益体育组织网络、群众性体育活动系统、公益社会体育指导员队伍、健身指导及信息服务系统为支撑和运作评估为基本框架的覆盖全社会的体育健身服务体系"。

　　公共服务体系是公共服务的主体向客体有效提供公共服务的问题，体育公共服务体系是为了向公民及组织提供基本而有保障的公共体育服务为目的，构建一系列服务内容、服务形式、服务机制、服务政策等制度安排，反映政府主导、社会参与、体制创新，由需求体系、供给体系、保障体系、评价体系构成综合体。①体育的公共服务体系是一个系统，在结构上包括提供体育场地设施、成立群众性体育组织、开展群众性体育活动、进行体质监测、提供

---

　　① 顾慧亚、王晓军：《全民健身路径与公共体育服务体系建设研究》，九州出版社，2018年，第2页。

信息服务、进行健身和休闲活动的指导、开设运动处方等。①本书选择从全民健身的体育场地设施、全民健身的专业指导队伍、全民健身活动和竞赛三个方面进行阐述。

第一节　全民健身场地和设施建设

一、制度建设——以《关于构建更高水平的全民健身公共服务体系的意见》为例

面对人民群众对美好生活的向往和不平衡不充分的发展之间的矛盾，为解决老百姓去哪儿健身的问题，近些年党中央和国务院先后颁布了重要的政策文件，包括《关于加强全民健身场地设施建设发展群众体育的意见》（2020）、《"十四五"体育事业发展规划纲要》（2021）、《关于构建更高水平的全面健身公共服务体系的意见》（2022）、《全民健身场地设施提升行动工作方案（2023—2025）》（2023）。

2022年，国家发布《关于构建更高水平的全民健身公共服务体系的意见》（以下简称《意见》），成为党的十八大以来全民健身公共服务领域最高层级的顶层设计文件，是指导"十四五"时期乃至今后更长一段时期全民健身发展的战略性、综合性、指导性文件。

《意见》中指出，到2025年，更高水平的全民健身公共服务体系基本建立，人均体育场地面积达到2.6平方米，经常参与体育锻炼人数比例达到38.5%；到2035年，与社会主义现代化国家相适应的全民健身公共服务体系

---

① 裴立新：《全面小康社会多元化全民健身服务体系的研究》，北京体育大学出版社，2006年，第9页。

全面建立,经常参与体育锻炼人数比例达到45%以上,体育健身和运动休闲成为普遍生活方式,人民身体素养和健康水平居于世界前列。

《意见》中指出,要使全民健身场地设施更加公平惠及人民群众,实现优质体育资源均衡发展,全民健身公共服务资源跟着人转、跟着人走。

二、经费保障

(一)财政经费

我国的体育体制是政府主导型,中央政府设立了专门的体育行政管理机构对国家的体育事业进行了全面的监控和管理,政府在体育资源的配置方面起主导作用。竞技体育、学校体育、群众体育在政府集中统一管理下,建立起举国体制,即政府办体育、政府管理体育、政府养体育,其中政府养体育是指体育事业经费均由政府各级财政支出。在特定环境下,政府主导型的体育管理体制有着不可替代的职能优势,然而也给政府带来了很大的财政压力,出现财政缺位或错位的问题。[1]

改革开放之后,在经济体制改革的大背景下,受世界范围内体育管理体制改革的影响,我国政府对体育事业的财政经费投入情况呈现出典型的时代特点。

根据国家相关部门数据显示,对1978—2013年中国体育财政支出占国家财政总支出数据的比例进行分析,结果表明,前者占后者的比例在改革开放前期和中期都趋于平稳且逐年递减,关系呈反比例,后期逐渐下降到0.23%~0.29%之间,除去2008年由于承办北京奥运会等因素所占比例明显增加外,并无明显起伏(见表3.1)。这表明我国20世纪70至90年代完全依靠国家财政支出扶持发展体育事业的"举国体制",到渐渐走向由各省市级

---

[1]　邱鹏:《我国公共体育服务财政投入研究》,苏州大学硕士论文,2020年。

体育政府部门减少由国家出资而转向依靠企业和赞助商及自我运营"自我造血"的商业运作模式。

表3.1　1978—2013年中国体育财政支出占国家财政总支出数据的比例

年份	国家财政体育事业经费支出（亿元）	体育事业经费支出占财政总支出的比重（%）
2013	334.65	0.24
2008	355.74	0.57
2003	145.90	0.59
1998	66.11	0.61
1993	28.80	0.62
1988	12.04	0.48
1983	4.77	0.33
1978	1.87	0.17

资料来源:财政部、统计局、统计年鉴

总之,经济发展是体育发展的基础,体育事业的规模、速度和水平是由国民经济发展的规模、速度和水平决定的。从新中国成立到改革开放后的今天,我国的体育发展状况是与国民经济同步的成正比的,中国对体育的财政支出也逐年攀升。发展体育事业必须从国民经济发展的实际出发,与国民经济发展相适应。同时体育对经济的反作用主要体现在体育事业的发展能够促进和强化国民经济各个部门的发展。①

在传统的举国体制下,我国的体育事业取得了举世瞩目的成就,竞技体育扬眉吐气,在体育强国发展中功不可没。在社会主义市场经济体制下,我们要建立起一个完整的、有序的、健康的体育市场,这是新时代我国体育事业发展的新主题,构筑新型的举国体制,要求积极发挥社会力量对体育事业

---

① 　邹吟寒:《中国改革开放后的体育财政支出研究》,《文体用品与科技》,2015年第24期。

的作用,实现体育的可持续发展。

(二)体育彩票公益金

中央集中彩票公益金支持体育事业专项资金(以下简称"专项资金"),是指中央财政从中央集中彩票公益金中安排用于体育事业的资金。根据财政部、国家体育总局印发的《中央集中彩票公益金支持体育事业专项资金管理办法》(财教〔2020〕69号),明确专项资金用于落实全民健身国家战略,提升竞技体育综合实力,丰富体育供给,推动群众体育和竞技体育协调发展,加快推进体育强国建设。

2022年,体育总局围绕体育强国建设目标任务,认真落实全民健身国家战略,加大了公共体育场地设施建设力度,专项资金转移支付总计240183万元,支持各地区建设各类项目训练基地75个,举办全民健身赛事活动19733场,带动参赛人数1900多万人次,在一定程度上满足了人民群众日益增长的健身需求,提升了人民群众的幸福感和获得感。积极推动体教融合改革,通过举办"奔跑吧·少年"主题活动、U系列比赛等,提高了青少年运动水平和身体素质,促进了青少年体育后备人才的培养。不断加强人才培养培训,培养高水平体育人才约1.4万人次,进一步提高了体育后备人才培养质量,为国家队备战巴黎奥运会打牢基础。培养数量更多、层级更高的社会体育指导员,为群众提供更加专业科学的体育健身指导。项目的实施,有力促进了群众体育健身活动的开展,丰富了体育供给,我国竞技体育综合实力得到进一步提升。

(三)社会资本

为克服我国体育投资渠道单一的问题,在国家政策的激励下,我国体育事业的融资渠道呈现多元化发展趋势,除了政府财政、体育彩票公益金的大力投入,来自社会资本的贡献力度越来越大。

社会团体投资主要包括各级社会群团、体育、民间组织及厂矿、企业等,

对公益性体育事业的直接和间接投资。北京市政府通过采用特许经营与企业合作的模式进行设施投资,广州市体育局通过体彩公益金的资助,培养社团组织来筹集使用资金。江苏省盐城市不断创新投融资机制,鼓励企业大力兴建体育设施,累计吸引社会资本近13亿元,积极拓展融资渠道,有效克服了财政投入不足的制约。还有如北京东方国际网球发展中心、北京奥健国际山地运动发展中心、北京市青少年户外体育活动营地、北京观奥园健身中心、北京永乐汇足球俱乐部,这些都是社会人员自筹经费建设的。还有一种社会团体投资的方式是单位自筹,例如北京市公共体育设施的建设,单位自筹占到了所有公共体育设施的57%,其次是体育彩票基金和政府财政拨款,分别占到了21%和20%,1%的资金投入方式来自社会捐赠,还有1%的其他资金投入方式是源于外商投资等渠道。

　　社会集资即通过发行体育彩票、引进外资、接受捐赠等方式广泛吸纳社会闲散游资。在场馆建设中,社会化集资是很关键的,例如,"水立方"游泳馆是由华人华侨投资十多亿建成的。国家游泳中心大部分资金也主要是港澳台同胞、海外华侨捐助的。还有社会人员对学校体育设施的资金捐赠,如新加坡华裔捐赠1.7亿人民币修建北大体育馆;东南大学九龙湖体育馆修建费用基本上是曾经学校体育系的领导、校友捐赠的。还有很多高校采取自筹资金的方法建设场馆,如南京师范大学仙林校区体育中心和南京中医药大学体育馆。此外,南京体育学院分校自行车比赛场、曲棍球训练基地,也都与有关高等院校的建设相结合,实现了体育与教育资源的更好互补,扩大资金来源渠道,提高了场馆利用率,为场馆更好运营奠定了基础。①

---

　　① 田旭:《基于政府、市场、社会视域下公共体育服务设施建设问题探析》,陕西师范大学硕士论文,2015年。

三、硬件设施

全民健身设施是健身锻炼的载体,是全民健身公共服务体系的重要组成部分,包括用于全民健身活动的建筑物、场地、固定的器材设备、服务健身的配套措施等,体现着人们对生活质量和生命质量的态度和期望,是人们参加体育锻炼的根本物质保证,是构建更高水平全民健身公共服务体系的"牛鼻子"。

(一)场地或场馆

1.总体发展呈现进步趋势

全民健身场地或者场馆的数量和规模及服务环境是开展体育活动,实现全民健身目标的重要基础性保障。在新发展理念的指引下,面对人口规模巨大的社会需求和资源有限性之间的突出矛盾,不断扩大体育场地设施的有效供给和综合利用、着力破解群众"健身去哪儿"的难题是关键。体育场馆服务于全民健身的优劣情况不仅是衡量宜居水平的标准,也是衡量社会经济发展水平的重要标志。体育场馆服务全民健身高质量发展旨在满足人民群众对健身场地的需求,既包括场地供给数量方面的需求,也包括场地供给内容方面的需求。

截至2022年末,全国共有体育场地422.68万个,人均体育场地面积2.62平方米。其中,在体育健身场地构成中,全民健身路径为98.02万个,健身房为14.29万个,健身步道为12.78万个/31.42万千米。总体呈现逐年稳步增长的趋势。近年来,城市"金角银边"地区逐渐成为全民健身场馆扩容的重要补充,乡镇地区不断推进大量足球场地、全民健身路径等的建设。

2.正视矛盾和问题

《"十四五"时期全民健身设施补短板工程实施方案》明确指出,"人民日益增长的体育健身需要和健身设施发展不平衡不充分的矛盾较为突出",

"城乡之间、区域之间分布不平衡,尤其是缺少群众身边举步可及的健身设施"等问题,本质上都是全民健身场馆发展质量不高的体现,严重制约了共同富裕目标的实现,问题亟待解决。

《2022年全国体育场地统计调查数据》显示,全国体育场地面积为37.02亿平方米,归属于村委会的仅为7.71亿平方米,农村场地不足问题严重。在区域上,失衡问题更突出,截至2021年底,江苏省体育场地总数为281100个,居全国之最,而青海省体育场地总数仅为20198个,从人均场地面积的角度来看,海南省的人均场地面积为3.82平方米,位居全国首位,而甘肃省人均场地面积仅为1.8平方米。

(二)健身器械

全民健身不仅需要科学标准的体育场地或场馆环境,体育健身器械是完成大部分体育活动的基本条件,随着科学技术的不断进步,以健身路径为代表的健身器械不仅满足了人们体育锻炼的多样化需求,同时操作简单,实现了非人工环境下的科学健身。

1.标准要求

2011年,国家体育总局颁布的《室外健身器材的安全通用要求》(GB19272-2011)明确指出,室外健身器材应符合人体运动学规律,并且应具有安全性、可操作性、舒适性和适应性。

第一,选用的材料应具有阻燃性,且能够满足器材安全使用寿命。

第二,与人体皮肤直接接触,在使用过程中产生摩擦的器材部件不应使用玻璃纤维塑料,金属材料应采用表面防腐处理工艺。

第三,器材的结构、功能和可预见的非正常使用不应具有潜在危险。

第四,在标注的使用寿命内,器材不应出现因材料问题导致的危害健康的危险。此外,在器材表面,不应出现容易造成使用不便等问题的突出物。

第五,器材的转动部件具有止退装置。

2017年,国家标准化管理委员会颁布的《公共体育设施室外健身设施的配置与管理》(GB/T34290-2017)指出,室外健身器材安装配置应考虑器材的功能性及适用人群,对不同人群的健身区域应具有针对性的具体配置方案;同年,国家标准化管理委员会颁布的《健身器材和健身场所安全标志和标签》(GB/T34289-2017)对健身器材和健身场所的安全标志、信息牌设计有明确的设计原则。

第一,安全标志的图形符号首先应定义需传递的特定信息。

第二,两种以上且位置接近的安全标志宜在一个标志牌中展示,且应当将每个潜在危险表达明确。

2.新兴体育器械材料的使用

传统的体育健身器械的材料主要是以普钢为主的金属材料,这类材料在潮湿的环境下容易被腐蚀,缩短使用寿命,产生安全风险。

新型的复合材料包括碳纤维复合材料、塑料复合材料等克服了传统材料的缺点,提高了耐腐蚀和更具延展性。同时,新型复合材料相对于传统材料更轻便,有利于器械的拆装和维护,提高使用效率;新材料的强度更好,适用一些高强度的体育活动,无论是室内还是室外,保障了其使用寿命,也保护了使用者的健身安全,同时也更有利于环保。

在体育场地和场馆的建设中,塑胶类跑道被广泛适用,它有着良好的减震性能和防滑性能,当使用者在进行跑跳类的运动时,凭借其良好的弹性可以起到缓冲作用,降低人体的冲击力,使人体内脏受到保护,同时较高的平整性也可防止磕绊的产生,提高了运动的体验感。在塑胶跑道的材料使用中,聚氨酯材料是当下性价比较高的材料,既环保又可提高运动效能。

羽毛球、网球的球拍中采用碳纤维材料提高了器械的质量,该材料具有显著的减震性能,提高了球拍的稳定性,提升了使用者的运动舒适度。

运动器械主要和人体接触,在运动过程中,一定强度的活动之后,出汗会影响器械的使用性能,新材料能够有效避免对器械的汗水腐蚀,同时提高了人体对器械的控制效果。①

3.健身器械的智能化

实现健身器械的智能化,将大数据、交互技术、游戏设计方法等融合进大众健身领域,可以提高体育运动的体验感和获得感。

随着物联网技术的广泛运用,体育健身器械在服务大众体育活动的过程中,一要实现其功能和作用,二要做好系统的健康监测,实现运动处方对症下药,及时了解健身者的身体状态,针对性制订和调整锻炼计划。当下,国内很多社区和体育公园的健身路径纷纷使用智能化的器械,在使用完成后,设备将会有语音播报,提醒用户本次健身次数和消耗的能量数据,吸引了人们积极参与锻炼,也更好地促进了科学健身。

智能健身器械利用内置传感器采集用户数据,借助互联网、物联网技术将数据传输至后台服务器,利用云计算和大数据技术对采集数据进行分析、判断,最终形成运动处方和健康报告,用户可以通过手机扫描设备二维码查看个人数据,以便及时了解身体状况、调整锻炼计划等。

互联网、物联网、云计算、大数据和人机交互技术作为社区智能健身器械中的关键技术,从多个方面提升了用户健身体验。其中互联网技术主要用于信息传输;物联网技术通过借助传输协议,实现信息在人与物、物与物之间快速传递;云计算技术主要用来对收集的信息实现快速分类整合,提升数据的利用率;大数据技术会对数量巨大的信息进行处理,挖掘信息中的潜在价值;人机交互技术通过借助计算机设备,实现人—机之间的信息传递与反馈。

天津市南开区的南翠屏公园有一个AR太极大屏,这是一个完全无接触

---

① 彭榜容:《全民健身视域下复合材料体育器械在体育教学中的运用》,《塑料工业》,2023年第8期。

式的互动产品,打消了群众对于卫生方面的顾虑,利用AR与肢体识别等前沿AI技术打造的互动健身设备,用户站在屏幕前与屏幕中的太极大师学习太极的过程中,系统会实时对用户的肢体动作做出判断,最终还会对整个学习的过程进行分数化的体现,帮助用户去提高运动水平,另外在互动结束时还会有AR合影的环节。AR太极大屏是出自贝塔智能科技(北京)有限公司,还推出了双人八段锦、八极拳及一款包含太极拳、八段锦、五禽戏、八卦掌、五步拳、太极扇、易筋经、导引养生功、功前热身、形意拳等十余种武术与一体的AI武术大屏,全方位地满足了不同年龄段的市民健身需求,为市民带来最佳的体验与运动感。

体育器械的智能化提高了人们运动的兴趣,北京梯环科技有限公司研发户外AR智慧运动屏幕,借助内嵌的体感互动感应系统,自动识别用户的手势、人脸、身体姿态等特征,使用户在健身过程中也能享受到游戏的乐趣。在使用过程中,用户无需穿戴任何感应设备,利用身体姿态的不同变化操控游戏画面,与屏幕内容进行人机交互,当用户完成游戏任务后,系统会根据当前游戏规则对用户进行评分,评分最高者将会拥有游戏称号,获得他人关注。该设备可供多个用户同时使用,系统内游戏不定时更新,满足更多用户的健身娱乐需求,当游戏结束时,设备将会给所有的游戏参与者拍照,用户可将合影照片分享至微信朋友圈或其他社交平台。

未来全民健身器械会更加智慧化,越来越关注使用者的身体和心理感受,融入更多的因素,包括娱乐性和对抗性的因素,引导用户积极参与体育锻炼,科学体育健身,提升满足感和获得感。

(三)周边设施

全民健身的基础是场地和设施,公共交通、价格收费、照明条件、环境卫生、其他配套设施等是实现场馆设施高效使用的保障,是影响公众满意度和参与积极性的重要因素,一旦出现缺失或水平低下,极易产生"100-1=0"的结果。

1.空间布局实现可达性

政府在规划和设计体育场地布局伊始就要充分考虑到是否能实现触手可及、举步可就的问题,做好场馆和交通的综合规划,践行以人为本、提高场馆综合利用率的理念。2022年3月,中共中央办公厅、国务院办公厅印发的《关于构建更高水平的全民健身公共服务体系的意见》提及要"构建统筹城乡、公平可及、服务便利、运行高效、保障有力的更高水平的全民健身公共服务体系"。

2022年末,我国城镇化率达65.22%,城镇化进程发展迅速,在城镇人口快速增加、人民群众健身需求日益增长的情况下,人民健身需求未能得到满足,供求均衡被打破,"广场舞扰民""抢地盘""球场被占"事件时有发生。城市公共体育空间设计、规划、布局与配置等完整环节,是城市治理水平的综合体现。

完善现有健身点附近的公共交通体系,依托发达的交通网络串联起区域内全民健身场地设施,建设路程距离近、通行环境好、公共交通便利的全民健身场地设施网络体系,从而消除服务盲区,实现"15分钟健身圈""10分钟健身圈"全覆盖。

2.人性关怀下设计场馆布局

在健身点内的空间设计上,应根据场地设施的类型和地形地貌特征,合理规划与设计健身空间内场地设施,对于特殊群体的场地设施应充分考虑人群特点进行针对性设计与布局。

老年人场地设施应设计在离入口较近的位置,且尽量保证通行路径的舒适性。儿童娱乐类设施应充分考虑场地设施和周围环境的安全性,还应该与家长锻炼空间或监护空间组合,方便家长与儿童的同时使用。残障人士的无障碍设计也应从实际使用出发,消除残障群体使用健身场地设施时的空间阻碍。

3.菜单式的健身地图

公众对体育场馆的使用直接受制于场馆和设施的时间安排、可活动的项目、是否收费及收费标准等因素的影响。相关信息的积极宣传和有效公开，让老百姓充分掌握关注的信息，通过网站、媒体、微信公众号等及时公布和更新，提供菜单式的健身地图。①

第二节　全民健身科学指导服务

一、社会体育指导员基本理论

（一）社会体育指导员的概念

在群众性体育活动中，一般来讲，凡自愿、业余、义务从事运动技能传授、科学健身指导和组织管理的工作人员皆可称为社会体育指导员。我国最初关于社会体育指导员的概念是源自国家体育总局于1994年颁布的《社会体育指导员技术等级制度》，明确地将其定义为："在竞技体育、学校体育、部队体育以外的群众性体育活动中，从事技能传授、锻炼指导和组织管理工作的人员。"随着社会不断地发展，经济及时代背景不断地更迭，2001年由人民体育出版社出版的《社会体育指导员国家职业标准》对社会体育指导员的定义做出了新的补充与诠释，认为社会体育指导员是指在群众性体育活动中从事运动技能传授、健身指导和组织管理工作的人员。②

---

① 徐泽洪：《重庆两江新区全民健身场地设施空间布局均等化研究》，西南大学硕士论文，2023年。

② 苏畅：《社会体育指导员在群众体育社团发展过程中的价值与定位》，哈尔滨体育学院硕士论文，2022年。

国内不同学者从不同视角对社会体育指导员进行了概念的界定。学者丁敏认为,凡是符合条件的,并且在工作中履行社会体育指导员工作职能的人员,按照国家的法律规定,上交申请并通过后,取得社会体育指导员技术等级称号的即为社会体育指导员。学者胡兰兰认为,社会体育指导员既是参与者、志愿者、也是组织者和管理者。学者杨洪认为,社会体育指导员是教育者,帮助群众学习到正确的体育锻炼方式方法,达到群众身心健康,防治疾病的目的,同时社会体育指导员作为管理人员,要做到兼具社区与基层的同步管理工作。学者刘艳认为,在全民健身背景下,社会体育指导员是一支社会重要发展力量的队伍,担任着健身指导服务和宣传的工作职责。学者王文浩认为,社会所需的社会体育指导员就是适应指导员职业准则,遵循应用型人才培养模式,结合学校发展优势,从能力、素质、知识储备等各方面进行人才培养,达到满足市场所需的社会体育指导员要求。学者韩雪认为,通过正确的方式、科学的指导社会大众体育锻炼,管理大众健身情况,提高大众健康水平的人员就是社会体育指导员。[①]

(二)社会体育指导员的等级分布

社会体育指导员技术等级分为:三级社会体育指导员、二级社会体育指导员、一级社会体育指导员、国家级社会体育指导员。县(区、市)、市、省、国家体育行政部门分别审批三级、二级、一级、国家级社会体育指导员,并授予相应技术等级称号。

社会体育指导员国家职业等级分别为:初级社会体育指导员(国家职业资格五级)、中级社会体育指导员(国家职业资格四级)、高级社会体育指导员(国家职业资格三级)、社会体育指导师(国家职业资格二级)。

---

① 韩雪:《北京市社会体育指导员发展现状与对策研究》,首都体育学院硕士论文,2022年。

(三)社会体育指导员的基本职责

笔者认为主要职责应该包括以下几个方面:

第一,组织和开展体育健身活动。社会体育指导员负责组织和策划各类体育健身活动,如运动会、健身训练课程、户外运动等,以促进人们参与体育锻炼,提高身体素质和健康水平。

第二,进行体育技术指导。社会体育指导员具备一定的体育专业知识和技能,可以向参与者提供专业的体育技术指导,辅导他们正确进行体育运动,提高技能水平,并避免运动中的伤害。

第三,传授运动知识和规则。社会体育指导员负责向参与者传授相关的运动知识和规则,帮助他们理解和掌握各种体育项目的规则和要领,培养良好的体育道德和竞技精神。

第四,指导健身计划和方法。社会体育指导员可以为个人或团体制订合理的健身计划和方法,根据不同的身体状况和需求,设计适合的锻炼方案,促进身体健康和健美效果。

第五,组织健身评估和测试。社会体育指导员可以进行健身评估和测试,通过科学的测试手段评价参与者的身体素质水平和运动能力,并根据评估结果提供相应的改进建议。

第六,安全管理和急救处理。社会体育指导员需要关注参与者的安全问题,确保体育活动的安全进行。同时,在运动中出现意外伤害时,需要及时进行急救处理,确保参与者的安全和健康。

第七,促进体育文化传播与交流。社会体育指导员还可以积极参与体育文化的传播与交流工作,组织举办体育比赛、讲座、培训等活动,推广体育文化,增加人们对体育的认识和兴趣。

总之,社会体育指导员的基本职责是通过组织、指导和推广各类体育活动,促进人们参与体育锻炼,提高身体素质和健康水平。

（四）社会体育指导员应具备的基础知识

第一，体育科学基础知识。包括运动生理学、运动心理学、运动训练学等方面的基本知识，了解人体运动的规律和特点，掌握合理的训练原则和方法。

第二，运动项目知识。熟悉各种常见的体育项目，了解其规则、技术要领和比赛流程，能够为参与者提供专业的技术指导和培训。

第三，健康知识。了解健康教育的基本理论和方法，掌握健康评估、健身计划制订和健康问题处理的相关知识，能够为参与者提供健康咨询和建议。

第四，急救知识。具备基本的急救知识和技能，能够在运动中出现意外伤害时进行紧急处理，并采取适当的急救措施保护参与者的安全。

第五，体育管理知识。了解体育组织管理的基本原理和方法，包括活动策划、场地管理、器材使用和安全管理等方面的知识，能够有效组织和管理体育活动。

第六，体育法律法规。了解相关的体育法律法规，包括体育场馆管理、参赛规定、人身安全保护等方面的法律法规，确保在体育活动中遵守相关法律和规定。

第七，教育与沟通技巧。具备有效的教育和沟通技巧，能够与参与者进行良好的互动和交流，理解他们的需求和问题，并提供适当的解答和指导。

这些基础知识可以帮助社会体育指导员更好地开展工作，提供专业的指导和服务，促进参与者的健康成长和发展。

（五）社会体育指导员应遵守的职业道德

热爱祖国，热爱社会主义，热爱党，遵纪守法。热爱本职工作，工作认真负责、吃苦耐劳。服务态度热情、周到、诚恳，平等待人，老幼无欺，不得有性别、肤色、民族歧视，不得歧视残障人。行为举止大方礼貌，谈吐文明得体，仪表、仪容整齐整洁。刻苦钻研业务,努力提高服务质量。以诚实、正直、公平的态度与他人友好协作。不得进行伪科学、封建迷信等有碍社会主义精神文明建设的宣传活动。

第一,尊重和关爱参与者。体育指导员应尊重每个参与者的人格和权益,关心他们的身心健康,并为其提供平等、公正和专业的服务。

第二,诚实守信。体育指导员应遵守诚实守信的原则,不得编造虚假信息或误导参与者,保持言行一致,讲求真实和可靠。

第三,保护参与者安全。体育指导员应确保参与者在体育活动中的安全,注意场地设施的安全性,正确引导参与者进行适度的锻炼,妥善处理运动中的意外情况。

第四,尊重隐私和保密。体育指导员应尊重参与者的隐私权,保护其个人信息的安全和保密,不得未经允许泄露或滥用参与者的个人信息。

第五,知识更新和提升。体育指导员应不断学习和更新相关知识,跟进最新的科学研究和发展动态,提高自己的专业水平和素质,以更好地为参与者提供指导和服务。

第六,公正公平。体育指导员应公正对待每个参与者,不偏袒任何一方,提供平等的机会和待遇,不因个人因素影响判断和决策。

第七,尊重职业规范。体育指导员应遵守相关的法律法规和职业准则,不从事违法违规的行为,维护社会体育事业的良好形象和声誉。

遵守这些职业道德可以帮助社会体育指导员建立良好的专业形象,增强参与者的信任和依赖,推动体育事业的健康发展。

(六)社会体育指导员应具备的基本素质

一是思想道德素质,要有正确的政治方向和较高的思想觉悟,较强的法制观念和较高的道德修养,高度的责任心和扎实沉稳的作风。二是科学文化素质,要掌握一定的政策理论知识、基础理论知识、组织管理知识和锻炼指导知识。

第一,专业知识和技能。具备丰富的体育专业知识和技能,包括运动项目技术、训练方法、健康知识等方面的专业素养,能够为参与者提供专业的指导和培训。

第二,沟通与教育能力。具备良好的沟通和教育能力,能够与参与者进行有效的交流和互动,清晰地传达信息和指导,激发参与者的兴趣和积极性。

第三,组织和管理能力。具备组织和管理体育活动的能力,能够合理安排场地和器材资源,协调参与者的需求和时间安排,确保体育活动的顺利进行。

第四,心理素质和情绪控制。具备较强的心理素质和情绪控制能力,能够在面对各种情况下保持冷静和稳定,处理参与者之间的冲突和压力,营造积极的团队氛围。

第五,责任心与职业道德。具备高度的责任心和职业道德,对参与者的安全和福利负责,遵守职业准则和规范,保护参与者的权益和隐私。

第六,学习与创新意识。具备持续学习和创新的意识,不断更新专业知识,关注体育。

二、我国社会体育指导员的现状和问题分析

(一)我国社会体育指导员制度的发展历程

为加强群众身边的组织和队伍建设,1993年12月4日,国家体委发布了《社会体育指导员技术等级制度》,自1994年6月10日起施行。

随着我国健身娱乐市场的快速发展,1998年,国家体育总局提出了社会体育指导员职业制度问题,经与劳动和社会保障部研究协商,正式设立了社会体育指导员职业,并列入1999年我国出版的首部《职业分类大典》。

2001年8月7日,国家劳动和社会保障部颁布了《社会体育指导员国家职业标准》。自此,公益和职业两类社会体育指导员制度并行发展,同时施行。

随着我国全民健身事业的深入发展,2011年10月9日,国家体育总局以第16号令公布了以公益性社会体育指导员工作为对象的《社会体育指导员管理办法》,并于2011年11月9日起施行。《社会体育指导员管理办法》施行后,《社会体育指导员技术等级制度》即废止。

（二）我国社会体育指导员的现状

我国公益性社会体育指导员已经达到270万人,成为全民健身公共服务体系的重要组成部分和全民健身志愿服务体系的核心力量。获得职业资格的职业指导员超过20万人,在经营性的健身场所中发挥着重要作用。[1]

目前,我国已建立了一套完善的社会体育指导员培训和认证体系,包括初级、中级和高级三个级别的认证。我国社会体育指导员数量庞大且分布广泛,他们在各级政府、学校、企事业单位、社区及体育俱乐部等机构从事体育指导工作。据统计,截至目前,全国范围内注册的社会体育指导员数量已达到数百万人,为广大民众提供专业的体育健身指导与服务,包括健身训练、运动技能培训、体育比赛等。我国政府高度重视社会体育事业的发展,并出台了一系列政策措施来支持和推动社会体育指导员队伍的建设,加大对社会体育指导员培训的投入,提高了培训质量和水平,并为其提供相应的职业发展机会。随着社会的发展和人们对健康生活的需求增加,社会体育指导员的专业化和多元化也越来越突出,除了传统的体育运动指导外,他们还需要具备健身、康复、运动心理等方面的知识和技能,以满足不同人群的需求。

---

[1]　董光武:《新发展格局下社会体育指导员高质量发展进路研究》,《当代体育科技》,2022年第12期。

总体而言,我国社会体育指导员的现状是良好的。他们在促进全民健身、传承体育文化和提高体育水平等方面发挥着重要作用。同时,还需要继续加强培训和支持,提高专业素质和服务水平,以更好地满足广大人民群众的健身需求。

1.公益性社会体育指导员规模在不断壮大

在新发展格局下,社会体育指导员对体育产业的发展、全民健康的落实、体质健康的促进等承担着重要的责任。目前,社会体育指导员可细分为两类,一类为公益型,一类为职业型。公益型社会体育指导员是指志愿服务群众,免费指导群众从事体育活动的体育指导员,而职业型社会体育指导员则是指有偿服务,指导消费者进行科学运动的体育指导员。这两类社会体育指导员目前所面对的问题和承担的责任是不同的。当下公益型社会体育指导员的主要任务是通过其庞大的数量,拉动更多的人参与、享受、热爱体育运动,在促进全民健康的同时,拉动群众的体育消费需求,发挥我国超大市场规模优势,推动我国体育产业发展。职业型社会体育指导员在目前发展形势下,需要扩大规模、提升质量,承担起群众由体育锻炼向更加专业、更加科学的体育训练转变的重任,同样也会对体育产业供给侧结构性改革产生积极作用,为体育市场提供有效供给。只有这样,社会体育指导员才能符合当前新发展格局下体育产业的发展趋势,为体育产业实现双循环的新发展格局助力。

经过20余年的建设和发展,我国公益性社会体育指导员已经达到200余万人,成为全民健身公共服务体系的重要组成部分和全民健身志愿服务体系的核心力量。获得职业资格的职业指导员超过20万人,在经营性的健身场所中发挥着重要作用。随着体育服务业的迅速增长,体育用品及相关产品制造业的发展也渐渐走向平稳缓和,根据欧美等发达国家的经验,我国目前的体育产业正进入健康和成熟的发展轨道。

2.数量直线上升

在政策的扶持及社会的需求下,我国社会体育指导员的数量呈直线式上涨。根据国家公布的2011—2018年《中国统计年鉴》数据,可以很明显的看出变化趋势(见表3.2)年增长率在0.06%以上。截至2018年公布的数据来看,上海市共有社会体育指导员9.35万人,郑州市共有社会体育指导员6.5万人,都能够保持在每千人中有2.5名社会体育指导员的水平,完成国家制定的每千人拥有2.15名社会体育指导员的要求。①

表3.2　2011—2017年我国社会体育指导员的数量(单位:万人)

年份	2011	2012	2013	2014	2015	2016	2017
社会体育指导员数量	141.82	110.69	158.51	181.28	202.69	286.16	364.88

从上表中我们可以看到,我国社会体育指导员呈现逐年上涨的趋势(见图3.1),我国社会体育事业发展迅速,社会体育指导员增量显著,逐渐成为我国群众体育发展的中流砥柱。整体来看,从1996年发展首批"国家级社会体育指导员"开始,到2021年我国社会体育指导员人数逐年攀增。1997年,全国社会体育指导员达6万余人,国家级指导员占693人。到2001年,社会体育指导员人数统计已达到20余万人。2003年底,社会体育指导员统计人数为325502 14人,国家级指导员2006人,一级29509人,二级10349人,三级190578人。2004年更新的数据显示,社会体育指导员超43万人。根据我国第五次全国人口普查结果计算,当时人均社会体育指导员约为1:3024。国务院颁布的《全民健身计划(2021—2025年)》中表示,经常参加体育锻炼人数比例到2025年需达到38.5%的目标。新建或改扩建2000个以上健身场地,实现社区15分钟健身圈全覆盖,每千人拥有社会体育指导员2.16名。

---

① 苏畅:《社会体育指导员在群众体育社团发展过程中的价值与定位》,哈尔滨体育学院硕士论文,2022年。

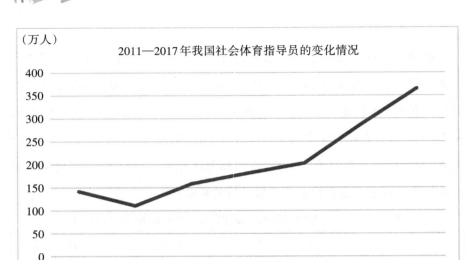

图3.1 2011—2017年我国社会体育指导员数量的变化情况

（三）社会体育指导员发展中存在的问题

1.职业型社会体育指导员缺乏市场竞争力

目前,我国公益型社会体育指导员与职业型社会体育指导员共用同一名称,带来了很多问题,虽然二者共同服务于群众体育,但服务群众体育的并不只有他们。人力资源和社会保障部颁布的《国家职业资格目录》中的技能人员职业资格第四条,对健身和娱乐场所中提供服务的人员作出了明确的区分,除游泳、滑雪、潜水、攀岩等高危险性项目外的社会体育指导员,列为水平评价类。这意味着职业性社会体育指导员的市场准入资格优势丧失,导致社会体育指导员将与各种机构、协会、企业培训的私人教练竞争。但这不是主要原因,虽然截至2018年我国社会体育指导员规模已达到250万人,可职业型社会体育指导员的数量却只有十多万人。数量巨大的公益型社会体育指导员对职业型社会体育指导员造成了冲击,使得社会体育指导员的职业吸引力下降。这导致在俱乐部、健身房、体育机构很难在简历中看见以社会体育指导员作为个人宣传或自我包装的介绍。如若市场对社会体育指导员的认可度不高,那么应聘者自然就不会参加相关的培训与审核,更何况《职业技能标准》中规定社会体育指导员的培训周期远远长于市场中的其他培训,而且等级提升也更为复杂。另外,市场上的培训机构可以根据需求灵活调整名称,这可以让受训者(或称消费者)更加青睐。

社会体育指导员的问题,在于不管是游泳、网球还是滑雪等项目,都被称作社会体育指导员,只是在职业资格证书上用小括号标注了专项,这也会让消费者盲目地认为这种培训体系是全科化的,缺乏细化。那么这无疑会进入一种恶性循环,市场中的社会体育指导员认可度不高,考证的人也就越来越少,市场上社会体育指导员的数量减少,从而影响社会体育指导员的普及,最后社会体育指导员在竞争力和认可度上必然会受到影响。

2.公益型社会体育指导员开展体育活动与推广活跃度较低

国务院在 2021 年 7 月 18 日印发了《全民健身计划(2021—2025 年)》,其中明确指出了,每千人拥有社会体育指导员 2.16 名,带动全国体育产业总规模达到 5 万亿元的发展目标。从政策中可以看到,我国对于社会体育指导员与群众体育开展的工作,更注重的是规模与体积问题,尤其是在社会体育指导员的数量上,提出了类似于 GDP 增长的任务。值得肯定的是,社会中拥有更多的社会体育指导员无疑对发展体育产业、构建我国体育内需体系、引导体育产业供给侧结构性改革等产生了积极的促进作用,但目前更为重要的是要提供高质量的有效供给。根据第七次全国人口普查结果,截至 2020 年 11 月 1 日,我国约有 14.1 亿人口。《全民健身计划(2021—2025 年》提出,到 2025 年,我国经常参加体育锻炼的人口比例达到 38.5%的目标,拿该目标的数据与截至 2018 年我国 250 万的社会体育指导员总量来计算(计算公式为:[250 万÷(14 亿×0.385)]×1000),也可得出我国经常锻炼人口,每千人拥有社会体育指导员 4.6 人。但在体育场馆、公园等健身场所,却很难看到他们的身影。

3.社会体育指导员培养模式存在缺陷

社会体育指导员在我国目前的培养主要是由各级体育行政单位、各级体育协会和高校职业体育技能鉴定站来完成。职业体育技能鉴定站是在职业标准的实施下应时而生的产物,最初的培训主要是解决职业型社会体育指导员市场职业资格准入的问题。随着社会体育指导员职业资格证逐渐成为水平评价类证书以来,这种以行政力量为主导的培训渐渐失去了实用性。实用性的丧失除了社会体育指导员职业资格证的贬值,最主要的原因在于培养模式不符合当前市场的需要。

目前,体育培训市场竞争愈演愈烈,企业和经营机构都希望聘用既具有过硬的履历,又具有较强的实践应用能力的教练员。这种实践应用能力并不仅仅局限于将理论知识与实践相结合,往往还体现在沟通、营销等能实现商业价值的能力上,而职业型社会体育指导员的培养却忽视了这种市场现状。此时,这种传统的行政力量主导下的培训与体育培训市场内形形色色的培训相比,对市场风向、群众喜好的感知是无法比拟的。公益型社会体育指导员的培训与职业型社会体育指导员的培训模式区别不大,虽然二者都是在为群众体育服务,但二者服务对象的性质有很大的区别。公益型社会体育指导员应开展的体育活动通常都是志愿服务,所以即使在体育市场中业务能力表现不佳,人们往往也会对这种免费的服务和善意给予认可,但这会对职业型社会体育指导员带来不利影响。职业型社会体育指导员因为其工作性质,所以需要对消费者的体验承担更多的责任,消费者也有权利做出性价比更高的选择,这对职业型社会体育指导员的业务能力提出了更高的要求。高校对于社会体育指导员的培训无疑能够发挥很大的作用,提供较大的助力,可以将最前沿的体育理论在相对较短的时间内进行转化,但也存在一些弊端。高校的理论课程任务通常较为繁重,这导致实践教学的指导时间往往会受到影响,并且高校通常会更加注意校内教育而忽视校外教育。

三、社会体育指导员案例

（一）天津社会体育指导员培训班

在天津市,活跃着5万多名社体指导员,其中国家级社体指导员935人、一级社会体育指导员4290人,他们根植于基层,在社区、在公园、在乡村为普通百姓科学健身提供志愿服务,出色地完成了群众身边的健身指导服务工作,许多优秀的社会体育指导员还登上赛场夺金摘银,展现了良好的精神风貌,成为建设体育强国,增进百姓健康,建设社会主义精神文明的一支重要力量。

为更好服务健身人群,天津市社会体育指导员协会以"奉献、服务、健康、快乐"为宗旨,在大力培训群众身边的社体指导员的同时,深耕专项运动中心,发展更专业、更全面、更年轻的指导员队伍,为群众提供更科学、更高效、更便捷的体育运动技能指导。此外,协会近年还启动了与运动项目中心、专业运动机构、医疗单位、体育俱乐部、体育运动基地等单位进行战略合作,目前已有20余家单位成为协会战略合作伙伴。

专业运动员、教练员为群众健身活动服务是一个很好的方向,他们成为社会体育指导员,不仅能为全民健身事业提供更丰富的运动产品,而且对于推广普及各运动项目将起到至关重要的引领作用,更好地拓宽项目发展渠道,为天津体育高质量发展贡献力量。

（二）四川成都整合社会资源,淋漓尽致发挥作用

穿上运动服,走进健身广场,他们是社会体育指导员,用专业的运动知识指导身边市民科学健身;套上红马甲,他们也是志愿者,一边将街边停放的自行车摆放整齐,一边劝阻不规范停车行为,他们既是社会体育指导员又是城市志愿者,两项公益事业一肩挑。成都市社会体育指导员累计开展志愿服务上百万人次,"专员"已经成为社会体育指导员助力城市文明建设的

一道亮丽风景。同时,在成都市体育局指导下,各社区体育指导员协会也加大了社会体育指导员的整合力度,让社区体育志愿服务专员工作更加到位。

2022年第56届世界乒乓球团体锦标赛举行期间,成都市双流区的社会体育指导员们牵头组织举办所在社区的乒乓球比赛,吸引大量居民参加,比赛结束后又投身志愿工作,一直忙到深夜;不仅协助街道组织开展全民健身活动,指导居民科学健身,还对辖区体育场馆进行了细致检查,对小区全民健身路径实施常态化安全巡查。一旦发现有健身器材损坏,及时上报相关部门进行维修处理。

(三)北京以多种形式开展社会体育指导员队伍建设

根据调查统计,截至2020年底,北京市公益型社会体育指导员共计6.1万人。其中,国家级社会体育指导员约为1800名,占比2.95%;一级指导员统计为近1万名,占比16.39%;二级指导员统计约2万名,占比32.79%;三级指导员数据为近3万名,占比49.18%。经过计算,北京市每千人拥有社会体育指导员2.8名,高于《全民健身计划(2021—2025年)》中每千人拥有社会体育指导员2.16名的目标。

北京市全民健身各项事业均稳步发展,市民逐渐加入到体育锻炼的群体中,比例达到50.18%,人们的锻炼意识也在不断地强化。市民参加锻炼的人员比例比《全民健身计划(2021—2025年)》中提到的2025年经常参加体育锻炼人数比例达到38.5%的目标高出了11.68%。说明北京市的全民健身水平居全国较高水平。北京市为贯彻落实《"健康中国2030"规划纲要》的实施,发布了《"健康北京2030"规划纲要》,同步保持和发展群众性体育事业,提升群众身体健康水平。

1.滑冰社会体育指导员

近年来北京市逐步加大冰雪运动社会体育指导员培训力度,不仅在二级以上社会体育指导员培训中增加冰雪运动相关课程,而且将北京冬奥会和冰雪运动知识作为社会体育指导员岗位再培训必修内容,以此提高社会体育指导员冰雪运动素养。同时,北京市积极开展冰雪专项社会体育指导员培训,将滑冰教练、职业类滑雪社会体育指导员和冰雪运动爱好者发展为公益类社会体育指导员,通过加强冰雪专业人才队伍建设,为促进冰雪运动和冰雪产业发展奠定基础。

2.社会体育指导员交流展示系列比赛

近年来,北京市广泛开展各级、各类社会体育指导员交流展示活动,极大促进了社会体育指导员间的交流,提升了科学健身指导水平。社会体育指导员们平时活跃在乡镇街道、社区、农村、工厂等,积极组织市民科学健身,为落实全民健身国家战略,促进全民健身事业发展,发挥了积极的作用。

京津冀地区现有登记注册的各级社会体育指导员20余万人。他们长期扎根社区、农村、公园、广场、机关、企事业单位、厂矿等,组织全民健身活动、开展全民健身志愿服务,践行"奉献、服务、健康、快乐"的宗旨,为提升国民体质、宣扬正能量、倡导文明新风、促进社会和谐做出了重要贡献。2019年度京津冀社会体育指导员交流展示大赛为京津冀三地社会体育指导员搭建交流展示、切磋学习、互动提高的平台,参赛总规模预计约5000人次。

3.健身气功、太极拳社会体育指导员项目推广活动

北京市朝阳区社体中心一直以来把全民健身活动办在老百姓身边为工作准则,大力营造全民健身氛围,把体育惠民政策落在实处,为健康朝阳的建设作贡献。来自各街乡武术晨晚练站点的几百名健身气功、太极拳爱好者参加活动,太极八法五步、太极功夫扇、健身气功动作要领教学及动作规范,内容丰富且实用性和针对性强,进一步提升了学员们的专业项目技术水平,为学员们今后在基层普及和推广这项运动起到了积极的促进作用。

（四）国外的经验介绍

美国社会体育指导员的发展进程中,将疾病防治工作作为改革的重点,

与健身行业合作,开发出锻炼与医疗功能于一体的体育俱乐部。大多数的社会体育指导员为有偿职业人员类型,在提供指导服务时,收取一定的费用。美国采用了"培训—社会"的机制,不断为国家输送专业人才,通过推荐就业、帮助就业、就业返聘三种形式推荐学员就业,关注体育市场动向。美国的社会体育指导员工作上岗必须持有资格认定证书,并且每年定期考察人员能力水平,对于不符合考核标准的,予以酌情取消认定资格。

日本社会体育指导员的管理制度也相对完善,形成了由政府和社会团体共同管理,体育协会负责社会体育指导员的人员资格管理的制度体系。90%以上为兼职类型的义务工作者,无偿为大众提供体育服务,在社会上拥有很高的社会地位。日本的社会体育指导员资格认定过程要通过日本体协等组织的考试,通过考试后,经过严格的考核,将考核通过者的相关资料交与体协,待最后体协通过后颁发指导员证书。并且在取得证书后的4年期内,需要重新进行资格的认定考试,新的考核通过才可继续持有指导员资格。如在资格证书到期一年内未重新提交考核申请,将会被取消其社会体育指导员的资格。①

四、我国社会体育指导员发展的趋势和对策

随着社会的发展进步、健康意识的增加,社会体育指导员为人民群众带来更好的体育指导、更先进的体育理念及更为完善的健康意识等。因此,必须重视社会体育指导员职业发展和规划,只有在不断提高社会体育指导员专业知识与技能的基础上,通过不断完善政策法规,保障其合法利益、尊重其自身意愿、对其加大奖励机制,才能激发社会体育指导员的从业热情。同时鼓励社会体育指导专业人才、高水平运动员及其他体育事业从业者进入,

---

① 韩雪:《北京市社会体育指导员发展现状与对策研究》,首都体育学院硕士论文,2022年。

才能不断满足人民群众日益增长的对身体健康及先进体育文化的追求。①

(一)积极探索社会体育指导员技术等级标准改革,为指导员队伍的专业化建设与发展提供制度保障

我国社会体育指导员技术等级标准在《社会体育指导员技术等级制度》中单独实施(1994年)和《社会体育指导员管理办法》(2011年)中作为附件修订后实施,前后已经20余年,取得了良好的社会成效。但随着社会的发展,指导员技术等级标准也面临如下问题:①技术等级标准主要是对指导员技能的评价,对指导员开展服务情况的评价不足,不利于鼓励指导员持续开展志愿服务。②指导员等级晋升推荐的行政化模式限制了指导员来源的广泛性。③指导员技术等级晋升需要的时间较长,不利于调动指导员工作的积极性。④目前技术等级标准只有等级之分,没有分类,技术培训的针对性不强,使得培训效率受到影响。⑤指导员的培训与指导员的使用存在脱节的问题。

依据①社会体育指导员服务的志愿属性及其在全民健身体系中的定位。②国外体育指导员普遍分类、分级,并注重发挥项目协会等专业组织作用的特点。③相关志愿者法规中提出专业性强的志愿服务需要由骨干志愿者承担。④指导员技术等级的划分对指导员具有目标激励作用。⑤实行等级划分有利于使培训更加具有针对性,提高指导员培训和使用的效益。⑥指导员进行等级划分有利于保障指导员参与培训选择的自主权益。提出:需要研制指导员开展志愿服务情况的评价办法,同时修订完善形成新的社会体育指导员技术等级标准,形成技能评价、服务评价的双轨模式,以便全面评价指导员的工作。

对指导员技术等级标准改革的初步设想:保留指导员技术等级划分,但

---

① 郭嘉星:《新时代下社会体育指导员发展路径的研究》,《文体用品与科技》,2019年第7期。

将原有的三级、二级、一级、国家级指导员四级划分法,简化为基础级、骨干级、国家级三级划分方法(暂定名)。基础级指导员面向广大的社区居民,组织开展各类健身指导活动。骨干级和国家级社会体育指导员将更多由专业项目协会等培训、认定和使用。重新划分的三个级别可进一步探索与项目协会等专业机构的现有的大众健身指导员体系相衔接。

增加指导员的分类。基础指导员不设类别划分。在骨干级、国家级(暂定名)指导员中根据项目、人群、类型等进一步细分不同类别。同时改革现有培训模式,逐步建立由社会体育指导员协会统筹,建立各级各类指导员培训基地。形成主要依托专业项目协会等社会组织开展指导员相关工作,尤其是骨干级、国家级(暂定名)指导员的招募、培训、考核、任用、留用等工作的模式。

对高校体育专业毕业生、运动项目协会认证的专业人员(包括大众健身指导员、职业指导员、教练员、裁判员等)、体育教师等与新的指导员分级分类体系相对应,积极引导他们加入社会体育指导员的志愿服务队伍。

(二)以百姓的健身需求为导向,加快构建社会化管理体制和运行机制,为队伍发展注入新的活力

在对我国社会事业治理模式转型,体育管理体制改革,国外体育指导员组织管理体系情况梳理借鉴的基础上,分析了我国各类组织在社会体育指导员工作中的职能定位,探索了社会体育指导员社会化组织管理体系建设的路径,提出:

第一,加强各级社会体育指导员协会的培育和实体化的建设。具体路径:加强协会秘书处建设;广泛吸纳社会力量,加强指导员协会社会化的理事会或专项委员会的建设,建立完善的协会内部治理机制;加强社会体育指导员协会团体会员和个人会员的建设,建立起全国性指导员协会——地方各级指导员协会——指导员工作站,以及与各级体育总会、体育项目协会、人群协会等社会组织有机联络的自治体系和自我管理的运行机制。

第二,进一步推进政府职能转变,明确政府在指导员工作中的职能。各级政府体育部门主要职责重心是做好宏观调控、政策指导、经费保障、标准制定、工作督导等,以制度性、组织性、信息类的服务为主的宏观管理和政策调控职能。指导员协会内部治理机制完备后,将具体管理工作交给指导员协会负责,确立指导员协会在指导员工作组织协调中的主体地位,并把指导员的注册、组织培训、考核、认定等日常的事务性工作逐步交给指导员协会及其合作的各类项目协会等专业组织,推进指导员工作的自治和自主管理。

第三,进一步发挥各级体育项目协会、人群协会、行业协会等专业组织作用,形成政府主导和社会体育指导员协会统筹,指导员协会、体育协会和其他社会组织合作互动的指导员工作格局。积极调动各级各类专业性体育社会组织的积极性,使其积极承担本项目、人群的指导员招募、培训、考核、任用、奖励、激励等工作。

第四,建议依托各级各类体育协会、企事业单位、基层社区等建立指导员工作站,负责指导员日常工作的开展。

(三)弘扬志愿服务精神,构建百姓身边长效化的全民健身志愿服务体系,满足百姓日益增长的健身和健康需求

在志愿者工作动机和激励机制相关理论指导下,在对我国社会体育指导员的激励政策进行分析的基础上,借鉴国外志愿服务的激励机制,提出完善我国社会体育指导员激励机制的思路和服务保障体系建设的路径。

建立指导员志愿服务的星级评价机制。由各级社会体育指导员协会统筹,依托指导员工作站对指导员的服务情况进行记录,依据指导员工作时长和工作成效(百姓满意度、成绩等)对指导员的志愿服务进行星级评价,并对长期开展指导员服务的优秀指导员授予荣誉奖章。

加强指导员的工作保障。建议加强规划和政策引导,依托社区、项目协会、企事业单位等广泛建立指导员与社会需求对接的服务平台。通过加强各级指导员协会、基层健身组织和指导员工作站的建设,加强指导员队伍的自我管理和服务平台建设。通过设立指导员公益岗位,购买保险、订立服务协议,保障指导员服务工作的相关权益。建立完善政府购买指导员服务的政策。建立指导员志愿服务活动发展基金,拓宽指导员资金来源渠道。

完善指导员的激励政策。完善指导员培训、交流展示等活动,提升指导员的发展空间;探索多样化激励措施,实施荣誉奖章制度;加强指导员行业自治和自我管理体系的建设;加大媒体对指导员的宣传,树立指导员队伍的社会公益形象等。

(四)加快社会体育指导员信息化服务平台建设,以技术革新引领指导员工作转型升级

建设社会体育指导员信息服务平台是适应社会发展需要,推动社会体育指导员工作的转型升级,提升指导员工作效益的有效途径。笔者在对国内外志愿服务和体育志愿服务网站功能,国家相关规定如《志愿服务信息系统基本规范》等分析基础上,对社会体育指导员信息管理服务平台主要功能,社会体育指导员信息服务平台的建设与运营,依托信息服务平台开展指导员培训、考核、服务评价等进行了探索。

社会体育指导员信息服务平台功能架构。根据目前国家和地方层面指导员信息服务平台建设的实际情况,建议建立国家和地方层面指导员信息服务平台的整体功能架构。国家层面社会体育指导员信息服务平台前台可考虑包括:①会员注册;②登录;③搜索;④信息发布;⑤在线申请;⑥信息查询;⑦捐赠;⑧留言等。后台可考虑包括:①信息审核;②在线评价;③在线奖励激励;④信息统计等。地方层面除以上功能外,可进一步尝试指导员岗位设置与申请、指导员工作站管理、指导员服务派送、培训派送;指导员和志愿者线上注册、招募、培训、考核、认证、工作保障、奖励等功能。

社会体育指导员信息服务平台的建设与运营。建议国家和地方社会体育指导员信息服务平台具有一定的同质功能,可以使用一个后台数据库(或实现数据共享),并设置不同管理和使用权限;社会体育指导员信息服务平台的前期建设与后期运营,建议采用与专业机构合作,建立联合工作组的方式;建议社会体育指导员协会对指导员信息服务平台的相关信息及其衍生数据独享主权;并加强网站信息安全的防护。

依托信息服务平台的指导员培训考核分离机制。建议①培训内容。依托指导员协会专家委员会等建立指导员学习资源库,实时更新指导员培训中基础知识部分的内容。进一步增加专项运动项目技能培训内容。②培训形式。等级培训和继续教育培训中的理论学习部分可采用线上或线下培训形式;实践技能培训采用线上培训和线下培训相结合的方式。③考核。指导员的理论考核可统一实行网络考核制度,所有学员可以自主选择时间参与网络考核。指导员的实践技能考核采取网络考核和线下集中考核相结合的方式。④认证。由各级社会体育指导员协会委托专家委员会等进行线上认证,并授予指导员等级证书。

(五)完善政府购买公益社会体育指导员服务的政策与制度

在对相关理论及国内外政府购买社会组织公共服务情况分析的基础上,提出各级政府积极通过各级社会体育指导员协会、各社会体育指导员工作站、各级体育总会、体育项目协会、人群协会等体育社会组织购买指导员的相关服务。

购买指导员服务的主要内容建议包括指导员的培训、指导员的活动、指导员的服务、指导员的工作补贴、指导员的工作保障、包括指导员协会、指导员工作站等指导员服务平台的建设等。

第三节　全民健身活动与竞赛的开展

根据《关于构建更高水平的全民健身公共服务体系的意见》的内容,从以下几个方面分析全民健身和全民健身活动赛事的关系和发展策略。

一、支持和鼓励举办群众性的体育活动赛事

群众体育活动和赛事的举办与全民健身事业的发展是相互促进的。群众体育赛事是形式灵活多样的体育运动,是培养体育宣传员、辅导员和传播者的摇篮,是落实《全民健身计划纲要》和《全民健身计划》的有效措施。通过举办相关体育赛事能够为全民健身活动有效开展提供有效引导,激发人们的体育活动兴趣,培养人们养成参与健身活动的意识,提高参与的氛围。

群众性体育赛事是落实全民健身的有效手段,起着赛事引领作用。2014年12月,国家体育总局颁布第46号文件,取消了群众性体育赛事的审批,在政策层面为社会各界举办群众性体育赛事奠定了基础保障。2016年5月,国家体育总局印发的《体育发展"十三五"规划》中明确指出,要广泛开展丰富多样的全民健身活动,建立有效的业余竞赛活动体系和激励机制,探索多元主体办赛机制,促进全民健身活动广泛开展。[①]

(一)群众性体育活动和赛事的基本理论

1.概念和类型

群众性体育赛事是体育赛事的一个子集,是以社会全体成员为对象,以强身健体、娱乐身心等为目的,不以比赛成绩高低为主要目的,在一定的竞

---

① 黄晶:《全民健身国家战略背景下株洲市群众性体育赛事发展研究》,湖南工业大学,2018年。

赛规则、传统习俗等因素的制约下,开展的内容丰富、形式多样的体育竞赛活动。

我国群众性体育赛事的分类标准多样,郑焕然、张丽(2012)的研究中显示,群众体育赛事的种类可以按区域规模来划分,分为社区内的单项体育活动赛事、固定运动场所不固定人群的群众体育赛事、行政区域内的群众体育赛事、跨地区的群众性体育赛事、非国家规定自发的群众体育赛事。[①](见表3.3)

表3.3　按区域规模划分群众体育赛事

分类依据	具体内容
区域规模	社区内的单项体育活动赛事
	固定运动场所不固定人群的群众体育赛事
	行政区域内的群众体育赛事
	跨地区的群众性体育赛事
	非国家规定自发的群众体育赛事

2.特征和功能

王艳(2010)提出,群众性体育赛事是集竞赛活动的娱乐性、主体的参与性、方法的服务性、规则的制约性等特征为一体的,形式多样、内容丰富的群众性体育赛事,与竞技性体育赛事相比,群众性体育赛事更受大众的喜爱与关注。[②]谭思维(2016)认为,群众性体育赛事作为群众体育的外在表现,具有以下几个特点:比赛形式的娱乐性;参与对象的业余性;比赛目的的健身性;比赛规则的适应性;比赛经费的政府性。[③]

---

① 郑焕然、张丽:《全民健身体育赛事探讨》,《体育文化导刊》,2012年第6期。
② 王艳:《政府在群众性体育赛事中的角色定位研究》,上海体育学院硕士论文,2010年。
③ 谭思维:《我国大型群众性体育赛事的管理研究——以"谁是球王"为例》,湘潭大学硕士论文,2015年。

开展群众性体育活动和竞赛有其重要的社会价值和意义,尤其对全民健身事业的发展和落实国家体育强国的战略目标具有重要意义。通过其社会教导和示范作用,提高全民建设的参与度,实现终身体育的发展;人们通过参与体育赛事,提高了自身的身体素质;群众性体育赛事的开展对城市经济的发展具有带动和辐射作用,改善了城市基础设施,提升了城市整体形象。

(二)新中国成立以来我国群众性体育赛事发展特征

新中国成立70多年来,群众体育一直是我国体育工作的重要内容,从毛泽东同志提出的"发展体育运动,增强人民体质",到习近平总书记提出的"促进人的全面发展是体育工作的出发点和落脚点",在我国不同的社会历史阶段,群众性体育赛事表现出不同特征、扮演着不同的社会角色、发挥着不同的社会功能。

1.群众性体育赛事的办赛宗旨从"为国"到"为民"

受新中国成立初期国情的影响,当时的群众性体育活动和赛事紧紧围绕着"保卫政权"和"生产建设",表现在农村的体育活动是农业生产和民兵训练相结合,城市职工通过广播体操、生产操等项目进行体育活动和开展体育比赛。随着国家综合国力的增强和社会公共事业的发展进步,群众性体育赛事更多体现出其休闲性和娱乐性的特征,在新时代充分实现以人为本、以人民为中心的发展理念。

2.群众性体育赛事的办赛主体实现从一元到多元的转变

在计划体制下,传统科层化管理使得群众性的社会组织高度依赖行政组织,产生"官民二重性"的问题,群众性体育赛事的举办主体在该种体制下缺乏独立性,其功能的发挥也深受影响。在国家政治、经济和管理体制改革的大背景下,体育的各级各类社会组织获得了办赛的自主权,以更加积极的态度参与群众性体育赛事的举办,政府在这一过程中发挥相对的职能优势,为体育社会组织提供相关服务,多元化的协同治理格局形成并不断完善。

3.办赛手段的综合化

新中国成立之后,我国在体育事业的管理上,尤其是竞技体育领域形成了集中优势力量办大事的"举国体制",实现了体育事业在特定环境下较短时间内突飞猛进的进步和成绩,在管理方式上强调"集中""计划",其行政化的色彩较重,随着市场经济体制改革如火如荼的进行,尤其党的十八大提出"让市场在资源配置中起决定性作用"和"推进国家治理体系和治理能力现代化"宏观战略指导下,政府、市场、社会之间形成了新型的关系,管理手段发生了大的变革,共同参与模式形成,尤其是市场和社会组织的积极参与,为社会体育事业的发展注入了更加多样和专业的手段方式。

4.实现办赛效率和效益的提高

在政府高度介入的管理模式下,体育事业发展所需的经费和资源全部或大部分来自政府公共部门,财政拨款是群众性体育赛事举办的经费来源,体育赛事的市场化程度很低,政府的财政压力大,资源利用率也不高;伴随着体育产业化的发展,社会资本的介入提高了体育资源的利用效率,在保障其公共产品属性的前提下,社会效益和经济效率都得到了很大的改善和提高,通过举办群众性体育赛事也逐渐发挥了其经济价值,为国民经济输送了"新鲜血液"。

(三)群众性体育赛事发展路径分析

1.充分利用数字化手段实现体育赛事管理的智能化和智慧化[①]

群众性体育赛事是在政府、社会组织、企业、监督机构、个人多主体共同参与赛事活动形成的诸多方式的总和。在这个过程中形成了多元共治,调动了各主体参与的积极性。数字化治理是利用大数据、云计算、人工智能等

---

① 张立、张若、郑应韵、田烈:《群众性体育赛事活动的数字化治理分析》,《体育科技文献通报》,2022年第4期。

技术进行治理的方式方法,可以提升群众性体育赛事的治理能力,提高赛事治理的整体效能。

随着国家放管服改革的进行,群众性体育赛事在2014年获得取消审批权的改革决定,在促进其快速发展的同时也暴露出其盲目参与、缺乏专业指导等方面的问题,例如参赛资格审查不严、赛事配套服务不到位、赛事安排混乱等,面临群众性体育赛事类型多样、规模越来越大的发展状况,充分利用精细化的数字化管理方式成为必然选择。

首先,从制度上规范体育赛事数字化管理的全过程,明确政府、运动协会、承办组织、监管部门、参赛者等各自的权利和责任。建立一套运用大数据、云计算、人工智能等数字技术进行线上线下多手段相结合的数字化治理新规则和治理体系。2020年国家体育总局颁布《体育赛事活动管理办法》指出,充分发挥互联网+监管功能,实现智慧监管。监管包括过程监管和结果监管,既要对群众性体育赛事的举办过程进行监管,也要对其竞赛结果进行监管。同时规范办赛主体的资格和标准,场地设施技术标准、安全服务的标准等要明确,在制度他律的基础上实现行业企业的自律。

其次,搭建和完善群众性体育赛事信息平台,整合相关资源进行数字化处理,实现数据管理和挖掘的全域"数"治,可以通过技术手段实现场地位置、器材、参赛者身体状况、成绩管理、资源管理等全局"数"控(见图3.2)。《体育赛事活动管理办法》(2020)中指出,体育部门主办的体育赛事活动,应当在举办前通过网络或新闻媒体等途径向社会公开。

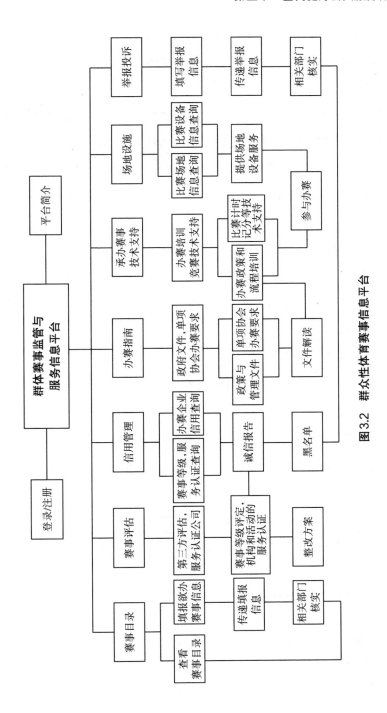

图3.2 群众性体育赛事信息平台

最后,树立数字化管理的理念,通过引入专业人才和培训相关人员实现数字化管理的技能提升。各级、各类群众性体育赛事活动的管理、组织、实施等岗位的干部、企业家及其他各类参与者需要学习树立数字化新思维,配合支持并积极参与到紧扣业务内容的群众性体育赛事活动数字化治理改革之中。加大专业数字化人才的引进和培养力度,相关院校开设大数据、物联网、云计算及数字体育概论等相关专业和课程,围绕群众性体育赛事活动的数字化治理实践需求,创新人才培养模式,提升企业家、管理者、技术人员的数字化技能。

2.明确政府在群众性体育赛事治理中的责权边界

体育事业是社会公共事业,体育产品是公共产品,在公共产品的生产和提供过程中,政府的角色是不可或缺的。群众性体育赛事的发展离不开政府的顶层设计。

首先,政府要通过制度设计,出台相关政策文件,明确自身的职能是什么,政府的权利、义务、服务的对象和内容都要具体而明确(见表3.4);政府自始自终要体现全心全意为人民服务的意识,是掌舵人,是服务者;政府通过宏观协调配置资源,建立系统的联合服务机制,将体育、安保、环卫等部门联合起来,引导群众性体育赛事开展的常态化,并且利用权威媒介进行政策宣传。

表3.4　我国群众性体育赛事的法律法规和政策情况

序号	文件名称	通过/发布部门	通过年份	类型
1	体育法(2016修正)	全国人大常委会	1995	法律
2	全国体育竞赛管理办法(试行)	国家体育总局	2000	部门规章
3	全民健身条例(2016修订)	国务院	2009	行政法规
4	关于加快发展体育产业促进体育消费的若干意见	国务院	2014	国务院规范性文件

序号	文件名称	通过/发布部门	通过年份	类型
5	关于加强和改进群众体育工作的意见	国家体育总局	2014	部门规范性文件
6	关于推进体育赛事审批制度改革的若干意见	国家体育总局	2014	部门规范性文件
7	"健康中国2030"规划纲要	中共中央、国务院	2016	党内法规
8	支持社会力量举办马拉松、自行车等大型群众性体育赛事行动方案(2017年)	国家发展改革委员会等	2017	部门工作文件
9	体育强国建设纲要	国务院	2019	国务院规范性文件
10	体育赛事活动管理办法	国家体育总局	2020	部门规章
11	2021年群众体育工作要点	国家体育总局	2021	部门工作文件
12	关于印发中国全民健康越野大赛竞赛规程的通知	国家体育总局	2021	部门工作文件

其次,实现群众性体育赛事治理体系和治理能力的现代化,深化放管服改革,明确群众性体育赛事的产品属性和组织性质,将赛事的办赛权、管理权合理下放,鼓励社会组织和市场主体的积极参与,多方联动,满足群众多元化的需求,在供给侧方面实现有效供给,促进群众性体育赛事活动的可持续发展。

最后,政府充分发挥监管职能,形成赛前、赛中、赛后的监管,及时掌握信息,并且进行科学的评价和反馈,建立科学的激励机制,采用黑名单制度;除了政府的监督,还要充分发挥群众监督、媒体监督等手段,打造良好的赛事环境,提升办赛的水平,促进我国群众性体育赛事活动的高质量发展。[1]

---

① 杨立妃:《新时代我国群众体育赛事的发展困境及应对策略研究》,《当代体育科技》,2021年第11期。

3.供给侧结构改革促进全民健身体育场地的发展

习近平总书记指出,我国不是需求不足或没有需求,而是需求变了,供给的产品却没有变,质量、服务跟不上。有效供给能力不足带来大量"需求外溢",消费能力严重外流。解决这些结构性问题,必须推进供给侧改革。《"十四五"体育发展规划》中指出,要增强体育产业供给结构对居民体育需求变化的适应性和灵活性,使供给体系更好适应需求结构变化。

全民健身体育场地供给侧结构性改革是指以全民健身场地服务供给端为突破口,通过全民健身场地相关制度改革,促进全民健身场地设施资源要素优化配置、全民健身场地设施供给结构转型升级、全民健身场地设施产品供给质量和效率共同提高,借此进一步拉动体育消费,满足城乡居民日益增长的美好体育健身需求,最终实现以全民健身场地设施供给和需求均衡为目标的改革活动。

虽然我国投入了大量的资源用于发展体育场地设施建设,既满足了体育赛事的需求,也满足了全民健身的发展,但是同国外一些体育发达的国家相比,仍然存在差距,比如2017年我国人均体育场地面积为1.66平方米,但是美国已经达到了16平方米,日本达到了19平方米,相比之下,我国的体育场地仍然无法完全和有效满足人们对于体育运动的需求。除此之外,我国体育场地在分布上也存在不均衡的问题,例如东部地区集中了全国五分之二以上的场地,中西部地区仅各占四分之一。

为此,我们必须从供给侧优化全民健身的物质基础,提高体育公共资源的供给效率和质量。早在2018年的《中国群众体育发展报告》中就指出,解决群众健身难的问题关键之一,就是要解决场地问题,希望社区健身中心像快餐店一样普及。

因此,政府要根据大众需求精准投入,不能盲目的追求大型体育场所,而是为民提供便捷、实惠的体育公共场地与资源,同时重视科技成果对群众体育发展的作用。运用互联网的移动功能打造智能刷卡式健身房、设施齐全的体育公园等。提高土地的使用效率,大大激发人们参与体育的热情。

体育设施的建设需要资金,因此要加大体育公共资源的投入,以满足大众丰富的、多样化的需求,同时政府应出台多种措施吸引社会资本投资群众体育事业,例如创新财政投融资方式,建立科学的利益保障机制,等等。扩大公共资源的供给、扩大资金的投入,用于援建场地设施与健身器材,资助群众体育组织与队伍建设,组织开展全民健身活动,开展科学健身指导与宣传等方面。①

二、培育体育赛事活动的品牌

全民健身事业的发展水平体现在品牌赛事的发展程度,当下以马拉松比赛为代表的群众性赛事已经成为大众健身的品牌活动,成为衡量人们健身水平的标志之一,不仅鼓励了人们参与体育活动的热情,也带动了体育赛事的商业发展。2014年10月,国务院在印发的《关于加快发展体育产业促进体育消费的若干意见》中指出:"推动专业赛事发展,打造一批有吸引力的国际性、区域性的品牌赛事……实施品牌战略,打造一批具有国际竞争力的知名企业和国际影响力的自主品牌。"可见,培育全民健身体育赛事的品牌是实现体育强国的重要内容之一。

(一)全民健身体育赛事活动品牌发展中存在的问题

我们必须正视当下存在的问题,在此基础之上才能对症下药,实现发展的目标。在全民健身体育赛事活动品牌的发展上仍然存在以下问题:

第一,品牌意识较弱和认识度不高。从办赛主体的角度存在制度不健全问题,目前尚未出台有关赛事品牌建设的政策方案;从赛事本身来看,仍

---

① 田凤琴、周结友、汤毅:《我国全民健身供给侧结构改革必要性研究》,《福建体育科技》,2020年第2期。

然存在赛事同质化、缺少特色的问题。

第二,赛事的质量有待提高,提升核心竞争力,比如提高马拉松赛事的管理水平,杜绝名额专卖、运动员身体审查不规范等问题。

第三,品牌推广的模式单一,没有形成全过程推广体系,重赛前轻赛后,推广的渠道有限,没有充分利用互联网等途径。

第四,赛事品牌文化没有完全形成,可持续性发展不足,存在昙花一现的现象,导致赛事品牌的忠诚度不高。[①]

(二)全民健身体育赛事活动品牌发展对策分析

在体育强国的国家战略下,培育体育赛事的品牌,实现全民健身的目标,推进群众性体育赛事活动的品牌化,提高赛事品质,充分挖掘其商业和文化价值,实现竞技体育、群众体育的协调发展机制。

第一,要因地制宜创造和发展群众性体育赛事的品牌。地方特色是群众体育赛事品牌发展的基础,通过政府、社会和市场多方协同,结合地方场地资源、传统文化、群众的需求等因素建设可持续的、有较强影响力的体育赛事品牌。确定赛事的独特性和特色,与其他同类赛事区分开来。可以从比赛项目、规则、赛程、参与者等方面进行创新,打造独特的赛事品牌。

第二,规范制度,建立科学严格的赛事管理制度和标准,精准建设赛事品牌,降低人为因素的干扰,给赛事主体充分的主观能动性和自主权,政府做好相关服务和监督工作。建立专业的赛事组织团队,确保赛事的高效运作和良好服务水平。注重组织与协调能力,提供优质的赛事服务和顺畅的赛事体验。

第三,做好赛事的宣传,形成赛前—赛中—赛后的全流程宣传,传统媒介、互联网+等多媒体发挥相对优势,赛事和地区文化、城市发展深度融合,

---

① 问绍飞:《我国群众性体育赛事品牌培育研究》,《体育文化导刊》,2020年第10期。

从情感深培育对体育赛事品牌的忠诚度。通过多种渠道和方式进行品牌推广和宣传,包括电视、互联网、社交媒体等。可以结合明星代言、赞助商宣传等手段,提高品牌的知名度和曝光率。打造精彩赛事内容,注重赛事的内容策划和呈现,提供精彩纷呈的比赛表演和场馆氛围。丰富的赛事内容和吸引人的节目安排,能够吸引更多观众和赞助商的关注。

第四,提高赛事的品质,形成信誉度高的赛事水平,从场地环境、竞赛的观赏和竞技价值、参赛选手的能力和公众影响、竞赛规则和成绩的规范等强化品牌战略意识。倡导并积极履行赛事的社会责任,例如关注环保、公益慈善等议题,与社会组织合作开展相关活动,提高赛事的社会影响力和形象。

第五,寻求与企业、品牌等的合作机会,建立长期稳定的赞助关系。通过赞助、广告等方式增加赛事的经济收入,提升赛事的商业价值。与国际体育组织、其他赛事等进行交流与合作,扩大赛事的国际知名度和影响力。可以邀请外国选手参赛、引进国外先进的赛事管理经验等,提升赛事的国际水平。

通过以上措施,可以培育体育赛事活动的品牌,提升其影响力和商业价值。同时,不断优化赛事运营和服务,为观众和参与者提供更好的体验,增强品牌的认知度和忠诚度。

三、大力发展户外体育运动

奥运争光和全民健身并举发展,广泛开展全民健身活动是党的十九大的重要内容,现代文明病已经成为人们当下影响身体健康的重要因素,改变生活方式,积极参与锻炼,是除了饮食医疗之外提高人们身体健康水平的重要手段,但是人们的收入不同、文化程度存在差异、观念意识参差不齐,所以,有的人选择去高档的健身俱乐部消费,有的人选择去免费或低收费的户外参与休闲体育活动。

新时代人类追求健康体态,户外体育运动因门槛低、参与度高、趣味性强得到广泛认可,越来越多的人参与其中。户外体育运动具有十分重要的价值,它可以缓解人们在工作和生活中的压力,塑造良好体态,保持健康快乐的生活模式。特别是在全民健身理念的推广下,户外运动得到了越来越多人的认可。

户外体育运动指在户外开展的体育运动。从狭义角度,户外体育运动主要是指与自然环境接触多,也带有冒险特质的项目,比如登山、攀岩、悬崖速降这些登高类项目,以及皮划艇、潜水、帆船这些水上项目。广义的户外体育运动还包括很多比较轻松和愉快的项目,比如徒步等。①

第一,增加户外运动场地和设施。建设和改造户外运动场地,包括公园、运动公共设施、登山径、自行车道等。提供多样化的户外运动设施,满足不同人群的需求。

第二,提供安全保障和指导。确保户外运动场地的安全性,如设置警示标识、安全设施等。同时,提供专业的指导和培训,教授正确的户外运动技巧和安全知识,减少潜在风险。

第三,开展宣传和推广活动。通过宣传和推广活动,增强公众对户外体育运动的认知和兴趣。例如举办户外运动节、组织户外运动俱乐部等,吸引更多人参与并享受户外运动的乐趣。

第四,鼓励学校和社区组织开展户外体育活动。积极支持学校、社区组织等机构开展户外体育活动,如组织远足、露营、登山等。提供必要的支持和资源,培养青少年和社区居民参与户外运动的习惯。

第五,引导体育产业向户外领域发展。鼓励体育产业向户外领域延伸,推动相关企业开发和生产户外运动装备、器材等产品。同时,促进户外旅游

① 黄石健、陈然:《户外体育运动选时与气象因素的关系探讨》,《运动精品》,2022年第2期。

和户外运动旅行的发展,推动体育和旅游产业融合。

第六,加强环境保护意识。强调户外体育运动与环境的关系,倡导保护自然环境、减少对生态系统的破坏。通过环境教育、志愿者活动等方式提高公众的环保意识,并建立可持续的户外运动生态系统。

第七,政策支持和投资引导。制定相关政策,鼓励和支持户外体育运动的发展。提供财政资金和税收优惠,吸引社会资本投入户外体育项目,促进其可持续发展。

通过以上措施,可以大力发展户外体育运动,激发人们的运动热情,改善健康水平,丰富休闲娱乐方式,并促进社会的可持续发展。

四、注重赛事活动的安全管理和保障

随着物质生活水平的不断提高,人们对体育运动的需求也越来越高。智慧体育以其更加便捷的服务、更加科学的运动管理方法、更高效的信息反馈等优势,逐渐在体育行业中应用并得以发展。运动在科技的助力下,正变得更有趣、更科学,人们的运动兴趣也因这些新鲜事物的出现被调动起来。全民健身公共设施在人们的期盼中提档升级,奔上智慧赛道。

(一)提高体育场地的智能化管理水平

1.人工智能(AI)的充分利用(预定场地、购票、操控设施)

通过实现信息科技化、运动过程在线陪伴、运动监测及陪护指导等科技场景的应用,来提升跑者的运动体验。例如北京奥林匹克森林公园、河北辛集润泽湖公园、上海嘉定新城紫气东来体育公园、安徽蚌埠人民体育场的跑道起点处设有液晶屏,可显示公园内的每一条跑步线路、沿途休息站的位置,跑步的人数、排名等,跑步前的热身、跑步中的补给、跑步后的拉伸也都包括其中。

2.开发手机App或小程序,服务全民健身

2020年,湖南长沙为解决"健身去哪儿"的问题开始在居民社区筹建智慧健身中心,通过政府出资、社区出地、企业运营的模式,实现了政府管理科学化、企业运营专业化、市民健身智慧化,为推动全民健身开辟了一条全新路径。人们在家门口,一月花费25元,就可以享受到智能健身体验。

用手机下载健身App,完成注册,通过无感体温检测后,便能"刷脸"通过门禁。高新区芯城科技园社区智慧健身中心占地约150平方米,明亮、整洁、舒适,有操课区、有氧运动区、固定力量区、自由力量区及体测区,每项都有云端视频指导。依托互联网、物联网、云计算技术,居民不仅可以实现自助健身,还可以通过App实时了解健身房内的$PM_{2.5}$指数、人流密集程度,同时还可以约课约设备、在线交流、查看运动数据与身体指标。"智慧社区健身中心"在长沙全面落地,成为实实在在的惠民工程。

3.医体结合,科学指导运动健身

国民体质下降,慢性疾病患者增多,面对如此多样化的国民健康状况,而以"药物、医疗技术"等为主要手段的医疗卫生体系对此挑战,面临巨大压力,且伴随着高昂经济代价。因此,研究者们开始探寻经济、绿色环保、高效的促进健康的方式。

2016年,《"健康中国2030"规划纲要》颁布,明确提出要通过"广泛开展全民健身运动,加强体医融合和非医疗健康干预,促进重点人群体育活动"等方式来提高全民身体素质;"建立完善针对不同人群、不同环境、不同身体状况的运动处方库,推动形成体医结合的疾病管理与健康服务模式,发挥全民科学健身在健康促进、慢性病预防和康复等方面的积极作用"。同时强调加强非医疗健康干预,促进体医融合,充分发挥科学健身在体质健康促进、慢性疾病防治等方面的正向作用,进而推动形成体医融合新型健康管理模式。体医融合的提出,给慢性疾病防治提供了新指向。2019年,《国务院关

于实施健康中国行动的意见》提出，一个以"健康中国战略"为顶层设计，以《"健康中国2030"规划纲要》为行动纲领，以"健康中国行动"为抓手，进而促进国民健康保护体系逐渐形成。此外，《中国防治慢性病中长期规划（2017—2025年）》也提出，体医融合可作为慢性病防治的重要途径，充分开发利用。①

医体结合可以基于运动专业领先技术和医疗健康数据分析技术，通过运动健康数据监测、运动姿态捕捉矫正、跟踪服务指导的形式，实现线下科技运动场景应用和线上科学运动健康指导。

在医体结合的基础上实现医体融合，即充分利用医疗的严谨性，强化体育运动的科学性，进而真正发挥体育运动对人体健康的有利作用。一方面，以社区为主，目前形成了多种模式（见表3.5）。另一方面，以医院为主。主要通过药物治疗为主，运动干预为辅，医疗结合运动，对一些中轻度疾病或慢性疾病进行干预，效果良好。

表3.5　以社区为主的医体融合模式

序号	模式类型	具体内涵
1	上海嘉定模式	"1+1+2"社区工作团队，一个管理小组、一名慢性病患者、一名社区医生和一名社会指导员
2	安徽庐阳模式	重在探索卫生部门、体育机构、公司企业三方密切协作，对慢性疾病人群采取运动健康干预的跟踪、评价等健康管理模式，精准化进行"线上线下"的专业健身指导，定期处方微调，较好地采用政府力量、社会力量共同推进体医融合模式
3	北京海淀模式	举办全国首期科学锻指导师培训，培养科学锻炼指导师，同时在社区开展儿童减肥夏令营、慢性疾病患者社区健身活动等一系列活动
4	深圳模式	侧重于儿童青少年的体育运动与医疗健康融合

① 林文弢、吴庆悦、吴菊花：《论体医结合、体医融合与体卫融合》，《三明学院学报》，2023年第6期。

生命在于运动,运动需要科学,科学合理运动,可更好地促进国民体质健康。充分应用体育学科、医学学科的各自优势,使其相互补充、相互渗透、相互促进,达到强身健体、防病治病的目的。

(二)体育场地在设计或规划领域的科技化

1.科技化下新型体育场馆材料使用

随着科技的发展和人们对健康生活的重视,运动场地建设正变得越来越先进和多样化。新材料不仅提供了更好的性能和耐用性,而且对环境影响较小。

人工草皮是一种常见的运动场地新材料,其逼真的外观和舒适的质地使其成为足球场、高尔夫球场和篮球场等场地的理想选择。相比天然草皮,人工草皮更耐磨损,不需要经常修剪和浇水。弹性地板是一种用于室内运动场地的创新材料。它由高弹性材料制成,可减轻运动员在跑步和跳跃时的冲击力。这种地板具有良好的防滑性和吸震性,有助于减少运动场地上的受伤风险。高性能水泥被广泛应用于运动场地建设中,特别是篮球场和网球场等需要平整和耐久的地面。高性能水泥具有卓越的抗压强度和耐磨性,而且施工期间干燥时间较短,使得运动场地能够更快地投入使用。可回收材料在现代运动场地建设中也起到了重要的作用。通过利用废旧轮胎、塑料瓶和废弃建筑材料等资源,运动场地可以成为可持续发展的示范。这不仅有助于环保,还能降低新材料的消耗。光触媒材料具有自净能力和空气净化效果,因此在室外运动场地建设中也得到了广泛应用。这种材料能够通过光反应分解有害物质,改善空气质量,并减少对环境的污染。

尽管运动场地新材料的应用不断创新和发展,但我们仍然需要权衡其成本和可持续性。在未来,随着更多环保和高性能材料的研发,运动场地将变得更加安全、舒适和环保。

2.场地设备设施的智能化

厦门马銮湾智慧体育公园位于海沧区马銮湾南岸,总占地面积20万平方米,由智能景观路径、智能健康驿站和户外智能体测亭等设施组成。园内除了智慧步道外,还设有国民体质监测站、大众健身运动区、五人制足球场、多功能球场,以及中老年、特殊人群健身区和儿童乐园等区域,针对各类人群、各年龄段的不同运动需求,公园内都安排有适合的运动器材。

公园还引入了"物联网+体育器材"维护管理系统和智能健身设施,健身运动数据实时可视,数据的收集、生成为全民健身、公园运营和器材使用,提供了大数据分析和科学决策。与传统的室外健身器材相比,这一批智能健身器材在提升健身者心肺功能、肌肉力量、耐力、灵活性和协调性等身体素质的同时,还能通过屏幕让他们随时了解运动时间、次数、消耗卡路里等相关情况,实现了人机互动效果,使健身者获得更为科学化、智能化的运动体验。

智能化健身器材不仅出现在城市,还进入了乡镇,为居民们提供了更舒适、更精准的健身体验。大连瓦房店得利寺镇就新装了一批健身器材,智能钟摆器、智能划船器、智能扭腰器、智能坐蹬训练器、智能跷跷板、智能太极揉推轮、智能太空漫步机等。2021年,瓦房店首次进行二代智能体育健身器材配建试点工作,在12个试点处投放器材,受到了群众广泛好评。

3.案例:智能健身路径,尽享科学健身——以张掖市为例

传统的健身器械带来的锻炼效果主要凭借锻炼者自身的感受,缺乏数据体现,智能健身路径是运动健身和智能体验相结合,通过一些科技化的智能设备,及时发布锻炼主体的运动时间、运动次数、运动强度和能耗等数据,实现健身者对自身健康状况的了解,同时也增强了运动健身的趣味性,提升了体验感。

2022年,甘肃省张掖市通过在社区设置智能健身路径,包括液晶显示

屏、蓝牙音箱,采用太阳能供电,提高了群众的健身积极性,使健康生活的理念愈发深入人心。

本章案例:《关于构建更高水平的全民健身公共服务体系的意见》

2022年3月,中共中央办公厅、国务院办公厅印发了《关于构建更高水平的全民健身公共服务体系的意见》,具体内容如下。

构建更高水平的全民健身公共服务体系,是加快体育强国建设的重要基石,是顺应人民对高品质生活期待的内在要求,是推动全体人民共同富裕取得更为明显的实质性进展的重要内容。为贯彻落实党中央、国务院有关决策部署,增强人民体质,提高全民健康水平,现就构建更高水平的全民健身公共服务体系提出如下意见。

一、总体要求

(一)指导思想。以习近平新时代中国特色社会主义思想为指导,全面贯彻党的十九大和十九届历次全会精神,坚持以人民为中心,贯彻新发展理念,以增强人民体质、提高全民健康水平为根本目的,深入实施全民健身国家战略,全面推进健康中国建设,进一步发挥政府作用,激发社会力量积极性,优化资源布局,扩大服务供给,构建统筹城乡、公平可及、服务便利、运行高效、保障有力的更高水平的全民健身公共服务体系。

(二)工作原则

——覆盖全民,公益导向。健全促进全民健身制度性举措,扩大公益性和基础性服务供给,提高参与度,增强可及性,推动全民健身公共服务体系覆盖全民、服务全民、造福全民。

——科学布局,统筹城乡。以需求为导向配置全民健身公共服务资源,引导优质资源向基层延伸。对接国家重大战略,促进全民健身公共服务城乡区域协调发展。

——创新驱动,绿色发展。强化资源集约利用和科技支撑,推动体制机制改革和供给方式创新。打造绿色便捷的全民健身新载体,促进全民健身与生态文明建设相结合。

——政府引导,多方参与。发挥政府保基本、兜底线的作用,推进基本公共服务均等化,尽力而为、量力而行。激发社会力量积极性,推动共建共治共享,形成全民健身发展长效机制。

(三)主要目标。到2025年,更高水平的全民健身公共服务体系基本建立,人均体育场地面积达到2.6平方米,经常参加体育锻炼人数比例达到38.5%,政府提供的全民健身基本公共服务体系更加完善、标准更加健全、品质明显提升,社会力量提供的普惠性公共服务实现付费可享有、价格可承受、质量有保障、安全有监管,群众健身热情进一步提高。到2035年,与社会主义现代化国家相适应的全民健身公共服务体系全面建立,经常参加体育锻炼人数比例达到45%以上,体育健身和运动休闲成为普遍生活方式,人民身体素养和健康水平居于世界前列。

二、完善支持社会力量发展全民健身的体制机制

(四)健全全民健身组织网络。积极稳妥推进体育协会与体育行政部门脱钩。体育行政部门要加强对体育社会组织的政策引导和监督管理。全国性单项体育协会要加强对会员单位的联系和服务,完善相关标准规范。支持全国性单项体育协会积极发展单位会员,探索发展个人会员。将运动项目的推广普及作为对单项体育协会的主要评价指标。支持党政机关、企事业单位、学校常态化制度化组织健身活动。鼓励发展在社区内活动的群众自发性健身组织。

(五)夯实社区全民健身基础。将全民健身公共服务纳入社区服务体系,培育一批融入社区的基层体育俱乐部和运动协会。在社区内活动的符合条件的基层体育组织可依法向县级民政部门申请登记。在社区设立健身活动站点,引导体育社会组织下沉社区组织健身赛事活动。实施社区健身设施夜间"点亮工程"。

(六)推动更多竞技体育成果全民共享。推动体育系统管理的训练中心、基地、体校的健身设施以及运动康复等服务向社会开放。促进国家队训练方法、日常食谱、康复技巧等实行市场化开发和成果转化。建立国家队、省队运动员进校园、进社区制度,现役国家队、省队运动员每年要在中小学校或社区开展一定时间的健身指导服务。建立面向全社会的体育运动水平等级制度,健全服务全民健身的教练员、裁判员评价体系。建立高水平运动队帮扶基层体育社会组织的机制。

三、推动全民健身公共服务城乡区域均衡发展

(七)按人口要素统筹资源布局。加大全民健身公共服务资源向基础薄弱区域和群众身边倾斜力度,与常住人口总量、结构、流动趋势相衔接。完善农村全民健身公共服务网络,逐步实现城乡服务内容和标准统一衔接。鼓励有条件的城市群和都市圈编制统一的全民健身规划,促进区域内健身步道、沿河步道、城市绿道互联互通,健身设施共建共享。

(八)优化城市全民健身功能布局。超大特大城市中心城区要推广功能复合、立体开发的集约紧凑型健身设施发展模式。大中城市要加强多中心、多层级、多节点的全民健身资源布局,打造现代时尚的健身场景。县城城镇化要同步规划、同步建设健身设施。老城区要结合城市更新行动,鼓励运用市场机制盘活存量低效用地,增加开敞式健身设施。新建城区要结合城市留白增绿,科学规划社区全民健身中心,建设与生产生活空间相互融合、与绿环绿廊绿楔相互嵌套的健身设施。

(九)构建对接国家重大战略的空间布局。结合落实京津冀协同发展、长江经济带发展、粤港澳大湾区建设、推进海南全面深化改革开放、长三角一体化发展、黄河流域生态保护和高质量发展等重大战略,以及推进成渝地区双城经济圈建设,完善健身设施布局。研究推动在河北崇礼、吉林长白山(非红线区)、黑龙江亚布力、新疆阿勒泰等地建设冰雪丝路带。支持京张体育文化旅游带建设。支持新疆、吉林共同创建中国冰雪经济高质量发展试验区。沿太行山和京杭大运河、西安至成都、青藏公路打造"三纵",沿丝绸之路、318国道、长江、黄河沿线打造"四横",构建户外运动"三纵四横"的空间布局。

四、打造绿色便捷的全民健身新载体

(十)打造群众身边的体育生态圈。实施全民健身设施补短板工程,建设全民健身中心、公共体育场、社会足球场等健身设施,加强乡镇、街道健身场地器材配备,构建多层级健身设施网络和城镇社区15分钟健身圈。新建居住区要按室内人均建筑面积不低于0.1平方米或室外人均用地不低于0.3平方米的标准配建公共健身设施,纳入施工图纸审查,验收未达标不得交付使用。支持社会力量建设"百姓健身房",鼓励有条件的企事业单位利用自有资源建设共享健身空间。建设国家全民健身信息服务平台。

(十一)拓展全民健身新空间。制定国家步道体系建设总体方案和建设指南。支持依法利用林业生产用地建设森林步道、登山步道等健身设施。推进体育公园建设,推动体育公园向公众免费开放。在现有郊野公园、城市公园中因地制宜配建一定比例的健身设施。在符合相关法律法规、不破坏生态、不妨碍行洪和供水安全的前提下,支持利用山地森林、河流峡谷、草地荒漠等地貌,建设特色体育公园,在河道湖泊沿岸、滩地等地建设健身步道,并设立必要预警设施和标识。

(十二)完善户外运动配套设施。加强冰雪、山地等户外运动营地及登山道、徒步道、骑行道等设施建设。加强户外运动目的地与交通干线之间的连接,完善停车、供电、供水、环卫、通信、标识、应急救援等配套设施。公共户外运动空间可配套建设智能化淋浴、更衣、储物等设施。支持建设符合环保和安全等要求的气膜结构健身馆等新型健身场地设施。

(十三)推进健身设施绿色低碳转型。开展公共体育场馆开放服务提升行动,推广绿色建材和可再生能源使用,实施节能降本改造,加快运用5G等新一代信息技术改进场馆管理和赛事服务。制定绿色体育场馆运营评价通用规范。控制大型综合体育场馆的规模和数量,鼓励有条件的地方建设高品质专项运动场馆。体育场馆建设要与城市风貌、城市文脉、城市精神相适应。户外运动设施不能逾越生态保护红线,不能破坏自然生态系统,充分利用自然环境打造运动场景。

(十四)推动健身场地全面开放共享。事业单位和国有企业要带头开放可用于健身的空间,做到能开尽开。已建成且有条件的学校要进行"一场两门、早晚两开"体育设施安全隔离改造;新建学校规划设计的体育设施要符合开放条件。鼓励学校体育设施对社会开放实行免费和低收费政策。支持第三方对区域内学校体育设施开放进行统一运营。鼓励私营企业向社会开放自有健身设施。

五、构建多层次多样化的赛事活动体系

(十五)支持社会力量举办赛事。公开全国综合性运动会和单项体育赛事目录及承接标准,引入社会资本参与承办赛事。优化体育赛事使用道路、空域、水域、无线电等行政审批流程。修订《大型群众性活动安全管理条例》,推动体育赛事活动安保服务社会化、市场化、专业化发展。

(十六)培育赛事活动品牌。建立分学段、跨区域的四级青少年体育赛事体系。建立足球、篮球、排球业余竞赛体系。加快发展以自主品牌为主的体育赛事体系,培育形成具有世界影响力的职业联赛。支持打造群众性特色体育赛事,引导举办城市体育联赛。鼓励群众自发性健身组织举办广场舞、健步走、棋牌等健身活动。

(十七)推动户外运动发展。编制户外运动产业发展规划。开展自然资源向户外运动开放试点,制定在可利用的水域、空域、森林、草原等自然区域内允许开展的户外运动活动目录。推动户外运动装备器材便利化运输。鼓励户外运动装备制造企业向服务业延伸发展。

(十八)加强赛事安全管理。落实赛事举办方安全主体责任,严格赛事安全监管责任,责任履行不到位的,依照有关规定严肃追责问责。配足配齐安保力量,强化安保措施,确保各类赛事活动安全顺利举办。建立户外运动安全分级管控体系,分类制定办赛安全标准。制定政府有偿救援标准。支持保险和商业救援服务发展,培育民间公益救援力量。加强户外安全知识教育,引导群众科学认识身心状况、理性评估竞技能力、积极应对参赛风险。

六、夯实广泛参与全民健身运动的群众基础

(十九)落实全龄友好理念。建立适合未成年人使用的设施器材标准,培养未成年人参与体育项目兴趣。推动公共体育场馆向青少年免费或低收费开放。为老年人使用场地设施和器材提供必要帮扶,解决老年人运用体育智能技术困难问题。营造无障碍体育环境,为残疾人参与全民健身运动提供便利。

(二十)培养终身运动者。实施青少年体育活动促进计划,让每个青少年较好掌握1项以上运动技能,培育运动项目人口。开齐开足上好体育课,鼓励基础教育阶段学校每天开设1节体育课。支持体校、体育俱乐部进入学校、青少年宫开设公益性课后体育兴趣班。支持学校、青少年宫和社会力量合作创建公益性体育俱乐部。

（二十一）提高职工参与度。按职业类型制定健身指导方案。发挥领导干部带动作用，组织开展各类健身活动。鼓励机关、企事业单位配备健身房和健身器材。发挥工会作用，鼓励工会每年组织各类健身活动，并将此纳入工会考核内容。鼓励按照《基层工会经费收支管理办法》规定，使用工会经费为职工购买健身服务。

七、提高全民健身标准化科学化水平

（二十二）完善全民健身公共服务标准体系。制定全民健身基本公共服务国家标准并动态更新。健全全民健身场地设施、器材装备等标准。修订镇域、城市公共体育设施规划标准。研究制定城市公共体育场、体育馆、游泳馆建设标准。加强运动技能、赛事活动、体育教育培训等体育服务领域标准制定修订。建立健全全民健身公共服务统计监测制度。

（二十三）提高健身运动专业化水平。修订《社会体育指导员管理办法》，发展公益社会体育指导员队伍，指导其依法开展健身志愿服务活动。推动持有职业资格证书的社会体育指导员与教练员职业发展贯通，完善群众体育教练员职称评审标准。深入实施《国家体育锻炼标准》。完善《全民健身指南》。

（二十四）深化体卫融合。制定实施运动促进健康行动计划。建立体卫融合重点实验室。鼓励有条件的医疗机构加强以体育运动康复为特色的专科能力建设。推动国民体质监测站点与医疗卫生机构合作，推广常见慢性病运动干预项目和方法，倡导"运动是良医"理念。

八、营造人人参与体育锻炼的社会氛围

（二十五）普及全民健身文化。将全民健身理念和知识融入义务教育教材。打造一批科学健身传播平台，加大全民健身公益广告创作和

投放力度。发挥体育明星正能量,弘扬中华体育精神。实施体育文化创作精品工程。加强体育非物质文化遗产保护。

(二十六)强化全民健身激励。向国家体育锻炼标准和体育运动水平等级标准达标者颁发证书。鼓励有条件的地方发放体育消费券。建立第三方评估机制,定期发布全民健身城市活力指数。

(二十七)开展全民健身国际交流。以2022年北京冬奥会、冬残奥会等国际赛事为契机,加强全民健身领域国际交流合作。与共建"一带一路"国家搭建合作平台,共同举办群众性体育赛事。加强中华传统体育活动国际交流,支持中华传统体育项目走出去。

九、保障措施

(二十八)加强组织领导。加强党对全民健身工作的领导,发挥国务院全民健身工作部际联席会议作用,着力构建更高水平的全民健身公共服务体系。县级以上政府要将全民健身公共服务体系建设纳入经济社会发展规划,作为一项重要民生实事定期专题研究。

(二十九)注重因地制宜。各地要实事求是提出发展目标,因地制宜选择全民健身发展路径,既坚持一定标准,又防止好高骛远,做到各项指标和政策贴近实际、务实管用。开展全民健身公共服务体系建设重点推进城市创建工作。

(三十)完善支撑条件。支持体育院校加强体育管理、社会体育、休闲体育等相关专业建设。加强冰雪运动等紧缺领域教练员培养。中央财政统筹利用一般公共预算和政府性基金预算等渠道,发挥中央预算内投资的引导和撬动作用。地方财政综合运用中央对地方有关转移支付资金和自有财力,完善支持政策。制定政府购买全民健身公共服务的办法及实施细则。积极吸引社会力量参与,支持有意愿的房地产企业以及健康养老、文化旅游等社会资本投资全民健身。

（三十一）强化法治保障。加快修订《中华人民共和国体育法》。研究修订《全民健身条例》。研究制定体育市场管理条例、公共体育设施管理办法。完善地方体育行政执法工作机制，将适当事项纳入同级综合执法范畴。健全体育仲裁、监管和信息公开等制度。

（三十二）加强督促落实。国家发展改革委、体育总局牵头对本意见实施情况进行跟踪监测，重大问题及时向党中央、国务院请示报告。各地要根据本意见要求，建立工作落实机制，及时分解任务分工，确保各项任务落到实处、见到实效。

资料来源：中华人民共和国中央人民政府，国务院公报，2022年第10号，https://www.gov.cn/gongbao/content/2022/content_5683839.htm

第四章　全民健身和体育场地发展现状分析

　　建设体育强国是实现中国梦的重要组成部分,我国目前正处于从体育大国向体育强国迈进的重要阶段。体育强国不能仅以竞技实力、"金牌至上"来衡量,更要从全民体质健康水平和群众体育发展等方面进行综合考量。体育强国的基础在于群众体育,更好地推进全民健身是实现健康中国和体育强国的主要途径。从 1995 年 6 月 20 日国务院颁布《全民健身计划纲要》到 2022 年 3 月 23 日发布《关于构建更高水平的全民健身公共服务体系的意见》的 27 年里,国家相继出台了一系列重要文件推进全民健身事业更好更快地发展。

　　我国体育场地设施建设规模快速增长,为开展全民健身运动,提高人民群众身体素质,丰富人民群众体育文化生活,满足人民群众日益增长的体育健身需求提供了物质基础;为开展竞技运动训练、保障我国体育健儿在世界大赛中争金夺银、展示中华民族的精神风貌提供了物质条件;为推动体育产业,特别是体育服务业高质量发展提供了重要载体支撑。随着城市更新进程的加快,在贯彻全民健身国家战略进程中,健身场地设施建设用地难问题日益凸显,各地群众普遍面临"健身去哪儿"的困惑,即当前民众日益增长的体育健身需要和健身设施不平衡、不充分的矛盾较为突出,体育场地设施数量不足已经成为制约群众健身意愿的主要因素。

第一节　全民健身活动情况

本书根据国家国民体质监测中心在2020年9月至11月对我国城乡居民的体育健身活动情况进行的调查数据和结果,分析当下我国全民健身的基本情况。

一、总体情况

2020年全民健身活动状况调查的对象为我国大陆31个省、自治区、直辖市3周岁及以上的城乡居民,采用抽样调查方法,通过入户和电子数据方式,总有效样本为132784人,分四个年龄段(见表4.1),男性占50.8%,女性占49.2%;城镇占60.6%,乡村占39.4%。

表4.1　2020年全民健身活动状况调查对象分布

年龄段(岁)	有效样本人数(人)	占比(%)
3~6	10967	8.3
7~18	35618	26.8
19~59	65302	49.2
60以上	20897	15.7

二、基本特征

根据此次调查结果,发现我国居民的健身活动情况具有如下几个特征。

（一）参加体育锻炼的人数在比例上持续增长

随着人们休闲时间的增多和对健康理念的转变，参与体育锻炼的人群规模不断扩大，通过调查，发现每周参加1次及以上体育锻炼的人数比例和经常参加体育锻炼的人数比例在提高，例如相比2014年，2020年每周参加1次及以上体育锻炼的人数比例增长了18.5%，经常参加体育锻炼的人数比例增长了3.3%。经常参加体育锻炼是指每周参加3次及以上体育锻炼，每次体育锻炼持续时间达到30分钟及以上，每次体育锻炼强度达到中等及以上，以上三个标准即为我国体育人口的判定标准。

（二）参与体育健身的人群呈现差异性，参与的项目多样化

通过调查，发现不同年龄段的人群参与体育锻炼的内容和项目存在明显的差异，体现出典型的年龄特征（见表4.2），总体上看，当下我国居民体育锻炼的参与项目多种多样、丰富多彩。

表4.2　2020年全民健身体育活动项目及比例

年龄段	参加体育活动项目及比例（%）				
	第一位	第二位	第三位	第四位	第五位
幼儿	跑和跳24.2	骑儿童自行车9.6	体育游戏9.6	骑滑板车9.1	跳绳7.8
7~8岁儿童青少年	跑步15.6	跳绳11.2	打羽毛球10.3	健步走9.9	打乒乓球6.6
成年人	健步走22.7	跑步19.8	打羽毛球8.9	骑自行车7.3	打篮球5.4
老年人	健步走41.6	跑步14.7	跳广场舞8.0	骑自行车3.8	打羽毛球3.1

通过以上数据，我们发现各个年龄段对于跑走的活动兴趣和需求较高，其次是一些需要依赖健身器械的项目，可见，建设和发展健身步道，通过标准的场地和非标准的公园能够实现人们的健身需求。

（三）参与体育锻炼实现身心健康的理念提高

随着人们生活水平的提高，饮食、卫生条件得到大幅度的改善，加之医疗条件的进步，人均预期寿命在延长，人们的身体健康水平得到了很大的提高。然而,人们认识到预防疾病和治疗疾病不仅是依靠医疗和药物,通过体育锻炼和健身活动等起到更好的治未病和治病的作用,通过此次调查可以充分印证这一点。91.0%的儿童青少年、87.2%的成年人、53.6%的老年人认为体育健身活动不仅对于人的身体,同时对于人的心理、情绪和社交等方面都具有积极的作用。

(四)体育消费数量提高,消费的结构更加优化

2020年成年人、老年人的人均体育消费分别为1758.2元和1092.2元,对比2014年,分别增长了789.8元和588.2元。购买体育器材、服装、鞋等实物型消费占比53.7%,参与体育活动、健美训练、健康咨询、租赁场地等参与型体育消费占20.6%,观看体育比赛和表演等观赏型体育消费占7.7%,相比2014年而言,实物型消费在降低,参与型消费和观赏型消费在提高,消费结构在优化。

(五)公共健身场地发挥重要作用,15分钟健身圈、微型体育公园发挥优势

对于成年人和老年人,他们在进行体育健身活动时往往选择公共体育场馆、广场空地或道路、健身路径、社区体育场地、公园内的园路等场所。其中,80.7%的成年人和老年人选择步行15分钟范围内的场地进行锻炼,因此家门口的微型体育公园成为优先选择的对象。

(六)体育健身组织和赛事活动日趋"身边化"

成年人和老年人参与体育活动的动机和契机往往是朋友或者熟人成立的体育组织,或者是生活的社区组建的相关体育组织,人数比例达到34.4%;我国居民参与群众性的体育赛事也在逐年增加,其中自发组织的体育赛事达到26.3%、社区或者村举办的达到23.3%、单位举办的达到21.1%。这表明全民健身要充分利用熟人群体的号召带动作用,为他们创造更好的健身和竞赛环境。

(七)体育健身辅导服务覆盖面扩大

随着人们参与体育健身活动的兴趣越来越高、群体规模群体越来越大，迫切需要专业的指导和帮助，成年人的体育健身一般通过三种途径得到专业指导：一是同事或朋友互相指导，比例达到27.5%；二是阅读相关资料，比例达到21.4%；三是经过社会体育指导员或专业教练的指导，比例达到11.1%。因此，今后应加强培养社会体育指导员，提高其数量，并且增加去社区或单位等公益指导的频次，鼓励专业教练通过录制视频或公益讲座等方式积极参与全民健身的活动，促进群众体育事业更好更快地发展。

第二节 国家体育场地普查情况

一、第六次全国体育场地普查数据解读

从1974年第一次全国体育场地普查至2014年第六次全国体育场地普查，40年来我国体育场地普查为体育事业的发展出谋献策，为政府管理部门提供了翔实、可靠的场馆信息。这是由国家体育总局领导，国家统计局、教育部、铁道部、农业部、文化部等单位协助，普查对象为全国(不含港澳台地区)各系统、各行业、各种所有制形式的各类体育场地。

第六次全国体育场地普查的总体结论是，截至2013年12月31日，全国共有体育场地169.46万个，用地面积39.82亿平方米，建筑面积2.59亿平方米，场地面积19.92亿平方米。其中，室内体育场地16.91万个，场地面积0.62亿平方米；室外体育场地152.55万个，场地面积19.30亿平方米。以2013年末全国大陆总人口13.61亿人计算，平均每万人拥有体育场地12.45个，人均体育场地面积1.46平方米。

1974年我国体育场地仅有2.55万个,1995年人均场地面积仅有0.65平方米,经过40年的发展,我国体育场地规模发生了巨大的变化。对比2003年的普查数据,在10年里,我国体育场地的发展建设取得巨大的成就,其中在总体数量上,增长率达到99.34%,人均场地面积也增长了41.75%,按照相关指标进行统计,具体的数据见下表。

表4.3　我国体育场地规模变化情况(2003—2013)

指标	单位	2003年	2013年	增长(%)
全国体育场地总数量	万个	85.01	169.46	99.34
全国体育场地总用地面积	亿平方米	22.50	39.82	76.98
全国体育场地总建筑面积	亿平方米	0.75	2.59	245.33
全国体育场地总场地面积	亿平方米	13.30	19.92	49.77
人均体育场地面积	平方米	1.03	1.46	41.75
每万人拥有体育场地数量	个	6.58	12.45	89.21

综观我国体育场地的发展变化,体现出其适应社会经济发展的特点,这从普查的内容越来越全面、体系指标越来越丰富等方面得到充分印证。1974年第一次普查的场馆类型仅有6类,1983年达到了36类,2004年达到了64类,反映出我国体育场馆类型的增加幅度很高,同时类型的增多也反映人民群众对于体育活动和消费的需求与日俱增。2004年第五次场地普查增加了其社会开放的情况及健身人群的参与情况,充分体现了体育场地的群众需求,为日后的公共决策提供了参考依据。[①]

总之,通过体育场地的普查工作,摸清了我国体育场地的"家底",不仅为科学制定全面小康社会体育场地标准、公共体育设施用地定额标准,以及体育场地的规划、建设、经营、管理等提供了翔实可靠的数据支持,而且也将

---

① 何立、石慧:《我国历次体育场地普查指标体系及普查信息的对比研究》,《西安体育学院学报》,2014年第2期。

对进一步贯彻落实《全民健身计划》和《奥运争光计划》、科学编制体育事业发展规划、深化体育事业改革、实现体育强国的目标等产生深远的影响。

二、2022年国家体育场地调查数据分析

2023年3月，国家体育总局体育经济司发布了《2022年全国体育场地统计调查数据》。截至2022年底，全国体育场地共有422.68万个，体育场地面积37.02亿平方米，人均体育场地面积2.62平方米。其中，人均体育场地面积较2021年的2.41平方米增长0.21平方米，体育场地数量较2021年的397.14万个增长25.54万个。

（一）基础大项场地

全国田径场地19.74万个。其中，设有400米环形跑道的田径场地3.94万个，占19.96%；其他田径场地15.80万个，占80.04%。

全国游泳场地3.60万个。其中，室外游泳池1.95万个，占54.17%；室内游泳馆1.58万个，占43.89%；天然游泳场698个，占1.94%。

（二）球类运动场地

全国球类运动场地262.66万个。足球、篮球、排球"三大球"场地133.99万个，占51.01%；乒乓球和羽毛球场地118.14万个，占44.98%；其他球类运动场地10.53万个，占4.01%。

全国足球场地13.59万个。其中，十一人制足球场地3.12万个，占22.96%；七人制足球场地4.32万个，占31.79%；五人制足球场地6.14万个，占45.18%；沙滩足球场140个，占0.07%。

全国篮球场地110.28万个，是数量最多的体育场地。其中，室外篮球场100.04万个，占90.71%；室外三人篮球场7.03万个，占6.38%；室内篮球馆3.21万个，占2.91%。室外体育场地相对较多，符合我国居民体育锻炼的习惯和价值选择。

全国排球场地10.12万个。其中,室外排球场9.73万个,占96.15%;室内排球馆0.39万个,占3.85%。

全国乒乓球场地93.53万个。其中,室外乒乓球场82.80万个,占88.53%;室内乒乓球馆10.73万个,占11.47%。

全国羽毛球场地24.61万个。其中,室外羽毛球场21.05万个,占85.53%;室内羽毛球馆3.56万个,占14.47%。

(三)冰雪运动场地

全国冰雪运动场地2452个。其中,滑冰场地1576个,占64.27%;滑雪场地876个,占35.73%。

(四)体育健身场地

全国全民健身路径98.02万个。全国健身房14.29万个。全国健身步道12.78万个,长度31.42万千米。

表4.4　2020—2022年我国体育健身场地情况　　　　(单位:万个)

年份	全民健身路径	健身房	健身步道
2020	87.12	11.48	8.94
2021	92.93	12.89	10.59
2022	98.02	14.29	12.78

第三节　国内各地体育场地发展情况——以天津市、北京市、上海市为例

本书选取国内有代表性的三个城市在其体育场地的建设和发展方面的成果和经验,分析其对全民健身事业的作用和贡献,其实践经验对于国家层面和地方政府层面都具有重要的借鉴意义。

一、天津市体育场地现状分析

2022年以来,天津市体育局根据国家统计局批准的《全国体育场地统计调查制度》(国统字〔2020〕41号),以2021年12月31日为标准时点,组织开展全市体育场地统计调查工作,调查结果显示截至2021年底,天津市共有体育场地29045个,比2018年增加4142个,体育场地面积3862.53万平方米,比2018年增加334.11万平方米,人均体育场地面积2.81平方米,比2018年增加0.55平方米(具体指标数据见表4.5)。[①]

表4.5　2021年天津市体育场地数据情况

序号	指标	单位	数量
1	人均体育场地面积	平方米	2.81
2	体育场地数量	万个	2.90
3	田径场地	个	1288
4	游泳场地	个	357
5	足球场地	个	1603
6	篮球场地	个	6084
7	排球场地	个	640
8	乒乓球场地	个	4375
9	羽毛球场地	个	620
10	滑冰场地	个	19
11	滑雪场地	个	18
12	全民健身路径	个	9507
13	健身房	个	1780
14	健身步道	千米	1412.51

[①]　资料来源:2021年天津市体育场地统计调查数据,天津市体育局,https://ty.tj.gov.cn/zwgk_51582/zwxxgk/fdzdgknr/tjxx/202209/W020220909353292176856.pdf。

"十三五"以来,天津市体育局加快政府职能转变,为深入贯彻《天津市全民健身实施计划(2016—2020年)》和"六个身边"工程,天津市始终坚持公共体育设施建设的公益性、基本性、均等性、便利性原则,把健身设施作为民生工程、惠民工程来抓,以城市社区功能提升改造为契机,充分挖掘利用社区可用资源,积极利用"体育彩票公益金",为市民兴建"小巧实用、功能齐全"的全民健身场地设施。积极推动社区建设"全民健身中心",更好地发挥公共体育设施服务示范作用,实现了社区15分钟健身圈的全覆盖。①

然而,天津市体育场地存在新的矛盾,即居民的体育健身活动需求同体育场地资源的建设和发展不平衡和不充分之间的矛盾。具体表现为室内六区的人均体育场地面积与其他区相比较少,各区县之间的场地发展情况存在数量不足和分布不均衡的问题。为此,推进供给侧改革,在政府领导下,鼓励多方参与,提升体育场馆资源的合理化、科学化的供给水平,最终实现改进民生,提升民生福祉的目标。

二、北京市体育场馆发展状况介绍

2022年9月,北京市体育局对外发布了《2021年北京市体育场地主要指标数据公报》(以下简称《公报》)。《公报》显示,2021年北京市体育场地数量共有4.24万个,人均体育场地面积为2.69平方米(2020年,北京市体育场地数量为3.86万个,人均体育场地面积为2.57平方米)。

《公报》统计的体育场地类型分为基础运动场地、球类运动场地、冰雪运动场地、体育健身场地和大型体育场馆五大类型(具体指标的调查数据结果如表4.6)。

---

① 刘子先:《天津市社区体育场地设施建设与发展研究》,天津体育学院硕士论文,2021年。

表4.6　2021年北京市体育场地调查数据①

序号	指标	单位	数量
1	人均体育场地面积	平方米	2.69
2	体育场地数量	万个	4.24
3	田径场地	个	1914
4	游泳场地	个	903
5	足球场地	个	2467
6	篮球场地	个	7273
7	排球场地	个	415
8	乒乓球场地	个	6536
9	羽毛球场地	个	1448
10	滑冰场地	个	112
11	滑雪场地	个	35
12	全民健身路径	个	12626
13	健身房	个	4067
14	健身步道	千米	1289.617
15	大型体育场	个	6
16	大型体育馆	个	24
17	大型游泳馆	个	2

上表中大型体育场是指固定座席大于等于20000个;大型体育馆是指固定坐席大于等于3000个;大型游泳馆是指固定坐席大于等于1500个。

2021年北京市体育工作会议指出,北京市在"十三五"期间各级各类全民健身赛事活动累计达到10万余项次,参与人次达到4816万,经常参加体育锻炼的人数从"十二五"末期的650万人增长为1080.6万人,占全市常住总

---

① 资料来源:2021年北京市体育场地主要指标数据公报,北京市体育局,http://tyj.beijing.gov.cn/bjsports/xxcx/tjxx/325910047/。

人口的50.18%,相比2017年的49.2%略有提高,可见市民健身意识和科学健身素养不断增强。2020年12月,中共北京市委颁布《北京市国民经济和社会发展第十四个五年规划和2035年远景目标建议》,指出完善全民健身公共服务体系,广泛开展群众性体育活动,持续提高市民身体素质。

同时发现,北京市的全民健身存在区域发展不均衡的问题,市内六区参与体育健身活动的人数比例明显高于周边区县,按照首都功能核心区→城市功能拓展区→城市发展新区→生态涵养发展区的顺序由高到低形成了北京市各区域全民健身参与比例的情况。

北京市全民健身活动的场所选择方面,公园、住宅区体育场地、公共体育场馆、公路街道边的空地和广场具有免费开放特点的场所是人们的主要选择,同时人们倾向于通过步行的方式,时间控制在15分钟左右,即15分钟健身圈,表明人们锻炼喜欢在住所附近。在项目的选择上,健步走、跑步、羽毛球等大众化的体育项目是人们选择比例较高的,对器械要求不高,即使需要器械也是对场地限制不高、价格便宜,人们的兴趣较高,同时容易上手,并能够产生效果。北京市居民对体育健身的参与也主要是在同事或朋友的带动或者感召之下,或者成为人们工作或人际交往的一部分,在时间充裕、体育锻炼性价比高等条件下,人们是愿意积极参与体育健身活动的。[①]

三、上海市全民健身和体育场馆状况分析

长三角地区作为我国经济增长最快、开放程度最高、创新能力最强的城市群之一,体育锻炼已经成为该地区居民生活的重要组成部分,人们对于体育场地的需求也正在日益增长。长三角地区体育场的空间分布特点主要是

---

① 李骁天、周航、刘海元、韩晓伟、郭世豪:《北京市城乡居民体育健身休闲活动现状研究——基于2020年北京市城乡居民体育健身休闲活动状况调查问卷》,载《第十二届全国体育科学大会论文摘要汇编——专题报告(体质与健康分会)》,2022年,第268~270页。

以城市为中心向四周辐射,其中上海市体育场地较多且分布集中,呈现出较为明显的集聚态势,充分体现了经济发展水平制约体育场地建设的特点。[①]

　　根据《上海市第六次全国体育场地普查数据公报》显示,按照2013年末上海市常住人口(2415.15万人)计算,上海平均每万人拥有体育场地达15.94个,人均体育场地面积1.72平方米,共有体育场地38505个,用地面积6783.65万平方米,建筑面积629.64万平方米,场地面积4155.69万平方米(室内体育场地12513个,场地面积291.42万平方米;室外体育场地25992个,场地面积3864.27万平方米)。[②]

　　2021年以来,上海市体育局根据《全国体育场地统计调查制度》(国统字〔2020〕41号)和《上海市可利用体育场地统计调查制度》的相关要求,以2021年12月31日为标准时点,组织开展了体育场地统计调查工作。全市有各类体育场地5.6188万个,其中符合国家统计标准的体育场地5.1350万个,上海市可利用体育场地4838个。全市有各类体育场地面积6072.4198万平方米,其中符合国家统计标准的体育场地面积5622.8908万平方米,上海可利用体育场地面积449.5290万平方米。人均体育场地面积2.44平方米,其中人均符合国家标准的体育场地面积2.26平方米,人均上海可利用体育场地面积0.18平方米。(具体各项指标的数据如表4.7)[③]

---

　　① 刘瑞超、郑家鲲、赵轩:《长三角地区体育场地空间分布特征与影响因素分析》,载《第十二届全国体育科学大会论文摘要汇编——墙报交流(体育管理分会)》,2022年。

　　② 资料来源:上海市第六次全国体育场地普查数据公布,国家体育总局,https://www.sport.gov.cn/n20001280/n20745751/n20767239/c21833509/content.html。

　　③ 资料来源:2021年上海市体育场地统计调查数据公告,上海市体育局,http://tyj.sh.gov.cn/ggtz/20220822/bc2a91e4be9b49459ccad7a5799a88ae.html。

表4.7　2021年上海市体育场地主要数据表

序号	指标	单位	数量
1	人均场地面积	平方米	2.44
2	体育场地数量	万个	5.6188
3	体育场地面积	万平方米	6072.4198
4	田径场地数量	个	1536
5	游泳场地数量	个	1003
6	足球场地数量	片	2084
7	篮球场地数量	个	7002
8	排球场地数量	个	589
9	乒乓球场地数量	个	3546
10	羽毛球场地数量	个	1057
11	网球场地数量	个	1446
12	滑冰场地数量	个	16
13	滑雪场地数量	个	10
14	全民健身路径数量	万个	1.8371
15	健身房数量	个	5817
16	健身步道数量/长度	个/千米	4505/23538.08
17	电子竞技馆数量	个	11

　　上海市通过对其体育场地普查工作,摸清了数量、布局、功能、运营等方面的现状,查处了存在问题和不足,有针对性、切合实际地规划和建设体育场地设施,以满足人民群众的健身需求。

　　上海市体育场地的发展充分体现了"体育生活化和生活体育化"的健身理念,在人们对体育场地需求越来越大的背景下,通过健全公共体育服务,满足老百姓的健身需求,保障其体育权益,实现身心康健。然而,通过普查发现,上海市体育场地的建设和发展中仍然存在一些问题,比如体育场地的建设速度和居民的体育健身需求发展速度不匹配,供给满足不了需求,2018年黄浦区人均场地面积仅有0.5平方米,青浦区达到了4.08平方米;专门服务全民健身的体育场地比重较低,现有的体育场地大多数是教育系统服务教育教学需求的场地类型,其次是服务于商业的健身场地,独立的场地不多,因此导致社会开放性受阻和公益性难以保证等问题。社区中的健身条件数量不足,商业健身场所收费高昂,因此无法充分满足基层百姓的切实需求。上海市在经济、人口、地域环境有其独特的特征,妥善解决体育健身场地问题,落实全民健身计划,对上海市的经济和社会发展具有深远的意义。[①]

第四节　体育场地发展案例分析

一、大型体育场地(馆)

(一)郑州奥林匹克体育中心

郑州奥体中心位于河南省郑州市常西湖新区,2016年11月开工建设,2019年6月全面完工,总建筑面积58.4万平方米,含体育场1座(容纳6万人)、甲级体育馆1座(容纳1.6万人)、甲级游泳馆1座(容纳3000人)。

郑州奥林匹克体育中心的整体设计理念取"天地之中、黄河天水"之意,采用"品"字形格局,以东西向为主轴,形成南北对称的布局,体育场、体育馆、游泳馆像黄河中的三座石岛,而周围的环境就像黄河水一般盘旋。"天地之中"即体育场、体育馆与游泳馆造型方圆中正,暗喻天圆地方之意,同时与

---

① 战旗、姚岿、薛飙、由会贞、魏善亮:《基于创新型政府视角下的上海市中心城区公共体育场地运行机制——以上海市黄浦区为例》,《体育科研》,2018年第3期。

商都古城外圆内方的格局相呼应,体现郑州深厚的历史文化底蕴。

郑州奥体中心以体育文化为主题,集商业、休闲、娱乐、会展等为一体。郑州奥体中心项目在建设资金上完全由郑州地产集团(国有独资企业,市级三大"做地"主体之一,隶属郑州市国资委管理)筹集,建成后通过财政支持、企业建设、市场化运营模式在2019年3月成立郑地奥体中心管理有限公司(郑州地产集团旗下的全资子公司,是郑州市国资系统中唯一一家致力于大型体育综合体运营运维的国有企业),负责运营郑州奥体中心。通过场租入股、联合承办、合作投资等方式,引入优质、高端的项目。

郑州奥体中心为了提高场馆的利用率,不断探索综合服务内容,提高其多元服务能力,包括主体的体育赛事和文体活动外,设置酒店服务、企业活动、文艺演出、车展等多种业务内容。

郑州奥体中心积极服务全民健身活动,开放田径训练场、户外足球场等场馆和运动空间,免费或低收费,为市民提供健身、娱乐、休闲的场地和设施,室内羽毛球馆通过低收费的方式吸引运动爱好者。

郑州奥体育中心着力打造高科技场馆,引入智慧物业管理系统,实现对场馆和设备的全覆盖,实现24小时全天候移动管理与服务,增加数据决策机制,提高管理效率。

(二)伊蒂哈德园区

伊蒂哈德球场是曼彻斯特城俱乐部的主场,2002年,因举办英联邦运动会开始建设,总造价1.5亿英镑,球场呈现碗状,可容纳55097人,是英国第八大足球场。后经多次改造升级,形成了伊蒂哈德园区,即以伊蒂哈德球场为核心,包括国家自行车中心、足球训练中心、社区学校、健康机构等多个机构。

伊蒂哈德园区充分服务社区居民健身,为其提供社区体育场,建设人行天桥、自行车通道、体育休闲中心等相关配套设施,同时举办一系列体育活动实现体育文化的辐射作用,例如2017年曼彻斯特冬跑活动就将路线设置在了伊蒂哈德球场周边,吸引球迷及体育爱好者参与,取得了良好效果。

大型体育场馆要面向社会大众中的体育积极参与者,充分利用场馆的内外设施打造文化体系,加大在非赛事期间向周边社区的开放力度,提升社区居民和场馆之间的感情,尤其是青少年群体,提高其体质和体育技术水平是国家社会的责任,也是实现体育强国的基础,通过场馆免费和低收费的体育培训,通过有组织化的夏冬令营互动等使青少年成为体育后备人才。大型体育场馆要被打造成接地气的体育文化设施,满足大众的体育需求,开展丰富多彩的群众体育活动,保障体育服务的质量。

二、城市体育公园、微型体育公园

(一)重庆两江新区打造社区城市体育公园

为更好满足市民日常体育健身需求,让群众享受更多体育惠民成果。2022年,两江新区社会发展局联动各街道积极利用城市边角用地、社区原有公共健身广场打造群众身边的体育公园(微型)。

2022年1月5日,礼嘉街道嘉和社区、大竹林街道汪家桥社区、翠云街道福安社区等10个社区城市体育公园举行集中开园仪式。

据了解,两江新区先后投入资金400万元,一体化、标准化、品牌化打造新区群众身边的体育设施,为新区打造"金色"民生工程贡献体育力量。截至目前,首批10个"群众身边的体育公园"已全部建成,总共建设面积将近1.8万平方米,惠及群众30万人。

在翠云街道福安社区体育公园,不少市民已经运动开来,翠云街道党工委书记谭于介绍,翠云街道对多个社区广场进行升级改造,同时大力实施健康、文明、文化等六大居民素质提升工程,结合街道着力打造乒乓球特色街道,每个社区都配置了标准化的室外乒乓球运动场地,在云慧小学、翠云小学建立了专业的乒乓球运动基地,聘请专业教练团队对学生、居民进行免费培训,定期举办"翠云杯""福安杯"等不同层次的乒乓球比赛,有力推动了群众乒乓球运动的蓬勃发展,进一步满足了人民群众对美好生活的需要。下一步,翠云街道将以此次社区体育广场为契机,着力加强场地建设、队伍建设、机制建设,充分结合群众意见,加强全民健身场地设施建设,不断提升群众的幸福指数。

两江新区社会发展局副局长刘伟表示,一直以来,社发局在党工委管委会的坚强领导和市体育局的悉心指导下,全面落实全民健身国家战略,全力推动全民健身和全民健康深度融合,围绕建设高质量发展引领区、高品质生活示范区的目标,立足城市品质提升及"金色"民生工程打造,创新思路,精准发力,主动作为,加快构建新区"1+N"公共体育设施服务供给体系。如今,群众身边体育设施逐年富足,新区"金色"民生工程体育元素成效显著。下一步,两江新区将以优化公共体育服务供给为基础,深入推进全民健身项目建设,真抓实干,为民办事,建成覆盖全面、便捷高效、可持续发展的全民健身公共服务体系。

(二)成都市的体育公园

天府绿道总长约1.7万千米,堪称世界规模最大的绿道系统。绿道于2017年开始启动建设,沿途串起锦城湖公园、桂溪生态公园、青龙湖公园等大型城市绿地。目前,城北的毗河绿道还在继续建设。在天府绿道上骑行是近两年不少年轻人的健身和打卡方式。成都市体育公园的建设和发展,明显是有计划、有指导地在逐步推进。三岔湖等地的大型体育公园设施即将建成,届时成都的体育文化项目与配套设施将更为丰富。

三、社区体育场地

珠海市作为首批"国家园林城市""国家生态园林城市",2012年开始走

"社区公园+体育"之路,将城市快速拓展中遗留下来的闲置地、边角地、街头绿地充分利用起来,推动社区体育公园规划建设,多年来已形成品牌影响力。其中,"香洲区社区体育公园"建设项目还曾获评中国人居环境范例奖。

梅华城市花园改造时,最大限度挖掘可利用空间,设置了各类球场,探索出了一条既保留原生态地貌、又注入运动活力的公园建设道路。公园内还配备书吧和生态菜园,让市民可以体验多重乐趣。在保护原有树木的基础上,公园采用单种树木大面积栽植方式,打造季季有花、四季不同的自然生态景观。

珠海市香洲区大境山社区体育公园位于香洲区大镜山水库脚下,运动场地面积超过8万平方米,是目前香洲区社区公园中设施最完善、规模最大且功能最齐备的体育主题公园,拥有足球场、篮球场、排球场、羽毛球场、匹克球场、乒乓球场、网球场及慢跑道等。

珠海市香洲区华发健身广场位于香洲区人民东路272号附近,华发健身广场于2018年进行了改造,分为3个功能区:休闲广场区、健身活动区和园林景观区。由于广场北面是居民区,南侧为城市主干道人民东路,为避免扰民及影响市民锻炼,华发健身广场注重景观绿化隔离带的建设,在运营管理中又强化分时管理,引导居民在合理时段使用场地。

此外,2022年建成的十字门体育公园利用城市公共绿地,弥补片区内居民运动健身场所少的不足。其以"自然快乐,激情动感"为设计理念,在阳光草坪区、疏林草地区、儿童活动区、活力运动区4个功能区域建设有慢跑道、篮球场、足球场、网球场、乒乓球场等运动场地。浪白公园的游憩功能设置充分考虑了镇内居民的日常生活娱乐需求,其运动设施以居民经常进行的羽毛球、乒乓球运动和儿童活动为主。公园具有丰富的绿化与休憩设施,是集观赏、游憩、生态、娱乐等功能于一体的多元化社区公园。

四、农村体育场地①

(一)吉林省农安县合隆镇陈家店村培训基地

为全面贯彻习近平总书记关于全面推进乡村振兴和建设体育强国战略的重要指示批示精神,促进农民体育健身事业健康发展,不断推动农民体育健身与农民健康深入融合,陈家店基地通过承担本地区体育赛事,组织地区农趣农味文化体育活动,取得了一定的成效,走出了一条"农业产业+文化体育"的融合发展之路。每年6月6日举办农民文化艺术节,全村村民积极参与,自编自演,其乐融融。每年还开展迷你马拉松、拔河、农民丰收节等农民体育赛事活动,丰富了村民的精神文化生活。

(二)黑龙江省甘南县兴十四村

为深入贯彻习近平总书记关于全民健身的重要讲话精神,不断满足农民群众对美好生活的需要,兴十四村党委把农民体育健身活动作为一项重要的民生事业来抓。为了营造浓厚的全民健身氛围,让体育健身的理念不断深入人心,在《村规民约》和《兴十四村十星级文明户评比标准》中专门增设了有关体育健身等方面的内容,以引导村民养成文明健康的生活方式,不断提高农民的身体素质和健康水平。

为了进一步满足农民健身事业发展的需求,兴十四村投资建设了总建筑面积达到2700平方米,集台球室、乒乓球、篮球、羽毛球、健身室、图书室和数字影院于一体的健身文体中心,为兴十四村及周边村民提供了良好的体育健身场地设施,极大地丰富了农民群众的文体生活。自文体中心成立以来,平均每年服务群众3万多人次,先后举办各种羽毛球、篮球、乒乓球比赛40余次,承接了黑龙江省空手道锦标赛、黑龙江省跆拳道锦标赛等大型比赛

---

① 资料来源:中国农民体育协会,《第一批全国农民体育健身活动示范基地案例简介》,2022.3.28.https://nmtx.org.cn/dxsf/202203/t20220328_228823.html。

4次、百余人中小型比赛20多次。此外,2020年兴十四村建设了占地4万多平方米的体育场和一栋可容纳300人住宿的运动员公寓楼,并与农业农村部农村实用人才带头人示范培训基地实现了资源共享,目前中心与基地可同时接待1500人食宿,具备了承接大型体育赛事和各类体育培训活动的条件。

(三)山东省潍坊经济开发区双杨街道前阙庄村

近年来,在全面推进乡村振兴的过程中,前阙庄村坚持把发展文化体育事业和开展农民体育健身活动放在重要位置,以激发和满足农民多元化体育健身需求、促进人的全面发展为出发点和落脚点,完善村内体育设施建设,搭建农村文体活动平台,营造全民健身的良好氛围,积极开展丰富多彩的文体活动,走出了一条"农业+文体"融合的发展之路。

前阙庄村健全农民群众健身组织,建设完善文体设施,建设文化大院、健身广场、4.2千米的健身观光路,在大圩河沿岸修建健康步道、自行车绿道4.6千米,为激活文体融合新业态提供了便利条件。积极探索"产业+文体"融合新路径,挖掘村内红色历史,打造红色前阙党性教育基地,将红色文化贯穿融入丰富多彩的文体活动中,弘扬正能量。积极开展丰富多彩的文化体育活动,先后多次举办广场舞大赛、乒乓球比赛、健步走活动、舞龙舞狮表演、无人机表演等,并协办第一届、第三届、第四届"中国农民丰收节"等文体活动百余场。2021年10月,成功承办了"2021年'前阙杯'第三届全国农民水果采收邀请赛暨美丽乡村健康跑"比赛活动,充分展现了新时代农民的精神风貌,受到各级领导和参赛队员的一致好评,产生了良好影响。

五、学校体育场地

(一)浙江省宁海中学体育馆

浙江省宁海中学是省一级重点中学,创建于1926年,始为初中,1942年增设高中。1981年被列为省重点中学,1996年被评定为省一级重点中学,

1998年乔迁新校。学校拥有700个座位的报告厅、2500个座位的大型体育馆。体育馆建筑面积8600平方米，当时总投资1600万元。

2005年3月23日，国际奥委会原副主席，时任国际奥委会文化与奥林匹克教育委员会主席何振梁先生来校访问，视察校园和体育馆，欣然为宁海中学体育馆题写了馆名。2022年，为全面提升校园环境，给全校师生营造良好的运动锻炼空间，对宁海中学体育馆进行升级改造，体育场馆的修建划分为国家级专业赛事和日常训练运动两个区域。

(二)河北省邢台市临城县第二中学体育场馆①

2001年，国家体育总局实施了中国体育彩票"雪炭工程"，这是国家体育总局贯彻《全民健身计划纲要》，为满足"老、少、边、穷"地区日益增长的体育健身需求，利用中国体育彩票公益金在全国范围内援建综合性公共体育设施的活动。

体育系统援建的雪炭工程健身综合馆与学校的体育场地场馆共同整合为具有庞大功能的健身圈，实现共同使用、共同管理，最终达到共同受益的目的。河北省邢台市临城县在为"雪炭工程"援建的临城县综合健身馆选址时，就决定建于临城县第二中学院内，一来满足临城县第二中学当时体育场地短缺的问题，同时也希望与临城县第二中学的体育场地实现"资源共享"，切实为提高学校体育工作和满足群众体育锻炼服务。

该馆于2007年开工建设，2008年9月竣工并投入使用，建筑面积987平方米，总投资200万元，其中有150万元来自中国体育彩票公益金，50万元是自筹资金。馆里有包括乒乓球、羽毛球、排球、篮球、跑步机等在内的体育设施和相关器材。

周一至周五该馆归学校体育教学使用，周末、节假日和寒暑假对社会开

---

① 赵保丽、刘昕、康健：《体彩雪炭工程与学校体育场馆实施"资源共享"的研究——以临城县综合健身馆与临城第二中学体育场馆为例》，《北京体育大学学报》，2013年第6期。

放。该馆除了对居民个人开放外,每年还承办该县体育教师业务培训,县中小学校乒乓球比赛和县各行政、事业单位的体育活动比赛,甚至还多次承办邢台市乒乓球比赛、邢台市社会体育指导员培训等。该馆共有三名管理人员,他们都属于县行政事业编制,其工资由政府统一发放。由于该馆还用于临城二中的体育教学与训练,临城二中则负责承担该馆的维护、修缮和冬季供暖等相关费用。

临城综合健身馆建立了一整套完善的管理规章制度。在馆的大门口竖立着一块金色牌子,上面的内容是提醒进入室内健身者注意事项,包括禁止吸烟,禁止穿皮鞋、钉鞋,要求穿运动鞋进入室内活动,注意保持室内卫生、注意保管个人财物,损坏室内设施要求照价赔偿等。进入健身馆,在墙上醒目的位置张贴着"健身者须知"和"临城县第二中学篮球队、乒乓球队活动安排",对该馆的使用和对健身者的要求清清楚楚,一目了然。对于安全防范工作,健身馆所采取的措施是"如发生争执,必须服从管理人员的调节和处理决定",出现"起哄、嬉戏、打架斗殴等一切影响训练、比赛的行为",责令违者退出。由于对安全问题高度重视,既有相关规定,也始终贯彻执行,到目前为止,没有出现过一例妨碍安全的事件,保证了该馆的良性运行。

第五章　体育场馆的管理体制分析

在国家推进事业单位分类改革的大背景下,作为事业单位重要领域的体育事业也在国家政策的指导下进行科学合理的变革,以满足社会不断增长的公共体育服务需求。明确体制、理清具体内容是进一步深化和扎实改革的前提和基础,为此,本章从体育场地的分类管理入手,进而从公共体育场地管理和体育场地管理的私营化两个角度进行分析,奠定全面健身事业发展的环境基础。

第一节　体育场地分类管理制度

体育管理体制是指体育管理的机构设置、权限划分、运行机制和制度的总称,是实现体育总目标的组织保证。具体表现为负责体育事业的领导机构和组织、它们之间的隶属关系和责任范围,以及由它们所制定和实施的各种有关规章制度和措施。按照管理权利的归属,体育管理体制可以分为政府管理型、社会管理型、混合管理型三种类型。政府管理型是国家对体育事业进行控制,掌握体育管理的领导权;社会管理型是指社会体育组织参与体育管理,管理权限分散于社会组织中;混合管理型是指政府和社会组织共同管理体育事业,市场体制和计划体制共同作用。在市场经济发展的今天,我国体育事业的管理体制顺应着时代的发展变化不断变革调整,在政府的主导管理之下,充分发挥市场机制的积极作用。[1]

一、体育场地分类改革的必要性分析

我国体育场地经过几十年的发展,为我国体育事业的发展做出了积极的贡献,改革是顺应历史发展的必然选择。为了促进体育场地更好发挥其作用,坚持分类改革是非常必要的。

(一)转变政府职能

我国体育场地的管理仍然存在一系列的问题。比如政府管理过多、财政负担过重、资产盘活不足、经营管理方式落后、运营成本高,等等。这些问题的背后都存在一个共性的因素,即政府的职能边界迫切需要重新厘定。服务型政府的建设从内涵上必须实现政府从无限职能向有限职能转变,政事分开,让政府成为掌舵人。在体育场馆的建设发展和管理上做好顶层制度设计,合理界定政府和市场的作用和功能,体育场地在总体上属于公共产品,所以政府在财政上必须是投入的主体,提高公共产品和公共服务的供给规模。在这一过程中,哪些是政府投入的对象,哪些允许社会资本进入,这就需要对体育场馆进行分类,才能区别对待和科学管理。

(二)科学管理场地

新中国成立之后,我国体育场地管理经历了四个发展阶段,适应了不同时期中国社会的国情。

---

① 张瑞林、秦椿林:《体育管理学》,高等教育出版社,2008年,第62~69页。

第一，计划经济体制下的体育场馆运行管理（1949—1978年）。公共体育场馆属于国家所有，主要用于学校体育教育、开展群众性体育活动、企事业单位体育活动、专业运动队训练比赛。在这一阶段下，公共体育场馆属于国家财政全额拨款单位，实行统收、统支、统管的财政经济政策。

第二，改革开放后的体育场馆运行管理（1978—1991年）。市场经济为主、计划经济为辅的社会主义市场经济背景下，1985年中共中央在《关于进一步发展体育事业的通知》中明确要求"体育场馆要逐步实现企业化和半企业化经营"，原国家体委对公共体育场馆提出了"由事业型转变为经营型"的要求。这一阶段公共体育场馆主要由政府直接管理，采用经费差额管理的方式，公共体育场馆开始进行了"以副养场、以场养场"的转变，体育服务消费与供给不足的矛盾得到缓解。这一时期体育场馆运行管理的显著特点是管理层面开始了体育场馆管理体制的革新初探，尝试事业单位企业化管理，探索多种经营道路。

第三，市场经济体制下的体育场馆运行管理（1991—2000年）：体育事业发展的环境随着我国社会主义经济体制的确立发生了重大变化。1993年、1995年、1996年分别出台了《关于培育体育市场，加快体育产业化进程的意见》《关于公共体育场馆向群众开放的通知》《国民经济和社会发展"九五"计划和2010年远景目标纲要》三个文件，明确了体育事业要充分面向市场、社会及公众的发展思路，要形成市场化、产业化的发展道路。这一阶段公共体育场馆投资主体多元化趋势有所崭露，市场化发展和企业化运作开始出现认同，专业人才开始进入到管理层面，产业化管理初显，但在公共体育场馆的管理手段和管理模式方面还有待进一步的探索和创新。

第四，体育场馆运行管理深化改革（2000年至今）：市场机制探索阶段。在摸索中，探索了承包经营、租赁经营、委托经营、PPP模式等大型体育场馆市场化运作方式。现今国际上通行的公共项目设施建设和运营的市场化模式——PPP模式,不仅在我国基础设施领域有所应用,在体育场馆供给与运营方面也崭露头角,最典型的就是2002年新建国家体育场"鸟巢"实施PPP模式,广州2012年获取亚运会的举办权后,借鉴"鸟巢"项目的经验,在大型体育场馆的兴建方面也都采用了PPP模式,而在国家发布的《体育事业发展"十二五"规划》中就已经明确指出:鼓励民间和境外资本投资体育,兴建体育设施,在不影响公共体育场馆公益性质和主体功能的前提下,鼓励社会力量参与体育场馆的经营管理活动,从而扩大和盘活体育设施资源,表明PPP模式在未来体育事业发展中的趋势。

政府重点扶持公益性的体育场馆和设施,满足基本的全民健身需求,对于那些多元化的、较高层次的全民健身需求,可以通过引入市场竞争机制,用那些竞争性和排他性较为突出,也就是私人产品属性较强的俱乐部产品来满足其需求,因此非常有必要对体育场馆进行性质分类,这样也有助于调动社会组织参与社会公共事业管理的积极性。

二、体育场地的分类的标准和内容

2010年8月,时任国务委员的刘延东同志在新华社《国内动态清样》"无锡创新模式破解体育场(馆)运营难题"一文做出重要批示:"请体育总局总结推广地方体育场(馆)运营的好经验,通过推进管理体制改革,创新运营模式,实现事业与产业、公益性与市场化的有机统一,满足群众体育需要,发展体育事业。"

我国体育场馆的管理方式错综复杂,既有专门用于训练备赛的不追求利润的公益性体育场馆,也有按照市场价值规律运作的体育场馆;既有财政全额拨款运作的体育场馆,也有依赖创收经营的体育场馆;既有完全受制于政府管理的场馆,也有实行自治管理的体育场馆。可见,体育场馆管理的改革首先要明确分类体育场馆,在此基础之上才能有针对性地采取措施,保证体育场馆的管理达到高效能。

(一)分类的标准

党的十六大以来,国家积极探索事业单位改革,不断创新事业单位体制机制,稳步推进教育、科技、文化、体育、卫生等行业体制改革,为国家提供公益服务的总量和水平不断提高,促进了经济社会的发展,改善了人民群众的生活。

1985年开始,我国体育场馆根据国家的战略部署,逐步向企业化和半企业化经营方向转变,经过几十年的发展,大部分体育场馆尤其是公共体育场馆仍然属于传统的事业单位,虽然管理模式上引入市场因素,但是体制上没有根本性转变,作为事业单位的体育场馆在体制上仍属于体育行政部门。1996年7月发布《中央机构编制委员会关于事业单位机构改革若干问题的意见》,提出"根据事业单位的不同情况,分类进行改革"的初步构想。2001年,中编办组织调研组设计出相对完整的事业单位分类体系。2006年7月《关于事业单位分类及相关改革的试点方案》出炉,正式进入现实执行层面。2008年2月,党的十七届二中全会明确提出"推进事业单位分类改革"的方针,提出其原则为政事分开、事企分开、管办分离。2011年3月,《中共中央国务院关于分类推进事业单位改革的指导意见》发布,同年6月出台时间表。党的十九大强调"深化事业单位改革"。[①]2020年4月,中共中央办公厅、国务院办公厅印发了《关于深化事业单位改革试点工作的指导意见》。

根据事业单位分类改革的相关政策,事业单位主要分为三类:承担行政职能类、从事生产经营活动类、从事公益服务类。体育场馆根据其承担的任务职能,可以分为公益类、经营类、混合类三种。公益类的体育场馆主要以提供群众体育服务为主,体现出较强的公共产品属性;经营类的体育场馆主

---

① 孙晓冬:《中国事业单位的改革历程及其逻辑》,《中国行政管理》,2022年第4期。

要是以提供竞赛表演服务、中高档健身娱乐服务为主,私人产品的属性较强;混合类是兼有公益性和经营性,准公共产品属性较强。明确了产品的属性,在管理上采取相对应的措施。[①]

(二)分类的内容

1.公益类体育场馆服务全民健身基本需求

提供免费或低收费的场地使用:公益类体育场馆可以通过政府资助、社会捐赠等方式,提供免费或低收费的场地使用机会,让更多人能够享受到体育锻炼的机会。

多样化的运动项目和设施:提供丰富的运动项目和适合不同年龄、能力的设施,满足公众的各种健身需求。例如室内篮球场、羽毛球场、跑步道等,让人们可以选择适合自己的运动方式。

提供指导和辅导:配备专业教练或志愿者队伍,为公众提供运动指导和辅导。帮助初学者正确掌握技巧,提供健身计划和建议,确保他们在运动中得到正确引导和安全保障。

举办健康促进活动:组织健康讲座、体能测试、健身比赛等活动,提升公众对健康的认知和意识。通过教育和宣传,鼓励更多人参与体育锻炼,提高健康水平。

针对特殊群体的关怀:关注老年人、残障人士、儿童等特殊群体的健身需求。提供有针对性的健身项目和设施,为他们创造良好的运动环境,并提供必要的辅助服务。

社区合作与参与:与社区组织、学校、企业等合作,共同开展健身活动。例如举办社区健身日、开展企业员工健康促进计划等,将全民健身融入社区和企业文化中。

---

① 　王健等:《我国公共体育场馆管理体制改革研究》,北京体育大学出版社,2012年,第12页。

定期评估和改进:定期进行场馆使用情况和满意度的评估,收集公众意见和建议,并及时进行改进。确保场馆服务能够持续地满足公众的健身需求,并不断提升服务质量。

通过以上措施,公益类体育场馆可以为全民健身提供基本需求,推动社会公众积极参与体育活动,改善健康状况,提高生活质量。

2.经营类体育场馆满足多样化的全民健身需求

多元化的运动设施与器材:配置适合各种运动项目的场地和专业器材,如健身房、游泳池、羽毛球场、篮球场等,使顾客能够选择自己喜欢的运动方式。

提供个性化的健身方案:根据顾客的身体状况、健康目标和兴趣爱好,为其定制个性化的健身方案。可以提供私教课程或健身指导,帮助顾客制订科学有效的训练计划。

丰富的团体课程:开设多样的团体健身课程,如瑜伽、舞蹈、有氧操、拳击等,满足不同群体的喜好和需求。这样能够提供社交互动的机会,增加顾客之间的交流和参与感。

定期举办活动和比赛:组织定期的健身活动和比赛,激发顾客的积极性和竞争欲望。例如健身挑战赛、马拉松训练营等,让顾客有目标性地参与运动,并提高其对健身的投入和坚持度。

提供专业教练团队:配备经验丰富的专业教练团队,能够提供专业指导和技术支持。教练可以为顾客提供正确的运动姿势和技巧,确保运动安全和效果。

引入科技创新:结合科技创新应用于体育场馆经营中,如智能健身设备、健身App等。这些工具可以帮助顾客跟踪健身数据、制订个人目标,增加健身的趣味性和互动性。

建立会员体系和福利计划:建立完善的会员体系,提供各种会员权益和福利。例如优惠价格、免费课程、专属活动等,增加顾客的满意度和忠诚度。

通过以上措施,经营类体育场馆能够满足多样化的全民健身需求,吸引更多顾客参与体育锻炼,推动全民健康生活方式的普及和提升。

3.混合类的体育场馆体现了场馆经营模式的多样化

混合类的体育场馆是指结合多种运动项目和服务形式,综合经营的体育场馆。这种模式能够满足不同人群的多样化健身需求,并提供更全面的运动体验。以下是一些混合类体育场馆的特点和优势。

多元化的运动项目:混合类体育场馆可以同时提供多种运动场地,如健身器械区、团课教室、游泳池、篮球场等。顾客可以根据自己的兴趣和需求选择多个项目进行锻炼,增加运动的多样性。

弹性的会员制度:混合类体育场馆通常具有灵活的会员制度,顾客可以根据自己的需求选择不同类型的会员,例如按次付费、月卡、年卡等。这种灵活的制度能够满足不同人群的经济能力和时间安排。

综合化的服务设施:混合类体育场馆除了运动设施外,还提供其他服务场地,如休息区、儿童乐园、美食区等。顾客可以在锻炼之余享受休闲娱乐,增加场馆的综合化体验。

个性化的健身指导:混合类体育场馆通常配备专业的教练团队,能够为顾客提供个性化的健身指导和训练计划。教练可以根据顾客的身体状况和目标制定特定的锻炼方案,提高运动效果和安全性。

社交互动的平台:混合类体育场馆提供了社交互动的机会,顾客可以与其他运动爱好者进行交流和互动。例如参加团体课程、加入运动俱乐部等,增加社交和活动的乐趣。

活动与比赛的举办:混合类体育场馆经常组织各类健身活动和比赛,如健身挑战赛、马拉松训练营等。这些活动激发了顾客的积极性和竞争欲望,增加了参与运动的动力和乐趣。

混合类体育场馆通过多样化的运动项目、灵活的会员制度和综合化的服务设施,满足不同人群的全面健身需求,并提供更丰富的运动体验。这种多样化的经营模式为顾客提供了更多选择,推动了全民健康运动的普及和发展。

第二节 公共体育场地管理

公共体育场地是我国政府体育公共服务供给的重要内容,在体育公共服务型政府构建中发挥着重要的基础性作用。

一、公共体育场馆的内涵和类别

(一)内涵

公共体育场地是指供免费或付费使用的开放场地,用于进行各种体育运动和健身活动。这些场地通常由政府、社区组织或相关机构建设和管理,旨在促进全民健身和提供运动交流。

公共体育场地的发展代表了体育公共服务均等化的发展水平,即国家为了广大居民提供的最基本的、大致相等的体育公共产品与服务,维护包括弱势群体在内的最广大人民的基本体育活动需求。

(二)类别

公共体育场地根据其规模或用途可以分为不同类型,以下是一些常见的公共体育场地。

公园健身区:许多公园都设置了专门的健身区域,配备有健身器材,如跑步道、器械区、伸展区等。市民可以在公园中进行户外健身锻炼,享受自然环境和清新空气。

社区体育场/操场:许多社区都建有体育场和操场,供居民进行各类体育活动,如足球、篮球、羽毛球等。这些场地通常对社区居民免费开放,促进邻里间的交流与互动。

学校体育设施:学校拥有丰富的体育设施,如运动场、游泳池、体育馆等,为学生提供体育课程和运动训练的场所。同时,一些学校也会将体育设施开放给社区使用,扩大体育场地的覆盖面。

社会体育场馆:一些政府投资兴建的社会体育场馆也是公共体育场地的一部分。这些场馆通常配备完善的设施和器材,提供各类体育项目的场地租赁和活动举办,满足公众的健身需求。

健身步道/自行车道:城市中常设有专门的健身步道和自行车道,供人们进行慢跑、散步、骑行等健身锻炼。这些场地通常环境优美、设置便利,成为市民日常健身的选择之一。

公共体育场地的建设和开放使更多人能够享受到方便、安全的运动场所,促进全民健身的普及和发展。它们不仅提供了健身的机会,还营造了积极向上的社交和互动氛围,提升了居民的生活质量和健康水平。

二、公共体育场地管理对策分析

(一)贯彻执行我国事业单位的管理体制

分类后的新型事业型体育场馆在资产上要遵循财政部门—主管部门—行政事业单位的管理模式,该类型的体育场馆属于国有资产,按照政府的行政级别进行对应管理,保证国有资产的保值和增值。在保障所有权归国有的基础上,积极探索其他经营模式。

(二)转变政府职能,建立和完善政策法规

政府真正做到下放权利,将体育公共服务购买到位,将政策执行到位,将更多的体育场馆的运营、管理交予体育社会组织,才能有效激活体育市

场,满足不同层次人群的需求,这是一条可以提高效率、提升效果的途径。我们要充分发挥市场的决定性作用,在产权关系明晰的基础上,提高场馆资源的效率。

体育设施建设布局政策法规滞后于体育设施建设布局的发展,执行不畅,体育立法还存在较多盲区和不完善的地方,使得很多体育政策无法落实到位,因此加强体育立法迫在眉睫。在社区规划、建设、改造等过程中,将体育休闲健身场地设施纳入计划并执行,政府在政策制定和监督方面起着决定性作用。

公共体育场地设施采取属地管理原则,充分尊重各个区域实际情况进行个性化管理,免费、低收费与收费并存,从而有效解决大型体育场馆和其他体育场地设施拥挤与闲置、开放与成本维护的矛盾,达到社会效益与经济效益共赢。

(三)采用委托代理模式,提高专业化管理水平

2016年,国家发展改革委和国家体育总局联合出台《"十三五"公共体育普及工程实施方案》,鼓励采取委托管理等方式,运用竞争择优机制选定各类专业化的社会组织或企业运营场(馆)。

委托代理是设计一种合理的激励机制,给代理人提供各种激励和动力,使代理人能按照委托人的预期目标努力工作,使委托人与代理人在相互博弈的过程中实现"双赢"。第一,设计科学有效的激励模式,可以采用基本费用+绩效费用的薪酬激励模式,在长期委托代理中采用股权激励机制,适度引用非薪酬的方式给予荣誉激励。第二,优化激励配套机制,通过改进招投标制度激励代理人,加强运营商的履约监管,有效消除信息不对称带来的道德风险,建立惩戒性的负面激励机制,在委托代理合同中明确违约责任和赔偿责任,建立负面清单制度保护委托人的权益。第三,建立和完善体育场馆的评价考核机制,先建立起科学、完善的评价体系,后建立起与绩效挂钩的

费用支付制度。第四,要培育竞争性市场,提高信息的公开性和透明度。第五,要优化委托代理合同,作为法律文件规范内容、明确责权利。①

此外,大量培养社会体育指导员,让有体育专业知识的人士管理公共体育场地设施,增强公共体育场地设施维护的专业性和对健身人群达到专业化指导的作用,既给社会体育指导员一个社会认同的身份,同时真正做到社会服务"以民为中心"的核心要素。②

(四)监督公共体育场地服务质量

监督的对象包括体育场地设施的管理和监督、体育协会的管理和监督、体育信息的管理和监督、体育赛事活动的管理和监督及体育产业中有关公共体育服务业的市场管理和监督。监督的主体包括政府相关职能部门、第三方专业组织、大众和舆论等,构成对体育场地和设施的全面监督。

首先对于体育场地设施的监管涉及到其日常维护、使用的合法性与合理性,保障群众的合法权益,避免公共体育场地挪作他用;其次对相关体育活动的监管,主办方资格审查,相关活动审批的程序性监管,维护体育活动的秩序;再次监管体育相关信息,保证信息的准确性和有效性;最后对于体育赛事的监管,涉及到赛事的流程、相关人群(运动员、教练员、裁判员、球迷等)、票务等。③

---

① 陈元欣、姬庆、周彪:《公共体育场(馆)委托管理激励机制研究》,《中国体育科技》,2019年第1期。

② 杜朝辉、刘芳:《需求视角下重庆市公共体育场地设施多元化管理研究》,《人才资源开发》,2016年第18期。

③ 王威著:《浅谈公共体育服务管理监督》,载北京中外软信息技术研究院:《第五届世纪之星创新教育论坛论文集》,重庆师范大学,2016年。

第三节 体育场地民营化

在推进我国体育治理体系和治理能力现代化的进程中,分项目、分层次、分类别、分阶段地找准国家、社会和市场在体育事业发展中的组织形态至关重要,因为我们目前的组织形态太过单一,仅有国家体育行政组织自上而下、从全国到地区、从地区到基层的体育行政组织,是无法满足体育发展的现实需求的,体育运动需要普及、体育产业需要开发,应形成以国家体育行政机构、体育社会组织、职业体育组织为主线,多种政府组织、非政府组织、草根组织、社区组织等全面发展的组织形态,开创一种体育发展的新模式。

一、制度规范

一系列规范性文件为我国体育场地实现民营化管理提供了制度保障,包括《中华人民共和国民法典》《公共文化体育设施条例》《体育场馆运营管理办法》《政府委托社会力量运营公共体育场馆示范合同》等。

《政府委托社会力量运营公共体育场馆示范合同》明确提出,公共体育场馆应"以体为主",充分体现公益性和服务性,通过免费和低收费开放等方式,为广大群众日常健身提供方便。运营方应根据场馆的功能要求,结合自身的管理经验,本着"以场养场、以馆养馆、以体养体"的原则,坚持社会效益和经济效益并重,推行"以体为主、多种经营"的模式,开展场馆运营。运营主体承诺保证公共体育场馆公益性,充分发挥其提供公共体育服务的基本功能,为广大人民群众创造和谐美好的体育健身环境。

二、体育场地民营化的优势

提升管理效率:私营企业通常具备更灵活的市场运作机制和经营管理能力,能够更高效地管理和运营体育场地。他们可以采用先进的管理理念和技术手段,提高场地的使用效率和服务质量。

创新经营模式:私营企业在经营体育场地时,有更大的自主权和创新空间,可以根据市场需求和顾客反馈,灵活调整经营策略和服务内容。这样能够更好地满足消费者的需求,提供多元化的体育活动和服务。

资金投入和多样化融资渠道:私营企业在体育场地经营中,可以通过自身的资金投入或引入外部投资,进行设施改造、设备更新等方面的投资。此外,他们还可以与商业合作伙伴合作,开展赞助、广告等多样化的融资渠道,增加经营收入。

提供更丰富的体育服务:民营化的体育场地更加注重市场需求和顾客体验,在提供基础设施的同时,还可以引入专业的教练团队、组织丰富多样的体育活动和比赛,为顾客提供更全面的体育服务。

促进体育产业发展:体育场地民营化有利于促进体育产业的发展。私营企业在经营体育场地的过程中,会带动相关产业链的发展,如健身器材、体育培训等,推动体育产业的繁荣和创新。

需要注意的是,在体育场地民营化的过程中,要确保公平竞争、规范管理和保障公众权益。政府应制定有效的监管政策和标准,确保体育场地的运营符合法律法规,并对私营经营者进行监督和指导,以确保公共利益和市场秩序的平衡。

三、体育场地民营化的问题

市场垄断和不公平竞争:在一些地区,体育场地民营化可能导致少数大型企业垄断市场,限制了其他小型企业的发展和竞争能力。这可能导致价格垄断、服务质量下降等问题,不利于消费者权益的保护和市场公平竞争。

社会公益属性减弱:原本由政府或公共机构管理的体育场地,在民营化后可能更加注重经济效益而忽视了社会公益属性。这可能导致部分场地不再向社会免费开放,或者收费逐渐增加,使一些群体无法享受到体育场地的便利。

设施维护和质量监管:民营化后,私营企业承担了体育场地的设施维护和管理责任。然而,一些企业可能因为成本控制等原因,对设施维护投入不足,导致设施老化、安全隐患等问题。同时,政府对私营企业的监管也需加强,确保场地运营符合规范和标准。

服务内容和质量参差不齐:民营化的体育场地由于市场竞争激烈,企业可能为了降低成本,减少服务内容或缩减人员。这可能导致服务质量参差不齐,影响用户体验和对体育场地的信任度。

公共利益的平衡:民营化的体育场地需要在追求经济效益的同时,兼顾公共利益和社会责任。私营企业应当承担起提供公共服务的责任,如为特殊群体提供优惠政策、支持社区体育活动等,以促进社会公益和全民健身。

解决以上问题的关键在于政府的有效监管与引导。政府应建立健全的监管机制,加强对民营体育场地的监督,确保其运营符合法律法规和相关标准,并采取措施解决市场垄断问题、保障公众权益、维护社会公益属性。同时,政府还应积极引导和支持其他类型的体育场地发展,如公办场地、社区场地等,以满足不同群体的体育需求。

第四节　新型举国体制下全民健身和体育场地发展

党的二十大报告指出,要"促进群众体育和竞技体育全面发展",如何实现全面发展,钟秉枢认为,"群众体育的全面发展要以人民健康为中心,实现全民健康,发挥新型举国体制的优势"。

党的十八届三中全会审议通过《中共中央关于全面深化改革若干重大问题的决定》,这是党在新的历史起点上全面深化改革的科学指南和行动纲领。党的十九大报告中指出,要坚持全面深化改革,不断推进国家治理体系和治理能力现代化。习近平总书记指出,"我们最大的优势是我国社会主义制度能够集中力量办大事。这是我们成就事业的重要法宝"。

一、新型举国体制的内涵

在我国体育事业不同的发展阶段,其呈现形式、历史使命和作用各有不同,新中国成立之后我们通过举国体制发展竞技体育,取得了举世瞩目的成就,新时代我们要通过新型的举国体制大力发展全民健身事业,建设健康中国,实现小康社会全面发展。

体育领域的举国体制是在计划体制下形成的体育管理体制,是在20世纪50年代之后形成的体育管理体制。新中国成立以后到1978年末党的十一届三中全会,这一阶段,我国的体育体制是20世纪50年代初借鉴苏联的体育体制模式,按照计划经济体制的要求而形成的行政高度集中的管理体制。体育的管理,以指令性垂直控制为主,以国家拨款分配为主,以文件计划等行政手段为主,反映了当时时代的特点。

举国体制使我国竞技体育水平在改革开放初期取得飞跃式发展,我国优秀运动员在国际大赛上获得的奖牌数大量增长。1982年新德里亚运会中国金牌数成为亚洲第一,1984年洛杉矶奥运会中国代表队获得第一枚奥运金牌。举国体制在初期成为我国体育事业后发优势的完美展现,使我国体育事业取得巨大成就。

随着以经济建设为中心的国家发展战略的逐步深化,政府管理职能也在逐渐转变,传统的举国体制显露出一系列弊端,其中高水平的竞技运动无法将其优势作用于群众体育事业的发展,为此,继承和发展传统举国体制,构建新型的举国体制迫在眉睫。

新型举国体制是在党的领导之下把政府、市场、社会有机结合起来,科学统筹、集中力量、优化机制、协同攻关,是在社会主义市场经济条件下实现集中力量办大事的新机制,将我国的政治制度优势与市场机制作用协同起来,不是运动式的发动全员,而是战略性集中优势力量,在重大项目和重要任务上完成目标。

二、新型举国体制下全民健身和体育场地发展的策略分析

(一)战略目标的确定

全民健身作为党和国家重要的战略目标,通过《全民健身纲要》《全民健身计划》等重大政策文件明确指出,体育场馆的建设和发展在《体育强国建设纲要》《关于构建更高水平的全民健身公共服务体系的意见》等文件中都做出了战略性阐述(见表5.1)。

表5.1　有关全民健身和体育场地的部分政策法规

日期	颁布(或印发)单位	政策名称
1995年6月20日	国务院颁布	《全民健身计划纲要》
2009年8月30日	国务院颁布	《全民健身条例》

日期	颁布(或印发)单位	政策名称
2011年2月15日	国务院颁布	《全民健身计划(2011—2015年)》
2016年6月15日	国务院颁布	《全民健身计划(2016—2020年)》
2016年4月15日	国家体育总局印发	《关于促进消费带动转型升级的行动方案》
2016年5月5日	国家发改委印发	《体育产业发展"十三五"规划》
2016年10月28日	国务院颁布	《加快发展体育产业的指导意见》
2019年3月5日	国务院颁布	《政府工作报告》

现代体育运动和科学技术已经实现了深度融合,2022年北京冬奥会和冬残奥会的成功举办彰显了我国科技创新的实力和新型举国体制的制度优势,科技冬奥实现了以国家利益为核心,满足了国家在重大事务下依靠科研攻关,成功实现重大国际赛事举办的中国方案。

(二)组织管理机制

2022年6月,新修订的《中华人民共和国体育法》将"体育社会团体"的章名修改为"体育组织",明确了各类体育组织对保障体育事业高质量发展的重要性。构建新型体育举国体制,推进中国体育现代化,形成与"中国之制"相匹配的组织形态,实现"中国之治"的美好愿景。

1.统一领导下的分级管理

在党中央、国务院、国家体育总局领导之下发展全民健身和体育场馆事业,拥有最高的领导决策机构,统筹全局,实现整个国家机器的高效运转,实现短时间内完成特定的任务。

2.多元主体,协同治理

跨部门协同机制,多部门、多主体共同致力于目标的实现。体育管理部门、教育部门、社区组织、社会组织等积极协作,创新发展、整合资源、满足需

求。(见表5.2)

表5.2　体育领域的组织类型和组织属性①

类别	行政组织	经济组织	社会组织	事业单位	任务性组织
第一受益者	社会大众	产权所有者	组织成员	客户集体	组织设立者
价值取向	公共理性	经济理性	社会理性	技术理性	责任理性
组织使命	公共利益最大化	利润最大化	培育公共精神	提高服务水平	解决特定任务
法人类型	机关法人	企业法人	社会团体法人	事业单位法人	开发性类型
决策特点	权威集中	资本多数决	社员多数决	独立分散	协商合作
事务类型	政务	商务	社务	专务	急务
存续前提	合法性	营利性	社会信任	服务质量	特定任务
组织特性	制度化组织（官僚定位）	生产性组织（营利定位）	公益性组织（非营利定位）	技术性组织（服务定位）	应急性组织（任务定位）
权力来源	法律授权（行政权）	经济权力（财产权）	整合权力（社会权）	公务分权（专业权）	弹性授权（专家权）
组织优势	整体统一性（独占性）	产权清晰性（竞争性）	自主灵活性（自治性）	能力专有性（专业性）	任务导向性（应急性）

体育行政组织是指依法律程序建立、行使国家体育行政权力、管理公共体育事务的政府组织机构实体。体育经济组织是指在体育市场领域运行并生产体育相关产品或服务的营利性经济实体,主要包括各种形式和所有制性质的企业。体育社会组织是成员为了共同的愿景、目标和意愿而成立的。政府设置体育事业单位的初衷是保障公共利益,其使命是基于专业性和技术性优势为民众提供公共体育服务。任务型组织是围绕解决某一特定任务而建立起来的组织形式,在任务完成时就会解散。

---

① 刘亮、赵晓慧、徐凤萍:《组织形态现代化:新型体育举国体制的时代命题、理论阐释与政策考量》,《上海体育学院学报》,2023年第3期。

3.项目管理

全民健身体育场地可以作为一个整体项目进行运营管理,通过项目管理模式实现战略目标。项目管理是一种具体的管理方式,从了解需求入手,然后设定项目目标,设计方案和选择方案,上下联动实施方案,最终实现既定目标。1988年国际奥委会成功地在加拿大的卡尔加里举办的第十五届冬奥会就是现代项目管理应用的典范,冬奥会结束后给卡尔加里留下了5亿美元的世界级的运动设施,包括一个奥林匹克公园。

在项目管理中,明确的项目目标既是项目的初衷也是项目的终极。体育场馆既有满足大型比赛要求的目标,又有满足人民群众进行身体锻炼和赛后商业化运作的目标。

项目管理中项目组织团队的建立至关重要,组织机构的专业性是保障管理目标达成的关键性因素,专业的人组成专业的机构,比如全民健身事业的推进离不开社会体育指导员的专业指导和管理,体育场地的建设和维护也必须依靠专业的技术人员和管理人员。

体育场馆通过采用项目管理模式有助于提升其整体价值,实现了场馆的良性运营和发展。

(三)在政府的主导之下,充分发挥市场机制和社会组织的职能优势

新型的举国体制是对传统举国体制的继承和发展,绝对不是全盘的否定,在新型的举国体制下,我们必须继续发挥政府的核心和主导作用,无论从管理制度的规范还是在财政资源的投入上,必须举全国之力,发挥政府的制度优势,此外,政府不是垄断管理,要突出其服务职能,市场机制的引入和社会组织的积极参与也是必不可少的。这是在加快推进国家治理体系和治理能力现代化战略下实现社会治理变革的重大命题,是全民健身和体育场地多元主体协同治理(PPP)改革的必行趋势。

1.市场机制

资本融合功能。为了解决全民健身治理中的资源短缺问题,要充分调动社会资源的融入,发挥社会主体力量的作用。

私人资本的注入将为全民健身体育场(馆)带来新的资金来源。私人资本主要通过以下方式介入场(馆)运营:停车场的承包、商店的收入、广告权、场地费用的充值。以上的私人资本的投入方式,是场馆运营过程中不可或缺的一部分。

政府采购。国家《体育发展"十三五"规划》明确提出,进一步健全政府购买体育服务体制,放宽市场准入门槛,发挥政府购买服务的支持效应,进一步丰富体育服务供给。政府购买服务是全民健身场(馆)的重要支撑,江苏省地方政府购买公共体育服务模式是我国较早进行实验的地区,积累了丰富的经验。2013年我国出台了《购买公共体育服务实施办法》,这也是我国第一个针对政府购买公共体育服务而出台的政策。通过地方政府购买公共体育服务的措施,激发社会资本投资建设公共体育服务设施。[①]

2.社会组织

新时代,我国社会的主要矛盾是人民日益增长的美好生活需要与不平衡、不充分的发展之间的矛盾。在全民健身领域,体现在全民健身公共服务供给已难以满足公民日益多样化的需求。为此,迫切需要改变传统由政府单一供给的局面,积极探索社会组织提供全民健身公共服务。这里的社会组织是指除了政府组织和市场组织外,其他以增进社会公益为组织目标的组织,可以充分发挥其社会承载功能。

社会组织参与全民健身公共服务可以通过三种方式来实现:第一种是政府主导型,政府与社会组织之间是"命令—服从"关系,可以实现较高的供给效率,以强制力保障纯公共体育产品的供给,保障公民参与体育的权利,在一定程度上避免"慈善失灵"。第二种是市场参与型,政府与社会组织之间是以自愿参与的方式实现各自利益最大化,依靠市场方式实现公共产品的成本补偿,能提供低成本、灵活性、个性化的全民健身公共服务产品,有利于促进体育社会组织自主性、合法性和运作活力。第三种是自愿参与型,多数为自愿参与的人群,不受政府组织限制,具有一定的团体结构,不以营利为目的,还对公共体育利益进行维护,获得收入不能分配给对该组织实施控制的个人,通过自我管理,独立开展体育活动,提供体育公共服务,满足民众健身娱乐要求。这里我们所指的社会组织参与为第三种方式类型。

然而,我们也必须正视当下存在的问题。一是参与全民健身和体育场地领域的社会组织规模偏小,据相关数据显示,截至2021年末,全国共有社会组织90.2万个,其中体育类社会组织不到2万个,整体数量偏少;二是筹集资金困难,缺少独立性,对政府财政拨款的依赖性较大,资助制度还不完善,募集资金的能力欠缺;三是政府购买全民健身公共服务内容模糊,缺少具体的明细;四是监管制度缺失,目前对社会力量提供全民健身公共服务的监督仅停留在"申报—论证—立项"三个环节,缺少对服务绩效的监管。

为此,我们必须:第一,壮大体育社会组织数量,尽快完善"体育公益慈善类"的"直接依法登记注册"的实施方案,规范税收优惠政策,转变大众对社会力量价值的认知和态度;第二,拓宽资金来源渠道,由政府带头牵线,社会组织行使权力,去吸引社会资本竞争,由社会力量举办健身活动时通过政策引导自行筹资,激发社会力量的组织活力;第三,细化政策规范,完善全民健身公共服务内容,细化购买项目,根据各省购买服务内容结合不同社会团体的能力来规划购买目录内容,明确各部门工作内容,部门协同并进管理购买服务;第四,完善监督制度,明确政府相关机构的组成及工作职能,明确监管流程和内容,积极引入第三方评估机制,增加协同监管的意识。①

3.实现社区联动、村落协作

(1)城市社区体育

第一,社区体育组织的健全和完善。

2021年7月国务院公布的《全民健身计划(2021—2025年)》中提出,要激发体育社会组织活力。大力培育社区体育社会组织是实施全民健身计划、实现健康中国战略目标的重要一环。社区体育社会组织主要指在社区成立并组织社区居民开展体育活动的社会组织,主要包括社区体育社团(协会)和社区健身团队等。在社区培养体育俱乐部,在俱乐部的带领下培育多样的社区健身组织,通过自治和自发等方式组织体育活动;政府在这一过程中,通过政府采购的方式和自下而上申请的方式满足多样化、个性化的体育需求;政府制定科学的政策,积极扶持、精准对接社区体育组织,分类行、分阶段培育,树立品牌效应;实现社区体育社会组织的实体化运作,独立、自主管理,政府在经费上给予必要的支持。②

第二,城市社区体育和全民健身的结构特点。

多样化的活动形式:城市社区体育和全民健身注重提供多样化的活动形式,以满足不同人群的需求。除了传统的体育项目如篮球、足球、羽毛球等,还涵盖了瑜伽、太极拳、舞蹈、健身操等各种健身方式。通过丰富多样的活动形式,吸引更多人参与到体育运动和健身活动中。

高度社区化和邻里互动:城市社区体育和全民健身注重在社区内建设体育场地和健身设施,使居民可以方便地进行运动和健身活动。这种社区化的特点有助于增加邻里间的互动和社交,促进社区凝聚力和归属感的

① 吕诗蒙、郭佳奇、曹森:《社会力量提供全民健身公共服务的方式、困境与策略》,载《第十二届全国体育科学大会论文摘要汇编——墙报交流(体育社会科学分会)》,2022年。

② 王曼:《在全民健身中有效培育社区体育社会组织》,《中国社会报》,2021年11月5日。

形成。

广泛的参与对象:城市社区体育和全民健身旨在让所有人都能够参与,包括不同年龄、性别、职业和身体条件的人群。无论是儿童、青少年、成年人还是老年人,都可以在社区体育和健身活动中找到适合自己的项目和方式。

多层次的组织体系:城市社区体育和全民健身的组织体系通常是多层次的。在底层是社区层面的体育协会或俱乐部,负责组织和推动社区内的体育和健身活动。在中层则是区域性的体育协会或机构,负责协调和支持社区层面的工作。在顶层则是市级、国家级的体育行政机构和相关组织,负责政策制定和整体规划。

专业化的指导和服务:为了提高社区体育和全民健身的质量和效果,专业化的指导和服务也得到重视。专业的教练员和运动员可以提供指导和培训,帮助参与者正确掌握技能和方法。同时,健身设施的设置和管理也需要符合相关标准,确保使用者的安全和舒适。

总的来说,城市社区体育和全民健身注重多样性、社区化、普惠性和专业化,在满足居民体育需求的同时,促进社区发展、增进社交和改善全民健康水平。

(2)农村社区体育

随着我国建设小康社会的稳步推进,我国乡村社区体育环境的建设基本健全,室外体育健身器材基本普及,部分乡村社区也建有室内健身场(馆),这为进一步推进全民健身发展和实现健康中国的宏伟目标做出了重要的贡献。

建设乡村全民健身场(馆)符合当前全民健身的发展和需求,乡村社区体育是推进全民健身的基础。我们要考虑乡村社区的人口数量、经济水平、文化程度的特点,建设不同规模、不同水平、不同运动项目的场(馆)。基层政府在建设乡村社区体育过程中给与一定的政策红利,例如对土地的红利、

税收的红利。①

针对农村特点：农村社区体育注重适应农村地区的特点和需求，结合当地资源和条件，开展适合农村居民参与的体育项目和健身活动。例如，开展农田里的体育锻炼、乡村篮球、乡土体育游戏等。

社区化组织：农村社区体育以农村社区为基础单元，构建以农村社区为核心的组织体系。通过建立农村社区体育协会、俱乐部或小组等形式，组织和推动农村居民参与体育运动和健身活动。

多样化的活动形式：农村社区体育丰富多样，既包括传统的农村体育项目如太极拳、广场舞、跳绳等，也包括现代的体育项目如篮球、足球、羽毛球等。同时，还可以结合当地文化和传统，开展农村特色的体育活动。

促进健康和社交：农村社区体育旨在提高农村居民的身体健康水平，改善生活质量。通过参与体育活动和健身项目，不仅可以增强身体素质，还能促进社交互动，增进邻里间的交流。

资源整合与支持：农村社区体育需要整合当地资源，包括场地设施、人力资源等。政府应加大对农村社区体育的支持力度，提供相关政策、经费和培训支持，推动农村社区体育的发展。

通过开展农村社区体育活动，可以激发农村居民参与体育运动和健身活动的热情，提高其身体素质和健康水平，并丰富农村社区的文化生活。同时，农村社区体育也有助于促进农村的综合发展，增强农村社区的凝聚力和建设活力。

---

① 李小宁：《全民健身体育场（馆）建设与管理模式优化研究》，兰州理工大学硕士论文，2019年。

第六章 体育场地智慧化发展分析

党的二十大报告强调,"推动战略性新兴产业融合集群发展,构建新一代信息技术",要"加快发展数字经济,促进数字经济和实体经济深度融合"。2021年《"十四五"体育发展规划》提出,"支持人工智能等新兴技术在体育领域的创新运用"。2021年12月,中共中央办公厅、国务院办公厅印发《关于构建更高水平的全民健身公共服务体系的意见》强调,要"加快运用5G等新一代信息技术改进场馆管理和赛事服务"。2020年国务院政府办公室《关于加强全民健身场地设施建设 发展群众体育的意见》强调,为了更好地促进人民群众的体育活动,应当加大对互联网+体育运动的支持,提高全民健身公共服务智慧化、便捷化、信息化。

近年来正值全民健身热潮,以人工智能赋能体育场馆智慧化转型是当下之需,也是体育产业高质量发展的必经之路。积极探索体育场馆智慧化发展路径,对解决"群众健身去哪里"难题,构建更高水平的全民健身公共服务体系具有重要的实践价值,是回应人民对美好生活向往的重要内容;加快智慧体育场馆建设是拓展体育"新基建"消费场景,促进体育产业与科技、旅游、教育、健康、文化等跨界融合,形成运动项目产业链,助力体育产业成为国民经济支柱性产业的重要举措。

第一节　新时代人们健身形式的需求变化

随着全民健身体系建设的推进,体育场馆为适应全民健身的需要也在加强建设。随着体育场馆的增多,其质量要求也越来越高。在这种背景下,各类新型场馆不断涌现,如大型体育场、体育馆、游泳馆、网球场等。这些场馆都具有一定规模和功能上的复杂性,同时也需要有先进的技术手段作为支撑。传统的建筑结构设计中往往只注重功能而忽略了其他方面的设计,导致场馆在使用过程中存在着很多问题,如结构不合理、布局不科学等,这些都需要通过先进的技术装备来实现其多功能。伴随着计算机数字网络(CNN)的推广,体育场馆已充分利用智能技术来配置各类设施,提高了体育场馆各类应用设备的利用率和使用者的体验感和获得感。①

一、政策背景

体育场馆是全民健身和城市公共服务的重要设施,体育场馆服务业是体育产业的重要组成部分,其智慧化升级是推动体育产业实现高质量发展的有效保障。

(一)《"十四五"体育发展规划》

《"十四五"体育发展规划》对体育信息化建设进行了部署,这是为满足人民期盼便捷智能体育需求、国家推动体育高质量发展的要求而提出的任务和谋划的布局,体现了体育领域以信息化培育新动能的新理念,对助力实

---

① 尹柱:《体育场馆智能化信息化建设的探讨》,《科技资讯》,2023年第1期。

现体育强国建设目标具有重大意义。

《"十四五"体育发展规划》提出,要打造一批智慧体育场馆,推动1000个以上体育场馆数字化升级改造,建设10000个以上的智慧化健身场地设施。提出要推进"互联网+健身""物联网+健身",创建涵盖全民健身群众组织、场地设施、赛事活动、健身指导、器材装备等内容的数字化全民健身服务平台。

(二)《全民健身信息服务平台建设指南(试行)》

2022年,国家体育总局出台了《全民健身信息服务平台建设指南(试行)》,用于指导规范各级全民健身信息服务平台建设,推动构建国家、省、地(市)三级全民健身信息服务平台,从全民健身服务、群众体育管理、公共支撑、安全保障、平台对接等方面就平台建设提出技术层面的指导意见,明确了组织实施要求。全民健身信息服务平台建设内容包括全民健身服务一体化、群众体育管理一体化、公共支撑一体化及安全保障一体化,从而实现"统一公共服务入口、规范公共服务事项、融合线上线下服务、场馆场地设施管理、赛事活动管理、统一身份认证、统一数据开放和共享"等目标和功能。

(三)其他相关政策

2019年颁布的《体育强国建设纲要》中明确指出,要推进全民健身智慧化发展,运用现代多种新信息技术促进各类体育服务智慧化升级,推动智慧体育公园、智慧体育健身路径、智慧体育健身步道等多种智慧体育设施的建成,促进体育场馆各类服务的整合应用。

2021年,浙江省《大中型体育场馆智慧化建设和管理规范》全面梳理了智慧体育场馆的系统架构,成为我国第一个智慧体育场馆建设的省级标准。

二、新型健身需求

随着物联网、大数据、云计算、5G、AI等现代信息技术的迅速发展,社会信息化程度不断加深,广大群众对全民健身智慧化也提出了更高要求。互联网、移动健康技术、社交媒体的快速发展,使得当下多种App具备运动、心率监测,VR、AR技术可以实现个人在虚拟环境下进行体育锻炼。对此,可研发新的运动产品,实现非聚集、非接触的大型体育活动,使个体居家环境下的运动有更为丰富的体验感。

随着全民健身运动的不断推进,人们对运动促进健康的认识更加深入,开展全民健身活动更加广泛。新冠肺炎疫情给体育带来了较大冲击,部分活动逐步从线下转入线上,居家健身线上服务、云上赛事、虚拟运动等已被大众所关注和采用。随着5G、大数据、云计算、物联网、区块链、人工智能等新技术在体育领域的广泛应用,以及新技术支撑实现与相关行业的深度融合,预计将有更多的数字运动得到创新发展,其在进一步推动对传统体育的场景感知化、体验数据化、展现视频化、社交情境化赋能的同时,还会不断为居民健身活动开拓新手段、为青少年教育教学增添新形式、为体育产业和体育消费营造新生态。①

(一)居家健身新变化

1.居家健身线上服务

随着互联网和移动设备的普及,居家健身线上服务得到了广泛的关注和应用。通过在线健身课程、应用程序和社交媒体等平台,人们可以在家中进行各种形式的健身活动。这种方式节省了时间和交通成本,同时也提供了灵活性,让用户可以根据自己的时间和需求选择适合的健身项目。

2.云上赛事

云上赛事指的是利用网络技术和虚拟平台组织的体育竞赛。参与者可以通过互联网或移动设备报名参赛,比赛结果和数据则通过线上平台进行记录和公布。这种方式不受地域限制,可以让更多的人参与到比赛中,并创

---

① 资料来源:国家体育总局,加快体育信息化建设,助力实现体育强国目标——《"十四五"体育发展规划》体育信息化内容解读,www.sport.gov.cn/n315/n331/n405/c23721654/content.html。

造出全新的竞技体验。

3.虚拟运动

虚拟运动利用虚拟现实(VR)和增强现实(AR)等技术,在虚拟环境中进行体育运动模拟和互动。例如,通过戴上VR头戴设备,可以参与虚拟的跑步、骑行、滑雪等运动,身临其境地感受运动的乐趣。这种方式不仅提供了娱乐性和互动性,还可以激发人们的兴趣,增强运动的体验感。

这些新兴形式的出现,为人们提供了更加便捷和多样化的参与体育运动和健身活动的方式。它们突破了时间和空间的限制,使人们能够根据自己的需求和喜好选择适合的方式进行运动和健身。同时,它们也在一定程度上促进了技术与体育的结合,推动了体育产业的创新和发展。然而需要注意的是,在享受这些线上服务和虚拟运动的同时,我们仍然应保持适度运动和注意身体健康,避免长时间过度依赖虚拟环境而忽视真实的运动锻炼。

(二)传统体育赋新能

1.场景感知化

利用传感器、无线通信等技术,实现对传统体育场景的感知和分析。例如,在篮球比赛中安装传感器监测球员跑动速度、位置变化等数据,通过智能分析提供实时反馈和指导。

2.体验数据化

通过身体传感器、智能设备等收集运动者的相关数据,如心率、步数、卡路里消耗等,实现对个人运动数据的记录和分析。这些数据可以帮助运动者评估自己的运动状况、制订训练计划,也可以进行比较和竞争,提高运动者的参与度。

3.展现视频化

利用摄像技术、虚拟现实等手段,将传统体育场景以视频形式呈现出来。通过录制和直播体育比赛、训练过程等,观众可以通过手机、电视等媒介实时观看比赛,并且可以选择不同视角、回放慢动作等功能,增强观赏体验。

4.社交情境化赋能

通过社交媒体、在线平台等方式,将传统体育与社交互动相结合。例如,利用移动应用程序创建运动社区,让运动者分享自己的训练成果、交流经验,还可以组织线下活动、挑战赛等,促进社交互动和团队合作。

这些创新手段为传统体育注入了新的元素和可能性,丰富了人们在参与体育活动中的体验和互动。同时,场景感知化、体验数据化、展现视频化和社交情境化的赋能也有助于提高体育运动的效益和普及度,推动体育产业的发展和创新。然而需要注意的是,在数字化和智能化的过程中,保护个人隐私和信息安全也是非常重要的一点。

第二节　智慧化体育场馆的特点和意义

一、智慧化、智能化、信息化的区别

(一)智慧化(Smartification)

党的十九大报告中明确提出,中国开始迈入构建"智慧社会"时期,社会同样需要高质量发展。

智慧化是指通过应用先进的计算机、通信和传感技术,将传统产品、服务或系统赋予智能化、感知化、自动化等特性,使其具备更高的智能水平。智慧化强调利用智能化技术提升原有系统、产品或服务的智能程度和功能,以提供更加智能、便捷、高效的解决方案。IBM在2008年首次提出"智慧地球"这一概念,随后"智慧化"一词便迅速传遍全球,衍生出智慧图书馆、智慧旅游、智慧医疗、智慧交通和智慧城市等新兴概念。

智慧体育是指通过信息技术手段，实现人与体育场馆、体育器材、体育设施之间的联系，利用智能的设备，使体育运动更好地服务人们的生活需要。全民健身智慧化是指在数字时代背景下，现代信息技术与全民健身相融合，提升全民健身效率的发展过程，把数字化信息和知识作为关键生产要素，通过数字技术优化资源配置，推动传统全民健身方式变革和优化，提高全民健身发展的效率和质量。[①]

（二）智能化（Intelligentization）

智能化强调通过引入人工智能（AI）和机器学习等技术，使系统、产品或服务能够进行数据分析、学习和自主决策，实现更高级的智能行为。智能化注重在系统层面上实现人工智能的应用，通过深度学习、模式识别等技术让系统能够具备类似于人类的认知和决策能力。

智能化体育场馆是指运用先进科技手段，将体育场馆各项功能和服务进行智能化改造升级。这种体育场馆不仅能够提供更加便捷、高效的服务，还可以提升用户体验和运营效益。智能化体育场馆使用智能设备和传感器，实现对场馆内各项设施和设备的自动化控制监测。例如，通过智能灯光系统实现对场馆内灯光的自动调节，根据不同的活动需求带来不一样的照明效果。同时，通过智能空调系统实现对场馆内温度和湿度的自动调节，提供舒适的环境。数字化体育场馆则是通过运用数字技术和互联网技术，将场馆内的各项服务、管理进行数字化处理。例如，通过手机 App 实现场馆内的预约、购票、入场等服务，方便用户进行操作管理。同时，通过数字化的管理系统对场馆内的设施、设备和人员进行实时监控管理，提高运营效率及安

---

① 李征宇、史晨雨：《我国智慧体育场馆研究的现状、热点与启示》，载中国体育科学学会：《第十三届全国体育科学大会论文摘要集——墙报交流（体育产业分会）》，上海体育学院经济管理学院、清华大学体育部，2023年。

全性。①

（三）信息化（Digitization）

信息化是指将数据、信息和业务流程数字化、网络化和智能化，以提高信息的获取、处理、存储和传递效率。信息化关注的是利用信息技术将传统的纸质或非数字化的信息转化为电子形式，实现信息的高效管理和应用，以推动业务流程的优化和协同。

总体而言，智慧化强调将传统产品、服务或系统赋予智能特性，提供更智能的解决方案；智能化注重通过人工智能技术赋予系统学习和决策能力；信息化则关注将信息进行数字化和网络化，提升信息处理的效率和应用价值。这些概念在不同层面上都涉及到技术的应用和创新，旨在提升生活和工作的智能化水平和效率。

二、智慧化场馆的特点

随着人们体育消费能力的提升，体育消费观念也在发生着改变，科技赋能全民健身成为未来发展趋势。人们对于强身健体的热情逐渐高涨，利用人工智能、物联网等新时代信息技术为全民健身进行赋能变得尤为重要。

（一）智能感知

智慧化体育场馆利用各种传感器、监控设备等技术，实现对场馆内部环境、设备状态、人流量等信息的感知和监测。例如，可以实时监测温度、湿度、空气质量等环境参数，以保障用户的舒适度和安全性。

（二）数据化管理

智慧化体育场馆通过数据采集、分析和处理，实现对场馆运营和管理的精细化和高效化。例如，可以通过数据分析预测场馆使用情况，合理安排资

---

① 曹昕彤：《体育场馆的智能化与数字化转型》，《文体用品与科技》，2024年第3期。

源;还可以对设备进行远程监控和维护,提高运行效率和节能减排。

(三)个性化服务

智慧化体育场馆可以根据用户的需求和喜好,提供个性化的服务。例如,通过智能手机应用程序预订场地、购买门票、定制训练计划等;还可以根据用户的身体数据和健康状况,提供针对性的建议和指导。

(四)互联网互动

智慧化体育场馆利用互联网和移动设备,实现与用户之间的互动和沟通。例如,可以通过社交媒体平台分享运动成果、组织线上挑战赛等,增强用户的参与度和社交互动。

(五)提升体验感

智慧化技术为体育场馆提供了更加便捷、高效和个性化的服务,从而提升用户的体验感。例如,通过智能门禁系统快速进出场馆、使用智能储物柜存放个人物品、享受定制化的音乐和灯光效果等,让用户在运动过程中得到更好的享受和满足。

智慧化体育场馆的意义在于提升场馆的管理效率、优化用户体验,推动体育产业的创新和发展。它不仅提供了更好的运动环境和服务品质,也为体育赛事、健身教育等活动提供了更多的可能性和资源支持。同时,智慧化体育场馆还可以吸引更多的人群参与体育运动,促进社会的健康生活方式和全民健身的普及。

第三节 体育场馆智慧化管理的系统和模式分析

智慧化是全民健身高质量发展新征程中的关键载体和有效抓手。智慧化的体育场馆服务全民健身过程中呈现出市场反应速度快、边际成本低、资源消耗少、环境污染小等显著特征。

一、体育场馆智慧化管理的系统

体育场馆要实现智慧化管理必须建立起强大的硬件和软件系统,构成支撑体育场馆的智慧化管理的平台。

(一)感知与监测系统

智慧化体育场馆需要建立感知与监测系统,包括环境感知、设备状态监测、人流量监控等。通过使用传感器、监控摄像头、计数器等设备,实时获取场馆内外的数据信息,以支持后续的决策和调整。

(二)数据管理与分析系统

智慧化体育场馆需要建立数据管理与分析系统,用于对收集到的数据进行整理、存储和分析。这些系统可以利用大数据技术、云计算等手段,实现对数据的处理、挖掘和可视化展示,从而为决策者提供基于数据的依据。

(三)运营与服务系统

智慧化体育场馆需要建立运营与服务系统,用于管理场馆的各项运营活动和提供用户服务。这包括场地预订系统、门票销售系统、会员管理系统等。通过这些系统,用户可以方便地进行场地预订、购买门票,并享受个性化的服务。

（四）安全与保障系统

智慧化体育场馆需要注重安全与保障系统的建设，包括视频监控系统、智能门禁系统、灾害预警系统等。这些系统可以帮助场馆管理者及时发现安全隐患、监控人员出入、防范突发事件等，保障场馆的安全运营。

（五）互动与体验系统

智慧化体育场馆可以通过建立互动与体验系统，提供更好的用户体验和参与感，包括智能手机应用程序、虚拟现实技术、增强现实技术等。通过这些系统，用户可以方便地了解场馆信息、参与互动活动、享受个性化的服务。

如将物联网、人工智能等数字技术与场馆建设和运营进行结合，将虚拟赛事活动仿真系统等大型活动可视化组织协同平台引入体育场馆，重塑全民健身活动业务流程，建立全民健身活动的数字孪生场景，重塑全民可视化的立体空间，提供智能观赛、智能消费等功能，让健身群体体验云端体育场馆服务，实现体育场馆服务全民健身的平台和内容的双重数字化。

二、体育场馆智慧化管理的模式

在智慧化体育场馆的管理模式上，可以采用以下五种常见的模式。

（一）平台模式

由一个统一的平台整合各个子系统，实现数据共享和协同工作。这可以提高场馆管理的效率和资源利用率。

（二）数据驱动模式

基于数据分析和挖掘，提供决策支持和优化建议。通过对数据的收集、处理和分析，实现对场馆运营的精细化管理。

（三）用户参与模式

鼓励用户参与体育场馆的管理和运营，例如通过在线投票、意见反馈等方式，让用户参与场馆的决策和改进。

(四)联盟合作模式

多个体育场馆之间建立联盟或合作关系,共享资源和服务,实现资源的互补和优势互助。

(五)长期可持续发展模式

在智慧化体育场馆的建设和管理中,注重长期可持续发展,充分考虑环境保护、节能减排等因素。

总之,这些系统和模式可以根据具体的场馆需求和运营特点进行定制和调整,以实现智慧化体育场馆的有效管理和良好运营。

第四节　体育场馆智慧化管理的实证分析

2023年3月,科教司发布了《关于2022年度智能体育典型案例名单的公示》,公示了包括智能体育产品、智慧体育场馆解决方案、智能户外运动设施解决方案、运动健身App和平台及其他方向等五个方面。其中智慧体育场馆解决方案涉及27个案例,下面我们就来分析部分案例的信息。

一、羽约AI智慧场馆

厦门钛尚人工智能科技有限公司主要从事羽毛球馆AI订场和智能场馆的建设、运营及AI增值服务。公司构建的"羽约运动"平台(https://www.taisam.cn/)为全国羽毛球馆提供人工智能专业运营服务。公司专注于人工智能+运动的应用场景化研发,致力于打造24小时无人值守AI羽毛球馆,是一家技术驱动型的AI场馆投资运营商。

平台可为羽毛球馆提供全场景无人化AI智能营业,即AI机器人代替传统人力去经营场馆。从订场接单、客情促进、销售营销、俱乐部与活动组建、场馆现场服务/管理、到实时记账与经营报表生成……均由AI自动完成。馆长只需远程查看实时营业数据、现场视频、远程管理控制场馆，就可将一切掌握手中。

羽约场馆核心功能包括AI运营：自动进行球友运营营销、组织活动与俱乐部，且能多场景推荐球友购买场馆会员卡，让运营更简单有效；AI营销：自动精准把闲置时段卖给合适的球友；AI财务：自动实时记账与生成年月财务报表；AI分析：自动提供多维度月经营分析报告，让馆长更科学更专业地经营场馆；AI新服务：可免费升级为"24小时无人值守智慧场馆"与"电子裁判服务的智能片场"，"无人值守"节省人力成本、新增的营业时间。

二、"互联网+公益健身"智慧社区健身中心

长沙智慧社区健身中心建设是根据国家体育总局相关部署进行的自主探索项目，是"互联网+健身"模式下的创新实践。这一项目从2019年试点，到2020年深化，再到2021年推广普及，秉持设计、建设、运营、管理、维护"一体化"的思路，坚持以最小的成本实现群众健身的最大覆盖。到2021年底全长沙智慧社区健身中心总数达230个（"十四五"规划达到400个以上），在城市社区覆盖率为30.3%，使用人次超2000万。

智慧社区健身中心选址居民小区，突出公益属性，场馆智能智慧，有助于提高政府资金、城市闲置场地资源、社会资本的配置效率，为市民提供公益性全民健身服务。让全民健身从"15分钟健身圈"到"5分钟健身圈"，并真实地走进了老百姓的生活圈，打通了全民健身与全民健康的"最后一公里"。

随着人民生活水平的不断提高，以及人们对健身、健康的迫切渴望，"让百姓在更近的距离内享受智能化、个性化的健身"，成为时代发展的趋势和重要方向。在智慧社区健身中心中安置"刷脸"门禁、防尾随系统、中央监控报警系统、中央空调、新风系统，以及各类智能健身器械等科技感满满的设

备和条件,还可以通过手机扫码选择各类智能专业设施器械进行锻炼、观看云端视频指导,使用 App 即可查看运动数据、进行在线交流等,每月只要 25元。越来越多的人"扫脸入场"爱上运动,健身正成为越来越多的人的刚需,而这座"健康之桥"也将在大数据时代,架起更加精彩的健康通道。

在管理上体现"政府出资、社区出地、企业运营"的三方共建创新模式。政府出资建设,为智慧健身项目的投入兜了底,也确保了智慧健身项目的公益性。正是基于政府出资的公益项目,社区参与的主动性和积极性空前高涨,没有参与智慧健身项目的社区,居民甚至会去"问责",开展起来几乎到处是一路绿灯。企业运营,则是将专业的事情交给专业的人员来做。作为该项目的运营方,湖南嘿哈猫网络科技公司成立于 2017 年,是国家级高新技术企业。该公司创建"互联网+公益健身"模式,通过将互联网技术和思维应用到健身行业,对公益健身房进行产业互联网改造,既实现设施管理、健身科学指导、突发事件安全救护等核心技术的专业化,也在人力成本控制最小化、赢得模式多样化独辟蹊径。

三、智慧长者运动健康之家

长者运动健康之家是上海在全国首创、面向老年人的社区多功能健身场所。坚持为长者提供多样化的服务内容,包括体质测试、基础健康检测、科学健身指导、慢性病运动干预、运动康复训练、健康知识普及和休闲社交等,打造社区"一站式"运动康养服务平台。目前已实现智慧化运动管理,为长者提供闭环数字化运动健康服务,建立专属"运动健康档案",让他们在快乐健身的同时,体验城市数字化转型的便捷。作为上海体育消费券定点场馆专项扶持项目,长者还可以使用助老体育消费券,每月仅需 69 元即可享受专业运动健康服务。

一般在场馆内设有体质检测区、有氧训练区、等速肌力提升区、微循环促进区、综合干预区、柔韧拉伸区和休闲交流区等多个区域,配备了适老化健康促进设备,有专业老年人跑步机、心肺有氧多功能训练机等20余种设备,满足社区老年人运动健康需求的同时,还提供了一个温馨时尚的社交平台。随着老年人对身体健康越来越关注,"长者运动健康之家"也定期开设老年人高血压、防跌倒等专题讲座,深受喜爱,每次都会吸引众多老年人前来听专业人士的授课。

第七章 学校体育场地和社会公共体育场地双向开放的社会化分析

体育场地和设施是全民健身的重要基础和保障,随着我国综合国力的不断增强,投入到体育场地和设施事业的经费不断提高,体育场地资源越来越丰富,盘活存量,高质量管理场地和设施成为非常必要的工作。近年来,尽管国家在大力发展全民体育设施基础建设,但是不平衡、不充分的体育资源配仍然难以满足广大人民群众的体育健身需求,与世界体育强国的人均体育资源供给水平相比仍远远落后。对比之下,学校体育资源则丰富得多,不仅拥有专业化的体育师资队伍,而且拥有较为完善的体育场馆和运动设施,在这一供需矛盾面前,将学校体育资源有效应用于全民健身活动,不仅有益于全民健身计划的实施,对于促进学校体育教育改革、弘扬学校体育教学的社会价值,也能够产生积极而重要的意义。

学校体育场地向社会开放的问题由来已久。早在1995年国家体委就下发了《关于公共体育场馆向群众开放的通知》,鼓励、倡导有条件的学校向社会开放体育场地,以满足广大人民群众日益增长的体育锻炼、健身需要。国家体育总局、教育部决定从2006年开始在全国开展学校体育场馆向社会开放试点工作,进而积极、稳步、有效地促进全国学校体育场馆向社会开放。

2017年,教育部、国家体育总局印发《关于推进学校体育场馆向社会开放的实施意见》,大力推进学校体育场馆向社会开放。2019年,中共中央、国务院印发《关于深化教育教学改革全面提高义务教育质量的意见》,鼓励地方向学生免费或优惠开放公共运动场所。在国家政策的影响下,各地纷纷出台地方政策,2018年天津市人民政府办公厅印发了《关于推进我市学校体育场地向社会开放实施方案的通知》,2023年12月19日浙江省发布了《浙江省人民政府办公厅关于推进机关企事业单位体育场地设施向社会开放的实施意见》,2023年8月安徽省合肥市教育局和体育局联合下发通知,要求全市中小学校(含公办中专学校)体育场地设施在双休日、国家法定节假日和学校寒暑假期间安全有序向社会开放,做到应开尽开。综上,体育场地资源的高效率使用,服务于民,这是体育场地存在的价值所在,我们有必要科学规划、合理管理。

据第六次全国体育场地普查数据显示,至2013年末,全国各单位体育场地数量约为164.24万个,但全天开放的场地仅有84.58万个,占总数的51.5%,不开放的场地约有56.23万个,占总数的34.2%,部分时段开放的场地约有23.43万个,约占总数的14.3%。这表明,至少到2013年,全国大概有一半单位的体育场地是不完全对外开放的。虽然为了改善体育资源浪费的局面,2017年国家体育总局联合教育部印发了《关于推进学校体育场馆向社会开放的实施意见》,2018—2019年国家体育总局连续发布了关于做好XX年大型体育场馆免费或低收费开放工作有关事宜的通知,国务院办公厅在2020年9月印发了《关于加强全民健身场地设施建设发展群众体育的意见》中特别强调"推动设施开放",这些举措使体育场馆开放情况有所好转,但是由于种种现实问题(如校园安全问题、地方财力匮乏无力补贴等)的制约,并没有从根本上扭转大多数学校和各单位"锁着"大量优质体育场地和设施的局面。

第一节　体育场地高效率开放的必要性分析

双向开放是指学校的体育场地向社会开放,社会公共体育场地向学生开放能够有效缓解人民群众日益增长的体育健身需求和体育场馆资源供给不足之间的矛盾,促进全民健身事业的繁荣发展。除了双向开放中所提及的学校体育场地特征鲜明,社会公共体育场地是指由各级人民政府或者依赖社会力量举办的,服务社会公众体育活动的公益性体育场地和设施。可见,这类体育场地具有公共性、公益性等显著特征,对外开放是其本质特征所决定,此外,提高体育场地的开放率具有多重意义和价值。

一、体育场地的内在规定性

我国教育系统以公办学校为主体,其主要办学经费来源为财政资金,而财政的基础是税收,税收性支出属于公共支出。从产权的角度,财政资金购置的资源应属于公共资源,公共资源的所有权归全体国民,具有向国民免费开放使用的内在规定性。

二、符合体育场地数量和结构特点

(一)学校体育场地数量和规模占比大

2013年12月31日起,由国家体育总局、教育部等部门组织联合开展的第六次全国体育场地普查工作,通过对国家各类组织体系、各类相关行业、各类经营管理模式和各种所有制体育场馆做了科学而高效的相关调查与数据分析,结果明确显示,全国共有体育场地169.46万个、面积39.82亿平方米,国家教育系统管理的体育场地有66.05万个,数量占全国体育场地总数的38.98%,面积所占比例远高于其他体育场馆管理单位,达到53.01%的高比例。

学校体育场地的特点是数量丰富,相关的设备专业且齐全,标准的场地能够承接各种类型的专业训练和比赛,专业的体育设施也能够满足使用者的需求。

与此同时,社区居民却面临着锻炼无处去、场地设施资源短缺的现实困境,产生了体育场地不平衡、不充分的发展与人们对体育锻炼高涨热情之间的矛盾。

(二)学校和社区地理位置近

在我国,学校大多数建筑在人群密集的住宅小区附近,与居民的生活高度融合,学区制是中国特色的教育管理制度,体现了学校和社区的协调发展。

一个社区也是一个小小社会,除了居所、市场、医院等单位之外,学校可以说是一个社区之内最为重要、也最为特殊的一个机构。从体育资源的配置来讲,一个社区的体育资源也主要聚集在学校里边,而一般社区即使是和学校毗邻的区域,能够拥有一块空间较大的场地已属不易,至于配套齐全、功能丰富的体育场馆基本上是可遇不可求的。因此,从快速而有效解决社区体育资源匮乏这一角度来看,充分开发利用学校体育资源,无疑是行之有效的方法。[1]

(三)社会公共体育场地服务课外学生的体育活动需求

2022年,国家体育总局等三部门联合下发《关于提升学校体育课后服务水平促进中小学生健康成长的通知》,要求各地各中小学校将体育类活动课程作为课后服务基本的、必备的形式之一,统筹整合资源,推动专业力量参

---

[1]　王宁、毕红星:《全民健身背景下学校体育场馆服务社区的资源开发战略》,《广州体育学院学报》,2020年第3期。

与体育课后服务。放学、放假带来的课外时间是学生学习生活中的重要内容之一,随着社会的发展,学生的体育课已经通过各种形式走出校园,走向社会,社会体育场地和设施成为丰富学生业余生活,满足多样化体育锻炼需求的重要平台。

由于条件有限,一些学校缺乏多样化的体育项目场地和设施,例如游泳项目,当下的青少年学生非常喜欢选择这一体育项目,但是学校没有专业的场地实现他们的锻炼需求,被迫到校外进行学习和锻炼。2023年9月,《上海市促进中小学校体育工作高质量发展进一步提升学生体质健康水平行动方案》指出,鼓励社会场馆资源为学校提供支持,鼓励向学生公益开放。在政策的鼓励下,上海一些学校把游泳课开设在社会游泳池,实现体育课和活动课的悄然"变脸",学校组织学生集体去校外专业场馆进行体育课程,安排专门的交通工具,由专门的教师,包括管理人员、班主任、体育教师陪同学生,还配备安全应急队伍,保障学生的安全,春游式的体育课吸引了学生积极参与体育锻炼,成为学生在学习之外的意外惊喜。

在这一过程中,政府公共部门要通过整合区域资源,建立区域体育场地资源信息库,拓展学校体育运动场所,使学校运动会开在体育场,体育课上在体育馆。各地应指导公共体育场馆、全民健身中心、体校、青训中心等合理规划时段,免费或低收费为学校就近开展体育教学、运动训练和体育课后服务等提供便利。有条件的学校可探索建立校馆合作机制,利用周边体育设施开展好体育课后服务。

借助外力也可以缓解学校体育教师不足的问题,探索"学校+俱乐部"服务方式,即学校成立体育俱乐部聘请体育教练员,体育课和体育课后服务由一名本校体育教师和一名俱乐部教练员共同完成,在政府的牵头下,积极寻求学校与体育协会、体育俱乐部的合作,来学校定期进行专业指导,补偿教师的不足,推广体育项目的普及和发展,监管体育服务的质量和水平。对有特长的学生,还进行有针对性的课后训练,以培养竞技体育后备人才。

三、服务教学和内部需要,闲置问题突出

我国政府在发文鼓励校方的体育场地对社会开放时,强调要在不影响教师授课和学生学习的前提下创造一切条件与社区共享。学校必须保证体育课的正常进行,保证学校体育工作的正常开展,保证学生课余体育训练时间,促进学生身心的健康成长。学校体育工作的基本任务是:增进学生身心健康,增强学生体质;使学生掌握体育基本知识,培养学生体育运动能力和习惯。学校不能盲目地为完成上级的开放指标而占用学生们的体育课时间和课余锻炼时间。所以学校场地开放必须实事求是、因地制宜,区别不同地区、不同学校情况,既要遵循体育发展规律,也要遵循学校教育规律,同时还要尊重广大群众意愿。因地制宜,区别对待,分类指导,绝对不能搞"一刀切",一个模式。[①]

当前,我国学校体育场馆更多的是实现了其教育教学的属性,和社会健身的要求不相匹配,学校附近的社区居民强烈的健身需求无法通过学校的体育场地和实施来满足,同时学校内部体育场地设施使用的效率不高,社会效益没有最大程度发挥出来。

中小学体育场馆在数量上比较多,在体育条件和体育设施方面也相对完善,而学校对体育场馆的利用都是有时间性的,在特定的时间,对体育场馆的使用可能还不够充分。在这样情况下,向公众开放是一个更好的选择,通过盘活现有的体育场馆存量资源,实现已建体育场地和设施的使用、管理提档升级。

---

　　① 辛双双、陈林会:《学校体育场馆向社会开放的现状及对策研究》,《西安体育学院学报》,2007年第6期。

四、提高场地的社会效益，服务体育需求高涨的大众

首先，教育属于准公共产品，其体育场地设施具有公共性而不是排他性。其次，学校的财政资金主要是由政府出资拨款的，理应承担一定的社会责任。最后，学校的体育场地设施在日常里存在一定程度的闲置，比如周末、节假日、寒暑假等，这种限制对于提高场地使用率来说是一种消极的资源浪费。因此，整合公共资源共享社会发展成果，合理利用开发的学校体育资源实现共享是解决场地的问题的有效途径。学校体育资源对社会开放是节约公共资源最有效直接的措施。

随着城市化的进程，社区居民生活密集，许多地区在整体规划中缺乏体育健身场馆，满足不了居民健身需求。同时机关和企事业单位的体育场馆对非职工的市民来说存在望馆兴叹的现象和问题。

学校体育场地的合理开放，兼顾了多元主体的利益，涉及的利益相关者包括社区居民、学校学生、政府管理者、开放的单位等。于学生而言，开放学校的体育场地，在热火朝天的锻炼场景下，通过感官刺激学生的锻炼意识，从而亲身投入到体育锻炼的人群中，实现从准体育人口向体育人口的转变。于居民而言，体育场地的开放使用最大的受益者就是社区的居民，是校外的百姓群众。于政府而言，政府在体育场地和群众体育需求的匹配过程中出现的失灵问题能够在这一过程中实现一定程度的缓解，政府积极发挥其制度优势和财政干预的角色，理顺多元主体的关系，做好制度边界的设计。于单位而言，实现了社会效益和经济效率的双赢，冷清的体育场地热闹非凡，国有资产更好地盘活，发挥了公共产品的外部收益。[1]

---

① 张朋、张纲：《学校体育场地对外开放利益相关者分析》，《体育科技》，2014年第4期。

五、降本增效，保障体育场馆的经济效率

学校体育场馆和社会公共体育场馆双向开放其实是一个双向促进的过程，不仅能促进学校资源向社会开放、实现其社会效益，而且也可能给学校带来经济收益。

明确学校体育场地向社会开放的目的不是为了营利甚至盈利，根本是为了公益目的，但是学校体育场地和设施由于其规模大、成本高等特点，完全由政府负担其维护和发展是不可能的，采用PPP模式，盘活体育场地资源，通过收费的行为实现对场馆成本和维护费用的补偿，在一定程度上体现了体育场馆的经济效率。

第二节　政策及相关问题分析

学校体育场地向社会开放涉及很多具体的问题，尤其是从未对社区开放的学校，在考虑到管理、经费、安全等问题时认为学校无法妥善有效解决，因此对体育场地设施的开放都持谨慎态度。

一、有关体育场地开放问题相关政策

2009年8月，国务院公布的《全民健身条例》第二十八条规定："公办学校应当积极创造条件向公众开放体育设施""县级人民政府对向公众开放体育设施的学校给予支持，为向公众开放体育设施的学校办理有关责任保险"，"学校可以根据维持设施运营的需要向使用体育设施的公众收取必要的费用"。

2012年12月10日，国家发改委与国家体育总局公布的《"十二五"公共

体育设施建设规划》要求:"学校内的体育设施应利用课余和节假日,在保证正常教学秩序的前提下,创造条件向广大学生和社区居民开放。原则上,室外体育设施要创造条件免费开放。""各级政府对校园内体育设施向社会开放的学校,有关部门应对其维护费用给予适当补助。"

2017年,教育部会同国家体育总局印发《关于推进学校体育场馆向社会开放的实施意见》。按照政府统筹、多方参与,因地制宜、有序推进,校内优先、安全为重、服务公众、体现公益的原则,通过明确场馆开放学校的基本条件和场馆开放时间,合理确定开放对象和开放场馆名录等措施,大力推进学校体育场馆向社会开放,有效缓解广大青少年和人民群众日益增长的体育健身需求与体育场馆资源供给不足之间的矛盾,促进全民健身事业的繁荣发展。

中共中央、国务院于2019年印发《关于深化教育教学改革全面提高义务教育质量的意见》,其中明确提出鼓励地方向学生免费或优惠开放公共运动场所。通过购买服务等方式,鼓励社会体育组织为学生提供高质量体育服务。教育部积极会同国家体育总局指导地方将公共体育设施尽可能建在学校或学校周边,免费或优惠向学生开放。

按照《关于加强全民健身场地设施建设发展群众体育的意见》(2020)、《关于构建更高水平的全民健身公共服务体系的意见》(2022)具体要求,大型公共体育场馆遵循"限量、预约、错峰"的原则,依据政策向市民"低免开放",体育场馆的民生功能得以彰显,群众多层次、多样化的体育消费需求将得到更好满足。

2021年,国家体育总局印发了《公共体育场馆基本公共服务规范》,加强对公共体育场馆开放使用的评估督导,进一步强调体育场馆"免费、低收费开放",并对场馆开放、服务内容等提出一系列细化、量化要求。

2022年,国家体育总局和财政部修订印发了《公共体育场馆向社会免费或低收费开放补助资金管理办法》，补贴范围进一步扩大，新增覆盖各地符合标准的全民健身中心。

二、体育场地开放的时间和范围

(一)体育教学时间和开放时间合理安排

学校需要在有限的体育课教学时间里，在有限的场地、设施上满足学校的正常体育教学，各种资源大多较为紧张。在资源紧张的情况下，大量学校学生的身体锻炼活动需求是难以满足的。学校学生可以利用大课间、放学前后、周末、节假日等非教学时间自主在学校锻炼。如果在学生利用课余时间参加锻炼的情况下，学校将体育场地对社区开放，势必会压缩本校学生锻炼占有的空间、时间，从而影响到本校学生的课余体育活动。这也是有些学校在非教学时间只对自己本校学生开放体育资源的原因。

不同区域不同城市不同学校，情况都有差异，需要根据各个地方的实际情况确定该如何开放。开放中小学体育场馆可以采取将学校的体育场馆与常规教学区隔开，周末、假期等特殊时期再行开放等方式，从而避免影响上课。通常学校的场地设施对外开放时间一般是周末、节假日、寒暑假。学校场地开放的开放时段一般是下午与晚上。通常学校都制定了专门的管理规章办法并指定专门管理人员来规范管理，保证学校体育场地设施对社区开放的顺利进行。

(二)开放的范围和比例因地制宜

现在公共体育场地的开放基本大面积实现了，但是有个别体育场地设施没有完全开放，例如一些大学和中小学校。学校体育场地设施在开放过程当中，各地区执行的程度不一样，有的地区达到了百分之百，有的地区为70%、80%，有的地区可能更低一些。

这主要是因为场地设施管理权限存在差异，一些场地设施安全风险较大,容易造成健身者意外伤害事故,产生法律纠纷,导致不易开放使用,有些场馆因开放所需管理人员不足,管理难度加大,管理和运营成本提高,等等这些导致开放比例降低。

三、保障体育场地的公益属性下合理收费

教育部教育数据显示,我国有公办普通高校1711所,民办高校698所,公办高校占普通高校总数的71.03%;公办普通高中11294所,民办高中2394所,公办占有率为82.51%;公办普通初中49835所,民办初中4282所,公办初中占初级中学总数的92.09%;公办普通小学236063所,民办小学5186所,公办学校占有率为97.85%。这表明,我国教育系统以公办学校为主体。公办学校体育场地设施向公众开放,国家主要采用财政补贴的方式对其进行鼓励和支持。但在实践中,有的公办学校没有获得财政补贴或获得的财政补贴不足以负担开放成本,基于"使用者付费"原则,公办学校往往向使用体育场地设施的公众收取一定的费用。公办学校体育场地开放收费属于事业性收费。

2016年国务院修订的《全民健身条例》第28条第3款规定了收费制度,即"学校可以根据维持设施运营的需要向使用体育设施的公众收取必要的费用"。2017年,教育部、国家体育总局发布了《关于推进学校体育场馆向社会开放的实施意见》,作为规范公办学校体育场地设施向公众开放的专门性文件,对开放收费有三个方面的规定:收费不能以营利为目的;收费标准应经当地物价部门核准,并向社会公示;对青少年学生、老年人、残疾人等原则上实行免费。

(一)合理收费,补偿成本

体育场馆维修折旧和保养的问题,可通过对进入校园人员适当收费的方式解决。

公办学校的体育场馆若收费属于行政事业性收费,包括行政性收费与事业性收费,如果所补偿的成本是管理支出的成本,则属于行政性收费;如果所补偿的成本是服务支出的成本,则属于事业性收费。[①]两种类型均采用成本补偿、非营利原则。其特征包括:第一,收费的主体是国家机关、事业单位、代行政府职能的社会团体及其他组织。第二,收费依据是法律法规等有关规定,且必须依照国务院规定程序批准。第三,费用是在实施社会公共管理,以及在向公民、法人和其他组织提供特定公共服务过程中收取,而非在进行纯粹民事活动过程中收取。第四,收费以成本补偿和非营利为原则,区别民事活动中经营服务性收费的营利性。第五,收费对象是特定的,区别税收对象的普遍性。

公办学校体育场地设施向公众开放,不能营利。《全民健身条例》规定只能根据维持设施运营的需要收取必要的费用,《关于推进学校体育场馆向社会开放的实施意见》(2017)也强调收费不能以营利为目的。公办学校体育场地地设施向社会开放,公众直接基于健身而使用,属于公办学校在履行公共职能,其直接目的是促进全民健身活动的开展、提高公民身体素质。

需要注意的是,在我国目前的情况下,公办学校的体育场地设施也存在对外出租、承包等情况。公办学校基于这种情况收取的租赁费、承包费等费用,应与开放收费区分开来。公办学校收取的租赁费、承包费等,尽管是由作为事业单位的公办学校收取,但其目的不是为了管理公共事务、履行公共职能,而是为了商业目的,也存在营利,属于国有资产经营行为。因此,这种意义上的收费(租赁费、承包费等)并不属于行政事业性收费,而属于经营服务性收费。公办学校体育场地设施对外租赁、承包等收费应该适用《事业单

---

① 具体规定见《关于加强行政事业性收费管理的通知》。

位国有资产管理暂行办法》(2019年修改)的相关规定进行管理。①

公办学校的体育场地和设施有必要向社会开放,服务全民健身事业的发展,其收费在法律制度的保障下兼顾效率和公平,合法收费、合理收费。第一,要纳入国家收费的制度标准中,成为行政事业收费目录清单的内容之一;第二,要在相关部门的审批下确定公开透明的收费标准,体现全过程人民民主;第三,建立配套的法律制度,包括成本审核制度、收费标准的价格听证制度、收费的公示制度、费用的管理制度、评估制度等,例如北京市东城区在政府财政补贴基础上,规定凡是室外运动场所的开放都是免费的,室内的体育馆开放,按发改委规定的标准收费,教委将体育场馆的收费纳入纪检、监察部门的监管范围,坚持公共资源的公益性原则,坚决杜绝乱收费和多收费;第四,免费向特定群体开放,在对青少年学生、老年人、残疾人等群体实行免费开放的基础上扩大免费开放的群体范围,免费应该建立在合理差别的基础上,避免歧视情形的出现。

(二)政府补偿,保障公益

大多数学校认为,体育场地设施的开放会大大增加资金的投入成本,场地养护费、灯光费、体育管理人员加班费、安保人员加班费、清洁人员加班费等累积起来都是一笔不小的财政支出。随着体育资金的需求的增大,一旦投资不足、体育经费超支,校方将难以承受。这种所谓提高场地使用率的开放行为不仅加速了学校场地设施的耗损,还会为学校的综合管理带来考验。因此这种对社区开放的公益行为也许就会成为学校的负担。负担会致使学校场地设施维护与更新困难,甚至会影响学校自身的教学及管理。最终可能恶性循环导致学校采取减少场地开放种类数量,甚至不开放的措施。

学校收费管理以部分无偿、部分有偿为主,无偿开放的体育场地设施主

---

① 彭波、江利红:《公办学校体育场地设施向公众开放收费的性质与法律规制》,《沈阳体育学院学报》,2023年第5期。

要是室外田径场,以中老年人的健身走居多,其他室内场地如篮球场、羽毛球场、乒乓球场等均是有偿开放。虽然部分场所的收费方式是有偿的,但学校只是收取了少量的使用费。收取的资金对于学校场地设施的维护换修、管理人员工资来说远远不足。政府作为公共部门是对体育场地社会收益的获益者,本着谁受益谁付费的原则,政府应通过财政转移支付和补贴的方式进行付费。

政府需要增大该项目的专项资金的投入。一方面加大对当地社区体育基础场地设施建设的投入,从根本上改善社区体育物质基础资源的匮乏现况。另一方面通过增加专项资金的投入加大对学校体育基础场地设施建设的投入,增加基础建设、改善学校体育环境,为学校体育资源对社区共享创造有利条件。在创造好体育物质环境的基础上,还可增加对体育工作人员的工作补贴,提高其工作积极性。可考虑按照《中华人民共和国劳动法》对开放过程中加班的管理人员发放150%~300%的补助,以调动学校人力资源的积极性。[①]政府部门在出台一系列促进学校体育场地对外开放政策文件的同时,也给予开放学校一定的经费补偿作为激励。比如,成都市分别给予20所"试点开放学校"每所各5万元的资助;上海市以"政府购买服务"的方式,根据场馆类型、开放时间和设施损耗的不同,每年予以一定补偿,对管理人员也予以相应津贴;武汉市财政局为试点工作特别配套100万元,对每所试点开放学校给予2万元补贴,剩余资金作为年终奖励经费。

四、安全保障到位

开放学校的体育场馆,对附近居民来说肯定是好事。但是对学校来说,要考虑的问题太多,比如学生的安全问题怎么保障、教学安排会不会受影

---

① 常娟:《兰州市城关区中学体育资源社会共享调查研究》,兰州理工大学硕士论文,2016年。

响、体育设施损坏怎么办等。学校体育场馆向学生开放与向社会开放,管理成本是不一样的,向社会开放时,涉及到一系列管理问题,包括设施维护、秩序维持、治安管理等。

(一)基于智慧化系统保障使用者基本信息安全

学校体育场地资源在与社区共享的过程中涉及的安全因素不容小视。校方学生的安全、入校健身居民的安全、校方管理工作人员的安全都得到了重视。当学校体育设施对社区开放时,进入学校健身的居民群众人员身份结构复杂,身体素质、品德素质不一,健身环境的安全难以保证。另外,如果校园内发生的人身安全意外事故、健身事故等也将考验校方安全防控反应的能力。2010年,我国各地多次发生校园安全事故,致使多所学校在考虑安全因素的情况下纷纷停止了对社区的开放。例如,在有对抗性的体育项目中,锻炼的居民可能发生冲撞甚至打架斗殴事件;在校园内发生盗窃、抢劫等恶性事件;在室外锻炼场地难以制止闲逛、遛狗的群众并发生争吵冲突等。这些安全因素或多或少都对学校的体育资源与社区共享造成了一定影响。

开放的同时,对进入校园人员进行信息登记,以保障校园安全。对进入场馆内进行体育锻炼的群众进行严格的身份识别和筛查,对其身份背景、运动的动机进行适当的判断,对其携带的不利或危害场馆或他人的设备和设施进行托管或处理。学校通过制定和发放储值型会员卡的方式,采集录入相关个人信息,刷卡入场。

《体育强国建设纲要》提出,推进全民健身智慧化发展,运用物联网、云计算等新信息技术,促进体育场馆活动预订、赛事信息发布、经营服务统计等整合应用,依托已有资源,实现资源整合、数据共享、互联互通,加强分析应用,扩大体育消费,广泛开展群众性体育活动,增强体育消费粘性。当下现代体育离不开信息技术,信息化建设是智慧体育的基础。基于信息技术的体育场馆智慧化,是传统体育场馆转型的必行之路。依托大数据、5G、物联网等信息技术,将场馆所有要素整合到一块,从而为用户提供个性全面感知的服务系统。①

(二)责任明示

安全问题是学校开放体育场馆时最大顾虑,大量社会人员进入校园,产生噪音污染,干扰学校正常的教学秩序;部分不以锻炼为目的的社会人员会趁机偷盗学校、师生财物;基于各种原因的社会人群与学校师生间的冲突,及可能的恶性结果,给学校带来安保、医疗和理赔方面的风险和负担。校方对安全的担心主要来自两个方面:一是学生的安全问题。若是小学学生年龄大都在6~13岁之间,外来人员鱼龙混杂,学校怕对学生造成伤害。二是若居民在学校锻炼时发生意外,责任应该由谁负也是众多学校关注的问题。所以在很多校长看来,要解决学校体育场馆向社会开放问题首先要解决安全问题。

在相关法律中对体育场馆开放进行规定,通过法律明确各方责任和义务,为实现中小学校园和社会公共体育场馆的双向开放提供法律依据,相关部门依法进行协调推进。积极探寻能够有效控制体育运动事故的发生及解决纠纷的机制,用于减少体育运动伤害事故及连带产生纠纷的负面影响。风险的有效防控不仅会明确责权减少纠纷,还会促进学校体育对社区开放的进展。比如让保险参与运动风险防控管理可以成为有效降低学校和锻炼者损失的直接办法。目前我们仍然需要探索相关保险机制、风险防控机制的建立来保障体育运动的安全管理需要。

上海市通过明确的保险制度来分担管理者的风险负担,如杨浦区政府出资每年为辖区内的100所学校投保15万元,闵行区由区政府出资委托各

---

① 王剑:《渭南市体育中心智慧体育服务系统使用评价指标体系构建研究》,西安体育学院硕士论文,2022年。

街道、乡镇为区内53个场地开放的学校进行投保,每所学校投保金额1500~2000元。根据投保条款,每所学校每人次事故赔偿最高15万元,财产损失最高5万元,每所学校每年最高赔偿额为80万元。

本章案例

案例一:学校体育场馆向社会开放

(一)江西

2019年8月9日,江西省南昌市召开新闻发布会,公布了《南昌市中小学校体育场馆向社会开放的实施方案》,确定南昌符合条件的21所学校29个校区向社会免费开放体育场地。

南昌市政府规定非寄宿制学校(校区)全年开放,在保证校园安全的前提下,开放时间定为教学时间与学校体育活动时间之外,原则上指学生不在校时间。工作日19:00后开放,每天开放时间不超过3小时;双休日、国家法定节假日和学校寒暑假期间每天开放时间不低于6小时,每周开放时间原则上不低于21小时。具体开放时段、时长由各学校根据实际情况予以明确公示。学校组织临时性教育教学活动或实施影响体育场馆开放安全的校园维修项目期间,可暂停对外开放,须及时在学校门口告示栏预先告示。

对于寄宿制学校,南昌市政府也做出了要求,即工作日不开放,双休日、国家法定节假日和学校寒暑假期间开放,一年开放天数原则上不低于100天,每天开放时间不低于6小时。学校根据体育场馆实际,设置特色开放项目,采用定时定段与预约开放相结合的方式向社会开放。

向社会免费开放体育场馆的学校将根据本校体育场馆的面积、设施设备的数量和开放的承受能力,合理确定开放对象范围和容量。其中,开放对象主要面向本校学生、学区内学生、学校周边社区居民和社会组织。

各开放中小学校将在"常规、特色3+X"原则下免费开放室外操场、田径场、体育健身设施3个常规内容,同时还会根据实际在室内外"篮球场""足球场""排球场"等场地中增设特色内容。

开放学校周边居民需持有效身份证件到所在学校提出申请,经辖区派出所、社区、学校核实后,通知申请人携带身份证到学校进行实名身份刷脸认证,方便居民在开放时段进出学校体育场馆健身。单位、社会团体应采用预约的方式,在公示开放时间段里,经学校同意后按时前往学校参加健身或比赛。

为了将学校体育场馆免费对外开放落到实处,切实方便市民,南昌专门开发了南昌市中小学校体育场馆开放智能管理平台,学校可通过智能设备人脸识别系统为入校参与锻炼社会人员提供智能、便利、高效的注册、验证服务。

同时,市属各开放学校为保障场地开放工作顺利进行,将确保工作"五到位":公示牌张贴到位、场地锻炼设施修复到位、照明设备安装到位、工作人员到位、管理措施到位。有关部门还为各学校购买了场地公众责任险,让居民更加安全放心地锻炼身体,有效避免纠纷的发生。

为加大开放学校体育场地的民众知晓度,除了通过进社区宣传和借助媒体宣传外,南昌市教育局还借助南昌市中小学校体育场馆开放智能管理平台在手机上开发了场馆查询APP小程序,这个APP可以让居民进行简洁便利的查询和预约,也可以为开放学校、教育局提供高效智能管理和更广泛地宣传。

资料来源:学习强国,江西学习平台,2019年8月11日。

(二)天津

2019年,天津市8各区向社会开放150所公办中小学校的体育场馆,此项工作也被列为2019年市政府的20项民心工程之一。

2019年2月,宝坻区3所中小学校——顺驰小学、华苑小学和宝坻三中的体育场馆在全市率先面向市民开放,4月宝坻二中、潮阳街中学的体育场馆向社会开放,年底开放景苑小学等其他7所学校的体育场馆。市民可以凭身份证、户口本等有效证件,到学校所属的街道办事处去办理健身卡,并进行实名注册认证,周一至周五每天晚上7点到9点,以及周末、节假日和寒暑假期的全天,市民都可以持卡进校健身锻炼。

资料来源:学习强国,天津学习平台,2019年3月6日。

案例二:十一假期百姓健身有地去

以浙江为例,其省内多地多家体育场馆将于国庆假期期间免费向市民开放。在杭州市萧山区临浦镇,新修建的首个百姓健身房日前启动试营业,该百姓健身房占地超过200平方米,运动器材丰富多样,国庆假期实行惠民免费开放。浙江黄龙体育中心于10月1日至3日免费对外开放省老年体育活动中心、少儿体育馆(气膜馆)、室外网球场、室内训练馆、室外笼式足球场、游泳跳水馆、包玉刚游泳场在内的七个运动场馆。绍兴市奥体中心坚持以市场化运营与公益性开放相结合原则,推动亚运场馆"惠民开放",在春节、清明、中秋、端午、国庆等国家法定节假实施免费开放。宁波奉化在国庆节期间(10月1日至3日)共有12家对外开放定点单位的体育场馆向市民免费开放。温州市体育中心同时也将免费或低收费向市民开放体育场、室外篮球场、游泳馆、百姓健身房等运动场地。

在陕西西安,正在奥体中心体育场跑步的一群健身爱好者对体育场馆"低免开放"也是交口称赞,大家表示:"近年来,陕西各大体育场馆的收费明显降低,国庆期间,还有许多体育场馆将实行免费开放,这项惠民举措让百姓受益匪浅。"据了解，陕西省游泳跳水馆还在国庆期间将通过线上发放1400张优惠门票，鼓励群众积极参与游泳运动。

江苏省五台山体育中心其下属各场馆在国庆期间免费对市民开放，项目包括游泳、足球、羽毛球、篮球、乒乓球、保龄球等近10种。

湖北省近年来改革实施新全民健身示范工程，形成覆盖城乡、面向大众的新型健身体系。记者从采访中了解到，国庆节期间，宜昌市体育中心"一馆、一场、一公园"照常营业，所有健身项目均免费开放。襄阳市体育馆东副馆篮球项目、体育馆门前广场、体育馆二楼环道、体育场室外网球场、体育场外环健身步道、体育场室外健身路径区对健身市民全天免费开放。十堰奥体中心的综合体育馆、综合训练馆、青少年活动馆、游泳跳水馆四大场馆也免费向市民开放。

2022年，上海市体育局首次认定三邻桥体育文化园、翔立方体育文化综合体、智慧湾、洛克公园SSR体育综合体、中体城奉贤都市运动中心等6个项目为全市首批都市运动中心试点项目，打造出了一批功能完善、富有特色、市民满意的新型体育服务综合体，这些场地也将成为群众国庆假期锻炼好去处。

资料来源：国家体育总局，国庆节去哪健身？

全国多地体育场馆实行"低免开放"。

第八章　体育场地赛后服务全民健身分析

　　随着国家经济的迅猛发展、国际交流与合作的不断加深,越来越多的大型体育赛事正在不断地开展,相关各国也为此兴建了一批大型体育场馆。举办体育赛事的体育场地规模较大,建设和维护成本高,体育设施标准专业,而体育赛事周期短,因此体育场地和设施如何在赛后得到充分有效利用是需要重点研究的问题。大型体育场馆的建设投资是一项具有一定风险性的投资,具有建设周期长、投资额度大的特点,而且建成后又有高额的维护费,如果在场馆建设前没有对其在比赛期间和赛后的使用进行科学而充分的论证的话,很可能会导致赛后场馆资源的闲置,对国家和当地政府形成较大的经济压力,造成较大的财政负担。

　　很多国家和地区热衷于申办大型体育赛事,以此来提高自身的知名度,扩大影响力,加强地区之间的交流。在申办体育赛事的过程中必然需要兴建大量的大型体育场馆,通过各类体育场馆的兴建能够在一定程度上带动地方基础设施建设水平的提高,美化城市环境。与此同时,大型体育场馆的建设也存在比较大的风险,为此在兴建过程中需要相关机构充分考虑后期经营利用的问题,实现经济效益与社会效益的同步提高,避免资源浪费。

"十四五"规划中对体育强国目标作了明确规划,倡导开展更为广泛的全民健身运动。此外,《体育强国建设纲要》明确要加快建设体育场馆速度,场馆管理要紧跟大众体育事业发展的步伐,开发新项目、设置新场馆,通过场馆管理的产业化、社会化、多元经营,来推进场馆的持续发展。

我国国家实力的快速提升,大型体育场馆逐年增加,如何有效存续和合理利用,结合奥运场馆的成功经验,找出运营趋势,提出效益策略,以实现场馆资源可持续发展,为我国大型赛事后体育场馆的有效运营提供理论和实践参考。

第一节　因体育赛事而繁荣的体育场地事业

一、新中国成立之后我国举办的大型国内外体育赛事

(一)赛事情况(国际赛事、国内赛事)

大型体育赛事是指那些规模宏大、影响深远、组织复杂,能吸引大量公众及媒体关注和参与,并对举办地有重要历史意义的,一般需要政府参与提供的体育赛事活动,其本质是一种公共文化活动。[1]

新中国成立之后,我国举办了多次大型体育赛事,尤其在20世纪90年代之后,赛事的规模级别、频率都大幅度提高,1990年在北京举办了第11届亚运会,之后又在2010年举办了广州亚运会、2022年杭州亚运会,2001年、2011年、2017年先后在北京、深圳、台北举办了世界大学生运动会,2008年在北京举办了第29届夏季奥运会,2022年在北京举办了第24届冬季奥运会,

---

① 邢尊明:《我国大型体育赛事优化管理理论与实证研究》,福建师范大学硕士论文,2008年。

除此之外,我国举办的其他世界性的综合和单项比赛更是数不胜数。全运会是我国国内水平最高、规模最大的综合性运动会,自1959年举办第一届,基本上每四年举办一次,到2021年已经举办了14届,2025年将在广东省等地举办第15届全运会。1953年在天津举办了第1届全国少数民族传统体育运动会,2019年在郑州举办了第11届全国少数民族传统体育运动会,在我们这个多民族的国家中促进了全民健身事业的发展和提高。

我国举办的大型体育赛事呈现出如下几个特点:第一,举办的次数日益频繁,尤其进入21世纪,几乎每年都有大型体育赛事,表明国家经济对于体育事业发展的积极促进作用;第二,我国地大物博,举办赛事不局限于几个发达的大型城市,举办的城市更加广泛,可见各地经济发展已经能够满足举办大型体育赛事的条件和能力;第三,赛事的规模和级别日益提升,从1990年的亚运会到2008年的奥运会,充分体现了我国举办世界顶级赛事的能力越来越强;第四,我国举办赛事的类型越来越丰富,从单项赛事到综合赛事,从国内赛事到国际赛事,2022年9月30日至10月9日在成都举办第56届世界乒乓球团体锦标赛,我国已经成为世界上为数不多举办和承办各类国际体育赛事的国家之一。[①]

(二)对全民健身和体育场地管理的影响

大型体育赛事的举办对我国体育教学内容、教学方法、高校体育设施及高校中的全民健身具有很大的促进作用。2008年北京奥运会深刻地影响了全民健身活动的深度和广度,公民的全民健身意识也得到了增强,健身的器材、路径也得到了拓宽,奥运理念也提升了全民健身活动的质量。大型体育赛事的举办使承办地区居民体育文化指数、健康感指数等方面都有不同程度的提升。这些都说明举办大型体育赛事对全民健身的开展有着积极的

---

① 白银龙、柳景、卜秀秀:《我国举办大型体育赛事的理性思考》,《体育文化导刊》,2013年第5期。

影响。

举办大型体育赛事的积极意义不言而喻,然而也伴随一些问题,比如体育场地赛后的闲置问题,这也是举办方关注的重点问题。2005年《扬子晚报》披露,2005年南京为第十届全运会耗资3000万元修建皮划艇激流回旋赛场,该场地是亚太地区仅有的标准赛场,但赛后仅在2006年和2007年短暂开放过,至今一直闲置。2009年在山东举办的第十一届全运会,仅修建赛马场就花费高达4亿元,但赛马项目由于缺乏群众基础、专业性强,赛后该场地一直闲置。深圳大运会共使用63个场馆,其中,政府投资新建、改(扩)建及临时搭建场馆61个,花费资金66亿元,而这些场馆赛后的利用和维护也成为棘手问题。

二、新中国成立之后我国体育场地的发展情况

新中国成立之后,为了满足广大劳动人民的体育活动需求,虽然当时国家处于百废待兴的局面,但是对于体育场地的建设和发展也着力解决有无的问题,经历几十年的发展,无论从规模上还是从技术上都有了较多的积累和成就。到了20世纪80年代,体育场地数量增长较快,至20世纪末以较大的加速度进行着,从历年全国体育场地普查公报显示的数据可见,从20世纪80年代开始,我国体育场地的数量增长加快,2013年的体育场地总数是1982年的65倍,2013年每万人体育场地数量是1982年的50倍,2013年人均体育场地的数量也是1995年的2.24倍(见图8.1和表8.1)[1]。

---

① 侯叶:《中国近现代以来体育建筑发展研究》,华南理工大学硕士论文,2019年。

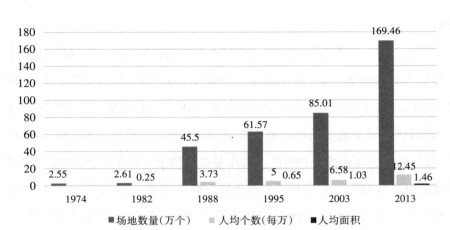

图8.1 我国体育场地发展情况

表8.1 历次体育场地普查数据汇总表(1974—2013年)

次数	时间	人口(不含港澳台)(亿人)	场地数量(万个)	占地面积(平方米)	建筑面积(平方米)	场地面积(平米方)	每万人均个数(个)	人均面积(平方米)
第六次	2013	13.61	169.46	39.82	2.59	19.92	12.45	1.46
第五次	2003	12.92	85.0080	22.5	0.75	13.3	6.58	1.03
第四次	1995	11.985	61.5693	10.7	0.77	7.8	5	0.65
第三次	1988	11.1	41.5011	——	——	——	3.73	——
第二次	1982	10.17	2.6069	——	——	——	0.25	——
第一次	1974		2.5488					

　　经历70余年的建设和发展,我国体育场地的面貌呈现如下特征的变化:第一,场馆分布的区域呈现出从东到中西部、从大城市向中小城市转移;第二,在场馆的类型上体现从综合型场馆向专项型场馆的变化,从竞技体育场馆向校园体育场馆和大众体育场馆的发展;第三,在建设、投资、经营模式上实现了政府单一投资向多元投资转变,场馆实现了市场化和产业化的转变;第四,体育场馆设计也越来越关注时间、空间的可持续性,体育场馆不再是一种标志,人们越来越理性对待体育场馆;第五,更加注重体育场馆的全生

命周期价值,和城市的发展变化更加协调一致。[①]

第二节　国内外体育场馆赛后利用典型案例分析

时任国际奥委会主席雅克·罗格曾经说过:"大家总想修建宏大而昂贵的建筑。但是,我们应该仔细考虑一下,能否把比赛场地修建得恰如其分,在赛后仍能使用。"体育比赛后体育场地的使用问题是举办地的极为关注话题,在这里有成功的经验,也有失败的教训。

一、成功案例及启示

(一)盐湖城冬奥会(2002年)赛后场馆设施高效率综合利用

2002年第十九届盐湖城冬奥会被称为史上最成功的冬奥会之一。盐湖城冬奥会举办冬奥会不仅未使政府背负丝毫债务,犹他州还直接和间接获得48亿美元收益,冬奥会总净收入7600万美元在赛后成为犹他奥运遗产基金会的启动资金,用于维护与运营犹他奥林匹克公园和椭圆速滑馆的场馆设施。

盐湖城冬奥会之所以称之为史上最成功的冬奥会之一,场馆设施后续的高利用率是其成功的标志,所有场馆在赛后都发展成了当地冰雪体育资源。盐湖城冬奥场馆,有多元的投资主体和清晰的赛后管理模式,按管理主体有着各自的赛后经营策略。

1.增强场馆利用率

通过举办赛事发挥场馆设施本体功能,例如士兵谷滑雪场通过举办全

---

① 施晓红、郝祥瑞:《运动类APP在普通大学体育教学中的运用》,《鄂州大学学报》,2022年第5期。

美滑雪锦标赛、北欧滑雪赛事等职业赛事，成为北美顶级的越野滑雪和冬季两项场地，通过高中山地自行车赛、高中越野跑、环犹他自行车赛等在淡季充分利用场地资源。开发多种经营业态，例如斯诺本森滑雪场在雪季结束后，开发山顶餐饮、徒步和森林探险等户外活动，而且还成为婚礼、公司团建等大型活动的举办场所，提升场馆利用率。

2.充分发挥场馆设施的公共服务功能

犹他奥林匹克公园通过向社区公民开放雪车、钢架雪车和雪橇等冬奥会项目，让更多的人参与和体验冰雪运动，提高居民尤其是青少年的健康水平和生活质量。

3.挖掘无形资产潜力

盐湖城冰上中心由普罗沃一家私宅保安系统公司冠名为Vivint智能家居体育馆。此次冠名不仅为Vivint宣传了品牌形象，使其成为智能家居的行业领军人，还给场馆增添了一笔"不菲经费"。

4.广泛实行会员制管理

犹他奥运遗产基金会推出可在犹他奥林匹克公园、犹他奥林匹克椭圆速滑馆、士兵谷滑雪场享受的"场馆一卡通"及会员优惠福利等。此外，基金会还根据多种人群的个性化需求推出专项健身卡，这种会员制营销手段吸引了大量稳定会员群体参与，保证了一定的场馆客流。

（二）北京冬奥会（2022年）赛时和赛后充分盘活体育场馆资源

2008年第29届夏季奥林匹克运动会在北京成功举办，2022年又成功举办第24届冬季奥林匹克运动会，从夏季到冬季，多个奥运场馆的华丽变身见证着北京这座"双奥之城"的荣光与梦想，也成为体育场馆再利用的成功典范。

秉承绿色、共享、开放、廉洁的办奥理念，科学谋划、科技赋能、智慧建造，北京冬奥会成为夏奥遗产传承利用的新标杆，也在探索中形成了场馆赛时与赛后利用紧密结合的北京实践。比如,北京冬奥会一共使用了14个2008年奥运遗产,其中国家游泳中心、首都体育馆、五棵松体育中心等新增或优化了制冰设施,使这些场馆适用性大大提升。在规划建设之初,我国就将场馆利用作为一个考虑的先决条件贯穿建设始终,并制订场馆遗产计划。北京冬奥会北京赛区的所有竞赛场馆全部拥有冬夏"两栖"能力。正如时任国际奥委会品牌和可持续发展总监玛丽·萨鲁瓦所说,北京冬奥会场馆利用模式,汇集了往届奥运会在可持续方面的优点,这种场馆利用模式为未来的奥运会提供了借鉴,也为场馆长期运营提供了方案。

凡事预则立,不预则废。多年的规划和统筹,北京冬奥会为奥运遗产的传承利用提供了一个精彩的中国样本,也为赛后冬奥场馆的可持续利用打下了坚实的基础。北京冬奥会和冬残奥会结束之后,所有的场馆对社会公众开放。延庆国家高山滑雪中心部分场地持续举办高水平高山滑雪赛事,为专业队伍提供培训基地,部分区域向公众开放,供全民健身使用。为了积极促进残疾人的冰雪运动,免费或优惠开放冰雪场地,既不断提升了我国残疾人冰雪项目的竞技水平,也促进了残疾人参与社会生活、共享社会发展成果,提升了残疾人的获得感、幸福感、安全感。

(三)北京夏季奥运会(2008年)赛后体育场地设施利用情况

作为世界上最具影响力的发展中国家的首都,北京是一座集古老与现代的城市,奥林匹克梦想一直是中国人追求的梦想。北京夏季奥运会场馆建设立足于城市快速发展的客观状况和城市发展的主要方向、立足于城市环境规划目标和赛后设施的有效利用,一方面保证了奥运会主要场馆设施相对集中,充分满足了奥运会对场馆及相关设施的需求,另一方面便于赛后开发利用的同时进一步优化了北京市体育场馆的整体布局。北京夏季奥运会开幕式举行日8月8日被设立为我国的"全民健身日",以倡导人们更广泛地参与健身运动。

1.赛前科学规划布局

北京取得2008年奥运会主办权后,为了提高场馆的赛后利用率,避免闲置,对场馆设施布局进行了优化和调整,充分贯彻"节俭办奥运"的精神。一是将部分场馆安排在大学校园里;二是充分利用北京市现有体育设施,将41个独立训练场馆安排在现有体育设施中,独立的训练场馆均为改扩建项目;三是尽量采用临时设施,减少新建场馆,避免闲置。

2.场馆空间分布合理

在体育设施的空间分布上,北京的奥运会场馆设施主要分布在城市北部和西部四个区域内,即一个中心区(奥林匹克公园)和三个分区(大学区、西部社区和北部风景旅游区),这种集中与分散相结合的空间分布模式有利于场馆设施的赛后利用。

第一,奥林匹克公园。赛后是北京最大的综合社区,其功能集体育、商贸、办公、博览、休闲于一体,是北京地标性建筑。在奥林匹克公园内新建的国家体育场、国家体育馆、国家游泳中心和国家网球中心等,都是规模宏大、造型新颖、科技含量高的国家级体育设施,成为全民健身运动和休闲娱乐的场所,促进了北京体育文化水平的提高。

第二,奥运村。在赛后改建成为一个设施完善、环境优美的居住区。奥林匹克公园和邻近的中关村科技园形成互助互补格局,形成基础设施完善、环境清新优美、文化气氛浓郁的城市新区。

第三,大学区的新建场馆。均坐落在校园内,赛后恢复原有的功能,为教学、训练、比赛、文艺活动等所用,同时也可作为地区性和全市性体育设施的补充。

第四,西部社区的五棵松体育中心。赛后成为周边居民体育健身和休闲娱乐的场所,使北京体育设施的分布更趋合理。同时,西部社区场馆的建设又为自行车、射击、棒球等专业队伍提供设备优良的训练场地,为提高我国专项比赛水平创造条件。

第五，北部风景旅游区的水上公园等设施。在赛后成为北京的水上运动专项训练基地，并与周围的国际会议中心、度假村等设施互相呼应，形成体育休闲特色的风景旅游区。[①]

3."鸟巢"和"水立方"的赛后运营的中国经验

自2008年奥运会后，北京国资公司就统筹旗下"鸟巢""水立方"积极开展多元化的赛后运营，为场馆的发展注入了体育、文化、金融等资源。自开放运营至今，"鸟巢""水立方"两大奥运场馆共接待中外游客及观众超过6200万人次，举办各类赛事、演出、展览及全民健身等活动3500余场次，场馆连续多年实现盈亏平衡，在破解特大型奥运场馆赛后利用难题上向世界提供了"中国经验"。

（1）"鸟巢"

2008年的北京奥运会可以算得上是中国人的骄傲，而花了巨资建造的"鸟巢"体育场也是无人不知，无人不晓。当年的奥运会是完全展现了中国的力量，得到了全世界的认可，不仅体现在开幕式的惊人演出，还表现在了赫赫有名的"鸟巢"建筑。耗资34亿元的"鸟巢"占地面积达到21公顷，可以同时容纳下91000名观众，坐席就有80000个，可见这工程之浩大。"鸟巢"的建造技术也是一流的，在当时世界上也算是数一数二的，并且它的配套设备也是极其完美。

2008年北京奥运会闭幕后，"鸟巢"继续发挥它的作用，在新时代实现可持续发展。通过精品旅游、承接演出和大型文化体育赛事、大型文体活动等，其商业面积扩展到整体总面积。2009,张艺谋导演的歌剧《图兰朵》成功在"鸟巢"上演。"鸟巢"还积极筹备国际足球邀请赛、场地赛车、"鸟巢"旅游

[①]　高峰：《运动会新建体育场馆的赛后利用与管理——以广州亚运会场馆为例》，载《体育管理与科学发展·2012年全国体育管理科学大会论文集》，2012年。

精品线路开发等活动。2009年举办"鸟巢欢乐冰雪季",活动总占地面积为5.7万平方米,每日吸引了数千名游客的到来,主办方之一的北京电视台因势利导,设计了冰雪体育闯关类游戏,门票可以参加抽奖,最大限度地吸引了公众的注意力,充分开发了项目的商业价值。

2022年北京冬奥会和冬残奥会之后,"鸟巢"被打造成集大型赛演举办、全民健身体验、旅游休闲服务、智慧化运营等于一体的模式,全面提升运营能效,其中,舞台地仓在赛后通过改造,将形成一个高度5.5米,面积8871平方米的地下空间,可作为场馆全民健身、展览展示等活动场所,继续向世界贡献特大型奥运场馆赛后利用的"中国经验"。

（2）"水立方"

国家游泳中心位于北京奥林匹克公园内,占地62950平方米,总建筑面积10万平方米,2008年1月28日正式竣工,主体建筑紧邻城市中轴线,与国家体育场相对,为2008年北京奥运会的标志性场馆。2008年奥运会期间,作为游泳、跳水、花样游泳及水球部分比赛项目场地,共产生42枚金牌,其中美国运动员菲尔普斯在这里一举拿下8枚奥运金牌,成为奥运历史上单届夺取金牌最多的选手,也因此在奥运历史上留下了浓墨重彩的一笔。

奥运会之后,"水立方"被设计为七大板块分别是比赛大厅、水世界、时尚养生区、主题餐厅和酒吧、商业区、休闲区、多功能区。改建后的"水立方"的竞赛功能面积只占总面积的21.4%,其运营主体将会是一个人造的冲浪海滩,围绕它的还有种类繁多的水上娱乐、健身、培训等设施。建成后,"水立方"成为北京市最大的水上游乐中心和大型文艺演出场所,截至2017年底,水立方共接待游客超过2000万人次,举办各类活动1200余场次,为200万群众提供游泳服务。同时,这里先后承办国际泳联世界跳水系列赛、国际泳联短池游泳世界杯系列赛、国际泳联花样游泳大奖赛等一系列国际泳联赛事,其中,国际泳联短池世界杯系列赛（北京站）已连续举办9年;国际泳联世界跳水系列赛(北京站)已连续举办8年。

2022年北京冬奥会和冬残奥会,"水立方"被打造成"冰立方",成为全球范围内首个通过"水冰转换",兼具游泳馆和冰壶馆功能的场馆,举办了冰壶和轮椅冰壶比赛,成功实现了大型体育场馆的再利用,从柔情似水到刚毅如冰,标志着北京夏奥会与北京冬奥会在此实现了完美的对接传承,深刻体现了可持续发展的理念。

作为"双奥"场馆遗产,赛后利用不断丰富,功能日趋全面,成为既能满足大众冬季冰上运动需要,又保留夏季游泳运动功能的"全天候双轮驱动"场馆,形成"三季供水,一季供冰"的四季使用服务模式,打造精品赛演活动、体育健身、体育休闲娱乐、无形资产开发、文化旅游融合发展的体育服务综合运营格局,助推竞技体育、全民健身和文化休闲各项事业发展,实现场馆的反复利用、综合利用、长久利用。

第一,开展全民健身及冰雪运动普及推广活动。一方面继续全面开放,持续推动全民游泳健身运动发展。另一方面,将主泳池改造为冰面,举办冰壶和花样滑冰等冰上赛事之余,开展群众性冰上体验活动。开展冰壶体验、滑冰健身、冰上培训、冰上演出等冰上运动,每年可接待10万名以上的冰上运动爱好者参与健身,成为推广青少年冰上运动的重要载体。

第二,承接水上和冰上赛事。继续承接游泳、跳水、花样游泳等各类国际和国内水上赛事。同时,承接世界冰壶锦标赛、花样滑冰大奖赛等各类冰上赛事。此外,还为国家游泳队、冰壶队及其他专业运动队提供专业的训练比赛场地。

第三,举办各类商业活动和驻场演出活动。继续承接大型公关、产品发布、企业年会、大型会议、演出、酒会、展览展示等活动,为国内、国际文化艺术交流提供一流的展示、交流平台。

第四,开展青少年冰上和水上运动教育。创建冰上俱乐部,与北京市各中小学联系,开设冰上运动课程。开发儿童体验馆,打造儿童素质成长教育基地,为儿童提供全产业链的产品和服务。

第五,展示宣传冬奥文化。赛后设置1500平方米冬奥文化展示区,通过各类宣传、活动等途径吸引大众对冰雪运动的关注,激发大众冰雪运动参与热情。

(四)长野冬奥会(1998年)——以速滑馆和冰球馆为例

1998年长野冬季奥运会,是在日本长野举办的第18届冬季奥林匹克运动会。长野作为本州岛上一个经济不算发达的内陆县,如何有效利用冬奥会留下的庞大场馆设施,是一个难题,其中巨额的场馆设施维护费用成为长野的大包袱。

1.成立股份公司,专业管理

1998年6月,在长野冬奥会结束大约3个月后,长野市、长野县和民间企业共同出资设立了第三方企业M-WAVE股份公司,运营长野奥运的两个场馆(速滑馆M-WAVE和冰球馆BigHat)、媒体中心大厅和奥运博物馆等设施。

从运行机制上选择了股份公司的方式,长野市政府持有50%以上股份,长野市市长是董事会主席。因为需要不断引进民间企业的经营意识,他们决定从民间人士中选择社长,以实现高效率及灵活的经营方式。管理经营委托给了建造这个场馆的主要负责公司鹿岛建物,制冰、铺冰外包给制冰机械制造商,维护也交给他们,也就是交给专业人士。

2.市民会议民主决策

开设市民会议,由各方面反复讨论,将奥运设施分为三种类型:第一种是综合体育馆、市民服务设施,为市民提供服务;第二种是举办体育比赛和活动的设施,吸引观众前来;第三种是兼备前两种功能的综合性设施。最终,市民会议将M-WAVE和BigHat定位为举办体育赛事吸引观众的第二种设施。

3.广开财路

场馆每年需要在冬季定期铺冰,需要投入巨额的经费。铺冰后需要冷却,但是冰场内不保持一定温度又会太冷,导致使用者无法入场。制冰的水费、电费、煤气费等开支庞大,如果只是在冬季利用,根本无法维持运营。

在政府的补贴支持下,运营方积极开展市场营销,不仅努力促成比赛和集训到这里举行,还积极招揽各类展会、演出,充分利用淡季时间创收。

4.充分利用场馆

从学生的冰雪运动教育到市民的冰雪运动场地,再到专业运动员的训练、选拔和专业赛事的承办,这些昔日的冬奥场馆都扮演着重要的角色。

在中央政府体育厅的领导下,建立了选手强化体制,从那时起M-WAVE一直是强化选手训练的指定场地。

滑雪课程已经成为小学四年级、五年级和六年级的一项重要教学内容。M-WAVE这样的场地因为是室内冰场,不受天气影响,随时都能滑冰,所以用来承接这样的室内教学。所有学校每次半天,滑冰教室每次两个小时。从每年的11月至次年的1月,为期三个月。

以长野冬奥会为契机,白马村雪场作为滑雪胜地享誉海外,欧美游客也蜂拥而至。其中,八方尾根滑雪场在吸引外国游客和培养儿童滑雪兴趣、创造未来客源方面,取得了尤其显著的成效。吸引更多少年儿童参与到冰雪运动中来,统一举办儿童滑雪教学项目,发售儿童专用季节通票,滑雪场开设的儿童课程非常受欢迎,陪伴而来的家长也会消费,雪场从家长的消费中同样可以获取收益。

二、失败案例及经验吸取

"建设'高大上',群众用不上。"不管是四年一届的奥运盛会还是其他综合性体育赛事,大型体育赛事场馆的赛后利用一直是道待解的世界性难题。

在这方面,过去有不少"前车之鉴"。

现代奥运会的规模越来越大,比赛项目以及参赛人数增多,对奥运场馆设施的需求量也越来越大,因此,建设一批高水平的奥运场馆和设施,是成功举办一届有特色、高水平奥运会的物质基础,是筹办奥运工作的重中之重。历届奥运会主办方都不惜花费巨额的资金去建设奥运场馆,奥运场馆不仅有前期建设的问题,而且还有后期经营管理的问题。

(一)2004年雅典奥运会

2004年雅典奥运会期间,花费7.13亿英镑建成的奥运场馆(总共花费约90亿欧元,是1896年雅典奥运会的21402倍)在赛后变得面目全非,在历届奥运会中,雅典奥运会废弃的场馆最多。由于高额运营成本、过低的场馆利用率等原因,个别曾经"风光无限"的大型体育馆,难逃"成本黑洞"和"亏损魔咒"。雅典30多个奥运场馆,每年上亿欧元的高昂维护费用让政府叫苦不迭,当地居民抱怨奥运会是"面子工程",奥运会总开支严重失控,使希腊政府陷入严重的预算赤字。由于当地人口少、市场不大,加上希腊经济不景气,场馆赛后运营人流量太小,亏本严重。因而,一些冷门运动场馆干脆就废弃了,有的已经长满荒草。

在雅典奥运会结束后一年多的时候,场馆的利用情况非常不乐观。由于赛前政府都将精力放在防范场馆工程的工期延误上,未能充分兼顾赛后场馆详细利用计划的制定,赛后有关当局又在场馆及设施的所有权问题上争执不休,赛后利用并不理想,例如游泳场馆的暖水池变成了橙色泥池,周围一片荒凉,没人来光顾。甚至在赛后一年多的时间里,主体育场都未向游人开放。虽然规划意见已经出台,但是赛后利用开发的进程仍显缓慢,没有针对当地的解决措施。并且在比赛场馆的选址上考虑也不周全,比如在居民只有8.5万人的北部城市建了容纳万人的足球场,平时这里的球队比赛时最多能吸引2000名观众。

赛后的奥运村里杂草丛生,一栋一栋外观看上去还较新的房子却无人居住,看上去一片萧索。奥运村原打算作为经济适用房,出售给低收入的家庭。但由于这里位置很偏,公共交通设施很少,配套设施不完善,销售乏力。多达3000套的商品房整体入住率还不到10%,平时也少有游人前往。奥运村的房价原本定位在每平方米2000欧元左右,2008年差不多跌落到每平方米1000欧元,属于雅典低价房,然而依旧无人问津,这里实际上成了孤岛。当地媒体分析,认为主要是以下两种原因:一是希腊地大人少,有时人口还出现负增长,而且希腊私房拥有率高达80%以上,需要购买新房的人不多;二是希腊的国外直接投资少,常驻的外国机构和外资企业不多,房地产市场开发需求乏力。

(二)1968年格勒诺布尔冬奥会

冬奥场馆,在大赛期间风光无限,但是在后奥运时代则可能面临着维护费用高、使用率低的尴尬。相比夏奥会一般是在人口众多的大城市举办,冬奥会受高山环境等限制通常在较小的城市和偏远地区举办。人口少,意味着很难再举行大规模活动,而且冬季运动还受季节限制,给场馆赛后利用更增添了难度。冬奥场馆的赛后利用,成为各主办国需要解决的重要问题。虽然各国在场馆开建时就已对此进行了规划,但综观各场馆赛后利用的实际情况,既有经典范例,也不乏尴尬。

第10届冬季奥林匹克运动会于1968年2月6日至18日在法国格勒诺布尔举行。这也是法国第二次举办冬季奥运会。格勒诺布尔是法国东南部一座古老的城市,有较为完善的体育设施,为举办第10届冬奥会,又花了16个月的时间建了一个有1.2万个座位的冰场,场地旁还修建了法国第一个人造滑冰场,滑雪场地和设备十分齐全。

1968年法国格勒诺布尔冬奥会滑雪场地后来就被废弃了,因为其所在位置不太理想,运营成本太过昂贵。例如滑雪跳台随着赛事的落幕,被遗弃,没有人维修,因此杂草丛生,难以看出本来面目。

第三节　体育赛事后体育场地经营与管理存在的问题及对策分析

体育赛事的举办可以为城市带来很多发展机遇,为了提升城市的品牌和形象,很多城市都投入雄厚的资金扩大场馆的建设规模,提高场馆的视觉效果,然而体育场馆往往面临着场馆规模大、位置偏远、能源消耗成本高等问题。因此,举办城市均面临着如何提高大型体育赛事后场馆的利用率,提高场馆的开发利用水平等问题。

一、问题分析

(一)维护管理成本沉重,闲置加剧公共资源浪费

体育场馆规模大、建设成本高,随着时间的推移,场馆建筑和设备设施老化问题出现,维修、维护、改造等费用带来了沉重的压力,尤其是大型公共体育场馆对政府财政的压力也是越来越大;同时为了开发体育场馆,所进行的经营性业务要向政府缴纳相关的税费,加重了体育场馆的成本负担。

受体育"举国体制"的影响,国家和各地的体育政府部门都会共同在各个省建设很多体育场馆,主要是实现国家的体育目标,场馆作为大空间建筑,应该以举办大型活动为主,但目前场馆每年举行的大型活动仍然较少,省级国家级的大型比赛申办城市多为一线、各省会城市或其他经济发达地区,赛事结束,场馆闲置,主要是由于交通不便利、居民消费能力有限等因素,导致赛后去场馆锻炼的居民较少,场馆器械闲置。

(二)专业化的管理人员不足

体育场馆和设施的管理是专业化的管理,需要专业技术人员保障其管理水平,然而现阶段我们普遍面临对体育场馆和设施经营管理人员不足的问题,导致管理水平不高,阻碍了体育场馆和设施高效率的发展。在我国高校的人才培养体系中仍然缺乏体育场馆和设施对口专业的设置和培养,这是造成上述问题的主要因素之一。

(三)缺乏可持续发展的规划

部分体育场馆建设选址不利于赛后使用,尤其是承办大型赛事的大型体育场馆。大型体育场馆为满足体育赛事对场地、座席数的需要,往往会选址在远离市中心的位置。在短期内面临着区域周边居住、产业、基础设施薄弱等的现状,缺乏理想的居住人口、产业人口、活动人口,导致体育场馆无法实现有效的招商,发展速度慢。

部分体育场馆盲目追求规模化,高成本导致经营困境。很多地区在进行体育场馆建设的过程中盲目追求大型化,忽视了建设投入资金的回收及可持续发展等方面的问题。建设标准高、面积大、规模大,经营成本高,如果以过低的价格向群众开放,会导致资金无法及时回收,单纯依靠各类赛事无法实现盈利,因此陷入严重的经营困境。

部分体育场馆单纯服务赛事需求,忽略赛后的继续使用。大部分大型体育场馆建设的目标是承办国际国内的体育赛事,在建设过程中主要依据比赛的需求进行各个环节的施工,配套设施不够完善,整体功能相对单一,很多体育场馆在投入使用后主要进行群众休闲活动及运动竞技训练比赛,除此之外并无其他用途,导致大型体育场馆大部分时间处于闲置状态。①

---

① 林海强、薛峰、马珺:《大型体育场馆赛后经营利用探略》,《当代体育科技》,2019年第9期。

(四)体育场馆经营模式单一

体育场馆的经营内容包括本体服务和衍生经营内容,大多数场馆管理主体要求场馆的经营方必须经营和体育赛事、体育锻炼相关的业务,导致限制了场馆的开发效率,约束了经营方的行为。同时一些大型体育场馆存在功能的特殊性,专门服务竞赛,限制为不开放的场馆。

为了服务特定大型体育赛事如足球、高尔夫球、棒球等,赛时实现了赛事的成功举办,观众也实现了对赛事的观赏需求,一些政府机构更加倾向于将体育场馆的建设看作为形象工程、政绩工程,从而忽略了这座城市居民真正的体育需求和体育场馆建设的真正意义,在赛后场馆的用途出现空窗期,赛后的功能由于赛事单一导致无法有效利用。例如2008年北京奥运会以后,新建的体育场馆几乎都进行了适应性改造,说明了在体育赛事举办时期和赛事之后场馆功能存在脱节的问题。[1]

二、对策分析

(一)选址上利于赛后的利用

体育场馆的选址应当符合合理分散、相对集中的原则,要与城市现有交通路线相辅相成,并且尽量靠近居民区。场馆的选址还要结合城市整体发展规划和各区经济文化发展水平。

设计人员在进行场馆选址之初,就要系统考核该城市的交通系统,使场馆与交通系统能够巧妙融合,采用相对集中、合理分散的原则进行一体化设计,通过宏观调控,合理规划,保证场馆多功能的使用率,提高场馆运营的综合效益。

选址要与区域经济相匹配,同时还要系统考量周围人群的收入水平、文

---

① 　郭曼然、陈海鹏、吴志勇:《体育赛事后体育场馆利用和经营发展策略》,《文体用品与科技》,2022年第11期。

化层次等诸多因素,进而保证场馆与地区人群的融合。

此外,场地应该提供明确的、有活力的活动空间,与城市建设规划相契合,尽量靠近居民生活区,保证居民对于体育场馆的使用率。以北京为例,北京在兴建大型体育场馆时,将近20%的场馆都放置在大学内,这样在大型赛事之后体育场馆可用于大学体育教学场所,也可同时向市民开放,进一步解决场馆利用问题。

(二)功能规划设计上既有利于服务赛事,又便于赛后综合利用

体育场馆尤其是大型体育场馆要打破常规运作方式,将大型活动作为核心内容,以多种经营方式吸引大型文化、大型商贸活动的开展,将其转化为一个综合性的活动场所,以提升其使用频率。

场馆设施不仅要满足赛时之用,还应重视平时的充分利用。功能设计的好坏直接关系到场馆效益的高低和场馆生命力的强弱。在进行场馆设计时应当树立整体设计观念,将体育场馆的设计建造和赛后利用结合起来。还要让场馆未来的运营者参与前期的设计、建设工作,为赛后管理积累经验,还能有效地降低政府风险,提高大型场馆的运营水平和经营效益。采用弹性设计,这样有利于赛后体育场馆设施的改造和再利用,以解决体育设施的确定性和社会需求的可变性之间的矛盾,提高场馆的适应能力。

奥运会是当下世界各国人民喜爱的综合赛事之一,也是各国政府争先恐后申办的重点赛事,各国也在赛后通过开展职业联赛的方式提高场馆的经营效率(见表8.2)[1]。

---

[1]　俞丽萍、李焰强、曾大:《大型赛事后体育场馆的可持续利用与发展——基于奥运场馆的反思》,《成都体育学院学报》,2012年第6期。

表8.2　部分奥运会后体育场馆开展职业联赛的情况

排序	大型体育赛事馆	赛后利用
1	慕尼黑奥运会(1972年)主体育场	拜仁慕尼黑俱乐部的主场
2	蒙特利尔奥运会(1976年)主体育场	美国职业棒球俱乐部(Montreal Expos)的主场
		加拿大某橄榄球联盟俱乐部的决赛场地
3	洛杉矶奥运会(1984年)闭幕体育场	洛杉矶某职业橄榄球俱乐部袭击者队(Raiders)的主场
		南加利福尼亚大学橄榄球队的主场
4	洛杉矶奥运会(1984年)篮球比赛场馆富洛姆体育馆	洛杉矶湖人队(NBA)的主场
		洛杉矶国王队(Los Angeles Kings,冰球队)的主场
5	玫瑰碗体育场(1922年)	加利福尼亚大学橄榄球队的主场
		曾举办5次美国橄榄球联赛决赛场地
		男子(1994)女子(2002)足球世界杯决赛场地

　　由政府主要出资建设体育场馆,赛后以较低的价格将场馆出租给职业体育俱乐部。俱乐部运营一定时期后,将经营权再交还政府。这样不仅俱乐部有了良好的活动场所,政府也可以在较短时期内收回场馆的建设资金。赛后将场馆租给职业体育俱乐部使用还可以实现场馆所有权和经营权的分离,降低了政府经营可能产生的风险,也降低了巨额的维护费用支出给政府带来的沉重负担。

(三)控制新建场馆,充分利用多元融资模式

　　充分利用现有场馆,尽量少建新场馆,多采用临时场馆。2008年北京奥运会就将场馆分为永久性与临时性两类。临时性场馆,赛后可以拆除而改为其他公共文化娱乐活动。并且尽量控制永久性体育场馆的建设规模。

　　改变以政府为主的投资结构,鼓励民营资本、外商资本以合资、参股等方式投资体育场馆。1998年法国世界杯主场法兰西体育场的总事业费中的53%就来自民间资金。改变大型体育场馆的投资结构,也有利于实现大型体育场馆的多元化经营管理模式。目前我国大型场馆设计和赛后运营趋势采用PPP模式,通过企业与政府的协作支持来降低政府财政风险,有力提高大型场馆的经济效益及运营水平。以北京奥运场馆为例,体育馆、游泳中心等配套设施大致采用项目法人招标方式,使得更多的企业资金投入到场馆建设当中。

以市场为导向,按照现代企业运作模式发展,实现所有权和经营权的分离,充分发挥经营者的自主性,这样还能减轻政府的财政负担,并逐步实现"以场养场,以馆养馆"的目的。走市场化之路、走经营之路已经成为业内共识。

(四)与专业机构合作,提高运营水平

专业的体育管理公司本身就具有系统性的经营手段和方法,具有丰富的管理经验,成熟稳定的经营模式,能够根据场馆的资金状况明确其市场定位,对其经营进行科学分析,合理引进切实所需的健身项目,扩大场馆经营范围,展开规范性的运作。由于管理公司在场馆定期维护、人员管理等方面采用了更加科学、行之有效的方法,促使场馆的整体管理水平得到提升,延长场馆使用期限。因此,引入体育管理公司切实可行,能够帮助体育场馆所有者对于项目进行合理的监督与管理,进而形成科学性的经营管理流水线。

体育场馆管理层要强化人才队伍,建设一支管理有方的团队,能够盘活整个场馆。以悉尼奥林匹克公园为例,经营者通过组建专业化、科学化的运营团队,将整个场馆细分为广告策划、赛后运营、品牌管理、中介合作等多个部分,细化部门人员分工,按照切实可行的管理模式,有效降低场馆运营成本,提高场馆的社会影响力及运营综合效益,拓宽了奥林匹克公园的发展前景。[1]

---

[1] 王婷:《体育赛事后体育场馆的利用与经营发展对策研究》,《文体用品与科技》,2023年第3期。

第九章　全民健身背景下我国体育场馆发展趋势分析

　　全民健身是我国的重要国家战略,体育场地的完善与发展是实现这一战略的重要基础和保障,是建设体育强国和健康中国的根本。全民健身是实现人民群众身心健康、生活幸福的重要途径,广泛开展全民健身活动,离不开完善的体育健身场地设施。

　　为了更好地服务全民健身事业,体育场馆在规划和设计上要和城市的整体发展有效融合,还要充分考虑生态文明的建设,充分发挥体育场馆对体育产业的重要影响,实现场馆对城市文化的传播和辐射作用。实现城乡全民健身事业的均衡发展是当下我国体育强国战略的重要内容,随着我国综合实力的不断增强,广大农村在体育事业方面也不断得到发展和加强,包括农村的体育锻炼环境的不断改善,有组织的农村体育活动和赛事在规范正规的机构管理下越发丰富和多彩,农民的锻炼意识越来越强烈,农民的身体素质和心里幸福指数越来越高。全民健身是系统的事业,是竞技体育、学校体育、群众体育等齐头并进的发展下取得的综合成果,在实现中华民族伟大复兴的使命下,实现体育强国,打造健康中国。

　　全民健身工作连接千家万户,关乎每个人身体健康,要坚持把场地设施建在群众身边、把全民健身赛事活动办在群众身边、把科学健身指导送到群众身边，切实提升人民群众的生活品质和幸福指数。以老百姓的需求为导向，整合体育场地设施、体育项目、体育赛事资源，盘活"存量"，做好"增量"，提升现有体育场馆利用率，改善运动健身环境，提高市民体育健身的参与率，并继续加快体育场地设施建设，组织开展更多贴近群众、形式多样的全民健身活动，通过促进全民健身和体育消费推动体育产业高质量发展，让人民群众共享体育改革发展成果，奔向更加幸福美好的明天。

第一节　体育场馆和城市发展相融合

十九届五中全会通过的《中共中央关于制定国民经济和社会发展第十四个五年规划和二〇三五年远景目标的建议》首次提出城市更新行动，旨在通过改造城市内空间设施，打造新型生产生活空间，提升人民群众生活品质。研究表明，体育设施的建设可促进城市更新，优化城市环境，提高人民群众社会生活质量。

体育场馆和体育赛事的发展和城市的发展是相辅相成的，一方面，国家社会和城市的经济发展速度和规模、制度建设的完善程度影响和制约着体育事业的发展水平；另一方面，体育场馆的建设和体育赛事的举办有利于促进城市的发展，无论是经济上还是文化方面，相互促进、可持续发展是政府、市场、社会共同关注的问题。

充分挖掘体育场馆的本体资源和延生资源，尤其在城市建设和发展过程中对于城市的经济、文化、社会发展等方方面面都发挥了重要的作用。我们既要清楚其作用，也要在此基础上采取科学规范的措施积极促进其资源的帕累托效应的实现。

一、在规划上，体育场馆和城市发展相适应

(一)和城市融合

体育场馆是城市的公共设施之一，其社会效益、经济效益、环境效益能够和城市的发展规划目标一致，体育场馆的建设是城市规划的重要内容，促进城市发展目标的实现，完美融入百姓的城市生活，保持长期的活力。

体育场馆的建设规划要充分考虑城市的空间和时间维度，空间上要充分考虑城市的自然地理状况、人口分布、交通运输等现状，时间上要体现场馆的可持续使用，如何服务民众。例如，北京奥运会的"鸟巢"和"水立方"两个场馆的规划就带动了周边的旅游和服务业的发展。

体育场馆的交通建设规划是关键的内容之一，随着城镇化水平的提高，"螺蛳壳里出道场"已经成为城市体育建筑的普遍现象和问题，在郊区或偏远地区、立足校园、土地置换、旧场馆改造升级等是体育场馆规划的选择方向，城市也试图通过体育场馆的建设带动周边社会事务的发展，完善其生态和业态环境。

(二)多功能定位

随着科技的进步，体育场馆外部设计和材料使用、内部结构和功能、能源的循环利用和环境保护，越来越受到政府的重视，尤其是现在的体育场馆在功能上已经远远超出体育运动本身，是集体育比赛、文艺演出、会展、宴会、酒店，甚至是高级公寓、办公室和其他商业设施于一体的多功能城市建筑。因此，体育场馆的建设在很多方面反映了新的理念、新的设计和最新技术超前时代的要求。

国外一些国家的成功经验值得借鉴。2000年的悉尼奥林匹克公园和场馆的建设中，在高科技材料、环保理念、能源的利用方面成为体育场馆设计中的里程碑。悉尼奥林匹克公园环保创新性技术为悉尼城市环保做出巨大

贡献,拥有19个太阳能吸纳设备,每小时生产相当于16万瓦电能的太阳能,多余的能源还能并入新南威尔士州电网;水源再生和处理系统,可以重新使用污水和雨水,解决了公园50%的用水需求。悉尼奥运村的所有永久性公寓都拥有太阳能嵌板,每年能够提供相当于100万瓦小时的能量,公寓所用木材都进行了无毒防白蚁处理,减少聚氯乙稀的使用,降低油漆的毒素以提高室内空气质量。

　　未来在体育场馆的规划和设计上要充分考虑其可持续发展和综合利用问题。首先是服务社区居民健身和活动需要,尽可能地根据社区居民的人群特点提供多元化的健身服务;其次是服务于职业体育和专业体育,尤其在青少年体育人才的培养和选拔方面,规范体育场地和设施的标准,利于专业化的训练,实现体育场地和竞技体育赛事的紧密结合,平时能练、赛时能用,充分利用现有的场地资源,实现资源的集约化和高校利用,未来实现体育场馆能和职业运动队的合作,成为他们长期入驻的地方;最后是服务于社会公共事业,比如科技、教育、文化、慈善、卫生等活动的开展,同时为国家开展社会体育和国民体质检测提供实验数据支撑,通过科研活动最终实现群众体育事业科学发展。

二、在生态方面,体育场馆要实现绿色环保

　　在体育努力成为实现中华民族伟大复兴的一项标志性事业的道路上,体育场馆作为体育事业和体育产业发展的重要物质载体和运营主体,其发展必须遵循"创新、协调、绿色、开放、共享"的新发展理念,满足体育强国建设的时代需要,服务全民健身国家战略的深入实施。体育场馆建筑肩负起改善城市环境的重大使命,坚持生态的可持续性的发展,努力让场馆融入所在的城市,对场馆周边的环境产生长期有益的影响。

(一)绿色规划

体育场馆的建设之前必须进行科学充分的环境评价,避免产生邻避效应。[①]

规模合理的体育场馆是符合城市发展的基本规律的,大兴土木是不符合生态发展要求的,体育场馆不是多多益善的,不同的城市和城市的不同区域要对体育场馆的建设进行科学合理的选择和规划,在国家的相关规定之下,对土地审批、赛事申办等进行管理,实现体育事业的可持续发展。

体育场馆服务全民健身的要素投入绿色低碳化。实现体育场馆服务全民健身载体的绿色发展离不开资本、土地、技术等要素的创新投入,且不同要素发挥的作用不同。绿色金融作为一种新型金融工具,支持绿色建筑等项目融资,为解决体育场馆服务全民健身的载体融资难问题提供了新思路;"金角银边"区域转化为全民健身新空间是城市更新、环境改善、工业资源集约节约利用的新形式;培育体育场馆类"专精特新"中小企业、瞪羚企业[②]和冠军企业,集中力量解决产业链构建中的超低能耗建筑技术等"卡脖子"问题;在体育场馆服务全民健身的赛事和活动环境生态评价中,引入环境、社会、治理(ESG)责任体系,推动全民健身绿色发展。[③]

(二)低碳建设

比如在节能减排方面,在建设和运营过程中,优化设计和选择材料,采用节能环保技术,降低能耗和碳排放。比如利用太阳能供电,安装高效节能

---

① 居民或当地单位因担心建设项目(如垃圾场、核电厂、殡仪馆等邻避设施)对身体健康、环境质量和资产价值等带来诸多负面影响,从而激发人们的嫌恶情结,滋生"不要建在我家后院"的心理,即采取强烈和坚决的、有时高度情绪化的集体反对行为。

② 瞪羚企业是指创业后跨过死亡谷以科技创新或商业模式创新为支撑进入高成长期的中小企业,是高成长型企业,它们具有与瞪羚共同的特征——个头不大、跑得快、跳得高。

③ 李艳丽:《中国式现代化背景下体育场馆服务全民健身高质量发展研究》,《体育文化导刊》,2023年第9期。

的照明系统和空调设备,使用可再生材料等。

绿色是全民健身发展的普遍形态,依托各地体育场馆资源,打好全民健身绿色生态牌,开展"一场一馆一品"的生态体育全民健身活动。将"绿色"前置于体育场馆建设与运营,依托场馆开展各项全民健身活动,赋能全民健身低碳化发展。总之,打造绿色低碳型体育场馆使其服务全民健身既是增强人民幸福感、获得感、安全感的切入口,亦是中国式现代化背景下体育场馆服务全民健身高质量发展的要求之一。

(三)生态系统化

体育场馆作为全民健身的重要载体,其绿色转型为全民健身低碳化创造了良好的平台环境。如国家速滑馆作为我国首座绿色建筑三星冰上竞赛馆,在设计、建设、运行全过程中贯彻了节能低碳理念。再比如,在场馆的生态景观设计方面,在场馆周围布置绿化带和花坛,种植适应当地气候条件的本土植物,增加植被覆盖率。这不仅美化了场馆环境,还有助于改善空气质量和降低环境噪音。

(四)环保意识

在环保宣传教育方面,通过宣传活动和教育讲座,向观众、工作人员和相关利益方普及环保知识,提高环境意识,鼓励大家共同参与到绿色、环保的运动场馆建设中来。

三、在产业上,体育场馆要实现经济效益

对体育场馆进行投资和消费,能够实现其对城市发展的经济促进作用,带动了城市经济的快速增长。2014年国务院印发《国务院关于加快发展体育产业促进体育消费的若干意见(国发[2014]46号)》,指出"创新体育场馆运营机制。积极推进场馆管理体制改革和运营机制创新,引入和运用现代企业制度,激发场馆活力。推行场馆设计、建设、运营管理一体化模式,将赛

事功能需要与赛后综合利用有机结合"。据统计,2015年体育产业的总规模已经超过5万亿元。经济效益的提升主要可以通过以下几个方面来凸显。

(一)旅游吸引力增加

体育场馆成为举办体育赛事、音乐会和其他大型活动的场所,吸引了大量的游客和观众前来参观和观赏。这些游客会在城市中消费,包括住宿、餐饮、购物等,带动了旅游业和相关行业的发展。

(二)就业机会的增加

体育场馆的建设和运营需要大量的工人和专业人员,包括建筑师、设计师、工程师、保安人员、销售人员等。这些就业机会提供了更多的工作岗位,减轻了城市的就业压力。

(三)商业发展和经济活力的提高

体育场馆周边往往会形成商业区域,各类商业设施如餐饮店、酒店、商场等会随之而兴起。体育场馆的存在吸引了更多的商业投资,推动了地方经济的发展,增加了税收收入。

(四)提升城市形象和知名度

举办重大体育赛事和活动的场馆成为城市的标志性建筑,提升了城市的知名度和形象。这不仅吸引了更多的投资和外来人口,也为城市带来了更多的商机和发展机会。

(五)促进城市体育事业发展

体育场馆的存在和发展,为城市的体育产业提供了先决条件。它不仅可以支持体育赛事的举办,还可以提供场地供市民进行体育锻炼和健身活动,推动城市体育事业的繁荣发展。

四、推动城市文化传播和城市形象

文化从外到内分为三个层次,包括器物文化、制度文化、精神文化,体育场馆代表了器物文化形式,体育制度和体育精神代表了制度文化和精神文化。

体育赛事的举办展示了举办地的外观形象,体育场馆也成为一个城市和地区地标性和文化性的建筑,是集体育、文化、商务等活动为一体的综合型建筑,例如北京奥运会的"鸟巢""水立方"等体育建筑实现了中国北京和体育的完美结合。体育场馆直接体现了一个城市的文化品味的高低,是一个城市的名片。

一个城市公共服务设施越完善,居民的生活幸福感越强烈,对这个城市的归属感和自豪感也越强烈,留住人才,形成向心力和凝聚力,促进了城市各方面的发展。体育场馆不仅举办体育比赛和运动活动,还经常承办各种文化演出、音乐会、艺术展览等非体育类活动。这些活动吸引了大量观众参与,通过艺术、音乐等形式将城市的文化传达给更多的人。

另外,体育场馆通常是城市的地标性建筑之一,其独特的设计和外观可以成为城市形象的代表。具有独特特色的体育场馆能够吸引游客和媒体的关注,提升城市的知名度和形象。体育场馆作为举办重大体育赛事的场所,能够吸引国内外的目光和媒体报道。通过举办国际体育盛事,城市不仅能够展示自身的综合实力和接待能力,还能够推广本地的文化、风俗和特色,提升城市形象。

作为城市名片,体育场馆吸引了来自不同地区、不同文化背景的人们。这种跨文化的交流和对话有助于促进城市间、民族间的理解和友好关系,推动文化多元性和包容性的发展。体育场馆为城市居民提供了丰富多样的文化娱乐选择,使得居民可以更多地参与其中,享受体育和文化活动的乐趣。这不仅提升了城市居民的生活质量,还促进了公民的社会融入感和归属感。

五、体育场馆的发展促进了城市人口结构的优化

具备现代化体育设施的城市吸引了更多的专业运动员、教练员和相关人才。这些人才的到来不仅提升了城市的体育水平，也带来了知识、经验和技术的传播，推动了城市社会的发展和进步。体育场馆举办的大型体育赛事和活动吸引了大量的观众和参与者。这些人口流动和迁徙使城市的人口结构更加多样化，并且有助于促进文化交流和资源共享，为城市注入新的活力。

体育场馆的建设和运营需要大量的人力资源，包括管理人员、工作人员、服务人员等。这些就业机会吸引了更多人口到城市就业，改善了城市的就业结构，提高了居民的收入水平，增强了城市的经济活力。改善居民生活品质，城市发展现代化体育场馆，提供丰富多样的体育和娱乐设施，为居民提供了更多的休闲娱乐选择。这不仅增加了居民的生活乐趣，也有助于改善居民的身心健康，提升整个城市的生活品质。体育场馆通常需要占用大片土地建设，推动了城市空间的合理规划和利用。通过科学的城市规划和经济发展，体育场馆可以成为城市中心区域的重要组成部分，带动周边地区的发展，实现城市空间结构的优化。

第二节　城乡体育均衡发展

建设美丽乡村是党的十八大提出的美丽中国战略的重要内容，是建设生态文明、建设社会主义和谐社会、建设农村精神文明的目标之一。农村体育事业是美丽乡村建设、农村精神文明建设，实现社会和谐发展，促进国家生态文明建设的重中之重，也是建设体育强国，实现全民健身的重要内容。

我国的体育公共服务发展中存在一个备受关注的问题,即城乡间的严重不平衡。2013年末,我国总人口中大约有46.3%的人居住在农村,城镇人口比乡村人口多7.4%,但是城镇人口所拥有的体育场数量比乡村人口所拥有的体育场地数量多17.22%,城镇人口占有的体育场地面积比乡村人口占有的体育场地面积多37.22%,可见城乡体育场地拥有量上的差距明显。

一、做好顶层设计,健全城乡体育事业的公共服务体系

国家"十二五"规划提出,要大力发展公共体育事业。2011年,国家体育总局发布《体育事业发展"十二五"规划》,把"加快完善基本公共体育服务体系,提高公共体育服务水平"纳入"十二五"时期体育事业发展的总体目标。同年国务院发布了《全民健身计划(2011—2015年)》,确切地提出一个发展目标是:"到2015年……形成覆盖城乡比较健全的全民健身公共服务体系。"2012年,国务院印发《国家基本公共服务体系"十二五"规划》,正式把"公共文化体育服务"列为基本公共服务项目之中。2016年发布并实施的《全民健身计划(2016—2020年)》提出"到2020年……支撑国家发展目标、与全面建成小康社会相适应的全民健身公共服务体系日趋完善"。2021年发布的《"十四五"体育发展规划》提出,到2025年"更高水平的全民健身公共服务体系基本建成"。这一系列重要文件在不同时期规划着我国体育公共服务发展所要达成的目标。

二、农民体育健身工程

党和国家高度重视我国农民群众的身体健康水平,国民体质状况既是衡量一个国家国民素质的重要指标,也体现了国家体育事业发展的现状。《全民健身计划(2016—2020年)》强调普遍增强群众体育健身意识,明显增加参加体育锻炼的人数,加强健身场地和设施的建设和管理,优化场地设施

结构。《体育发展"十三五"规划》提出,大力发展健身场地设施建设工程,到2020年全国行政村健身设施达到全覆盖。

农民体育健身工程是以行政村为主要实施对象,建设的基本标准是在室外建设一块混凝土标准篮球场,再配一副篮球架和两张室外乒乓球台,有条件的地区可以根据实际情况安装体育健身设施。[①]

加强和完善农村基层体育环境的发展,需要各地相关体育部门加大体育宣传,积极组织农民参加体育锻炼,完善农民体育器材的安装,建立和健全农民体育组织机构,充分调动农民的积极性和参与性,努力为农民健身提供优越的环境和平台,让农民群体从真正意义上体验到体育锻炼的意义和价值。

(一)农村体育场地和设施的建设和完善

我国农村地域辽阔,体育资源严重不足,特别是体育场地的缺乏,严重制约了农村体育事业的发展。通过农民体育健身工程的实施,截至2010年底,全国共建设完成农民体育健身工程23万个,新增农村场地面积2.3亿平方米,农村人均新增场地0.7平方米,受益人口3.3亿,极大改善了我国农村体育场地设施严重匮乏的局面,有效推动了农村体育事业的发展,给新农村建设中农村体育事业的发展带来了新的机遇,发挥了应有的作用。[②]

(二)农民体育组织机构的建立和健全

农村体育组织的建设是农村体育公共服务的重点之一,其中农村体育社会组织发挥了重要作用,也得到了国家政策的大力支持,例如《关于政府向社会力量购买服务的指导意见》《关于加强社会组织人才队伍建设的意

---

① 海文杰:《凉山州彝区实施农民体育健身工程现状的调查》,成都体育学院硕士论文,2020年。

② 徐云:《在"新农村"建设背景下农民体育健身工程研究》,《科学咨询(科技·管理)》,2018年第8期。

见》《国务院机构改革和职能转变方案》《关于取消和下放一批行政审批项目的决定》《关于修改部分行政法规的决定》《社会团体登记管理条例》等，为农村体育社会组织的发展奠定了制度基础。

1.发展农民体育健身草根组织

农村草根体育组织作为基层体育组织，因其具有良好的亲民性、民间性和广泛的参与性，在动员群众参与体育、为体育提供组织活动的平台、弥补因双重失灵（政府失灵与市场失灵）造成农村体育公共服务供给不足、农村体育文化的传播和体育文化活动的开展等方面具有重要的作用。

草根组织（GRO）特指非营利组织中那些扎根于城乡社区的基层民众组织，侧重于发展中国家的基层组织。它是一种社会团体发展类型，一般代表基层民众利益，通常和精英组织相类比而言，由那些民间人士自发成立，并自主开展活动的"自下而上"的民间组织。这些组织的产生与发展有着平民化、大众化、自下而上的特点，它们通过自己扎实的工作赢得了公众的认可，逐步获得了事实上的"社会合法性"，并成为公民社会中一支不可忽视的重要力量，甚至开始影响政府的公共政策制定过程。

农村草根体育组织主要是指扎根于农村，由某人或几个人牵头，基于共同的兴趣、爱好和情感为纽带而联结起来的，以开展体育健身、休闲娱乐活动等为主要内容，满足自身身体锻炼和精神文化需求为目标而自发形成的体育群体组织，包括晨晚活动点、健身小组和健身辅导站等形式。这些组织具有鲜明的草根性、地域性、松散性、可变性和广泛的参与性等特征。[①]农村草根体育组织是由居民自下而上自愿自发结合而形成的体育组织，其运行过程最具草根性，同时受政府相关部门和村委会的监督与指导（见图9.1）。

---

① 郑柏武、林丽芳、钟兆祥：《美丽乡村建设背景下农村草根体育组织的发展》，《北京体育大学学报》，2016年第4期。

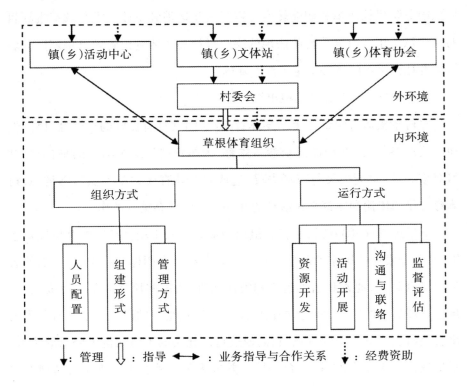

图9.1　农村草根体育组织管理运行的结构[①]

2.强化统筹协调,完善体育机构职能

在乡村群众体育的发展过程中,体育组织机构起着领导全局的作用。省、市、县、村等体育管理组织要相互协调和管理群众体育工作。要增强自身建设,全面贯彻落实相关体育政策和方针,制定和完善群众体育发展规划,并制定监督机制。同时要加强对群众体育的认知,保障农民基本体育权利。加强体育财政支出,将体育经费列入到乡村建设和地方财政指标中;利用政策等多渠道吸引企业和个人对群众体育的资助。为了使农村体育组织建设更加完善,应进一步健全乡村群众体育组织,加强建立乡村公共体育服

---

　　① 徐惠、符壮:《粤港澳大湾区全民健身社会运行机制研究》,《广州体育学院学报》,2021年第5期。

务体系。[①]

(三)大力宣传体育锻炼的意义和价值

由于农民的文化素质比较低,再加上受教育程度低,自身很难意识到健身运动的好处,这种对健身意识的欠缺成了影响农民健身工程活动开展的最直接原因。农民体育健身工程的宣传不到位,严重影响了农民对体育健身工程的积极性与参与度。

体育锻炼对于保持良好的身体健康至关重要。通过宣传体育锻炼的意义和价值,能够引导农村居民关注自身的健康,增强对健康的重视,积极参与体育锻炼活动,提高身体素质,预防和控制一些慢性病的发生。体育锻炼活动可以成为农村社区居民之间交流、沟通和互动的桥梁。通过组织集体性的体育活动,可以增加居民之间的互动和社交,促进邻里关系的融洽,增强社区凝聚力和归属感。

体育锻炼不仅可以培养个人的身体素质,还有助于培养团队合作和竞争意识。通过组织体育竞赛和比赛,农村居民可以学习团队合作、互助精神和公平竞争的重要性,培养积极向上的价值观和人生态度。宣传体育锻炼的意义和价值,能够提高农村居民对体育事业的认识和支持。这将有助于推动农村体育设施的建设和改善,增加体育教练员和专业人才的引进,提升农村体育水平,为广大农村居民提供更多更好的体育锻炼条件和机会。

农村地区往往有丰富的传统体育文化,通过宣传体育锻炼的意义和价值,可以激发农村居民对传统体育文化的兴趣和热爱,促进传统体育项目的传承和弘扬,继承中华民族优秀的体育文化遗产。

综上所述,大力宣传体育锻炼的意义和价值对于农村地区具有重要的意义。通过引导居民参与体育锻炼,可以提升身体健康水平、增强社区凝聚

[①]　崔朋军:《河北省美丽乡村群众体育发展策略研究》,河北师范大学硕士论文,2018年。

力和友好互动、培养团队合作和竞争意识、促进农村体育事业发展，以及传承和弘扬传统文化，为农村地区的发展和进步做出积极贡献。

第三节　竞技体育、学校体育、群众体育全面开展

通过全面开展竞技体育、学校体育和群众体育，可以实现个人身心健康的全面发展，推动社会的文明进步和国家体育事业的繁荣。它们相辅相成，互为支撑，共同构建起一个全面发展的体育体系，为社会各界带来更多的福祉。

一、全民健身、体育场地与竞技体育

竞技体育是高水平的体育运动，在提高国家整体体育水平、促进国际交流、激发民族自豪感等方面具有独特的作用。全面开展竞技体育可以培养和选拔优秀运动员，提高国家在国际体育舞台上的竞争力，同时也为广大群众提供了观赏和参与的机会，推动了体育产业的发展。

（一）全民健身与竞技体育

竞技体育是一项社会体育运动，是一项以体育运动为目的，以竞争为手段，以获得运动成绩为目的的体育运动，其主要参与主体为专业运动员。新中国成立之后，在党的领导下，我国竞技体育在短时间内通过举国体制实现了举世瞩目的成绩，实现了竞技体育的世界强国。

竞技体育的高水平发展对我国全民健身事业起到了很好的带动作用，竞技体育通过创新发展理念，始终坚持以人民为中心的发展观，以提高人民健康水平、促进人的全面发展为重要方向，在助力健康中国中作出新贡献。

2017 年 8 月 27 日，习近平总书记在会见国际奥委会主席巴赫时表示：

"我们将以北京冬奥会为契机,推动群众体育和竞技体育全面平衡发展,推进全民健身事业,不断提升人民健康水平。"这进一步体现出竞技体育对全民健身的重要意义,要利用竞技体育自身特有的精神魅力、激励效应和带动效应,吸引更多群众参与体育,通过不断普及竞技运动项目,在改善青少年体质、促进青少年人格养成和社会化等方面发挥重要作用,挖掘竞技体育在提高人民健康水平、促进人的全面发展方面的综合功能,全面引领全民健身工作深入开展。

竞技体育要全面拓宽功能价值,要从单向度争光体育向全面体育转变,在实现自身发展的同时发挥特有的人文价值和带动效能,成为打造民众健康生活方式的重要途径,成为人民健康投资和休闲娱乐的重要方式,助力健康中国建设、促进人的全面发展。

新时代,要深入贯彻习近平总书记提出的新要求,以满足人民的体育需求、提高人民的健康水平、促进人的全面发展为重要方向,把竞技体育打造成为实现群众健康生活方式的重要途径,实现竞技体育与全民健身事业协同共进、融合发展。

(二)体育场地与竞技体育

在我国大力发展竞技体育的同时,竞技体育与群众体育发展"失衡"问题日趋严重,成为我国从世界体育大国向世界体育强国迈进的重要阻碍。究其原因,多年依托举国体制,竞技体育在我国集全民之力,汇集、占据了大量优势稀缺资源。竞技体育与群众体育在资源配置方面严重不均衡,成为导致二者发展失衡的重要原因。因此要加快群众体育的发展步伐,推进竞技体育与群众体育的协调发展,必须解决好竞技体育资源向体育公共服务的转化。[1]

---

① 张洁、孔德佳、郝乐:《竞技体育资源向体育公共服务转化的途径探析》,《安康学院学报》,2017年第5期。

体育场地设施是竞技体育资源的重要组成部分之一,是竞技体育活动得以组织和顺利进行的基础资源。当竞技体育赛事结束之后,大量服务赛事活动的场地设施资源需要及时转换使用主体,以实现公共利益为目的,以政府为主导,通过提供各种不同性质的产品满足公民需要的服务。

随着北京夏季和冬季奥运会、杭州亚运会和深圳世界大运会等大型综合性体育赛事相继举办,国内各地争相举办全国运动会、城市运动会和大型单项体育赛事,进而促进了体育场馆的建设发展。然而大部分大中型体育场馆是由政府财政拨款建设,场馆主要以竞赛活动为服务对象,因此存在大量场馆赛后闲置浪费的现象。促进竞技体育场地设施资源向体育公共设施服务的有效转化,不仅可以提高竞技体育场地设施资源的综合利用率,还能解决大众体育健身场地设施数量少、档次低的现实问题,为大众提供更好的体育锻炼场地设施,满足人们日益增长的健身娱乐需求。

二、全民健身、体育场地与学校体育

学校体育是培养青少年身心健康发展的重要途径。通过全面开展学校体育,可以促进学生全面发展,培养他们的协作能力、意志品质和团队精神,增强体质和身体素质。同时,学校体育也为学生提供了锻炼身体、释放压力、培养爱好的平台,有助于塑造良好的生活习惯和价值观。前文中,我们大篇幅论证了学校体育场地和设施向社会开放的相关问题,这里我们重点强调一下其关系。

(一)全民健身与学校体育

随着人们的生活水平上升和我国全民健身战略的进一步实施,人们对体育的需求也在不断增加,对专业体育场馆需求也越来越大。当社会不能满足人们的体育需求时,学校体育场馆的对外开放,极大地弥补了当地体育场馆资源的不足,减轻了社会承担体育场馆的压力,促进当地体育事业的发展和全民健身体系的完善。

学校开放体育场馆,在一定程度上减轻了当地政府和学校的体育负担,并在一定程度上缓解了资金短缺的问题,将学校的体育资源转化为全社会公共资源,可以大大减少政府的建设投资。[①]

(二)体育场地与学校体育

随着我国举办国际和国内体育赛事和大型活动越来越多的趋势,本着绿色办赛事的原则,在条件允许的情况下,不盲目新建体育场地,尤其不在非学校区域新建场地,理想的状态是新建场地规划在学校区域,改扩建学校或者校外体育场地,这样既满足了赛事的需求,同时又能在赛后服务于教学或居民的体育锻炼。

前文我们已经探讨了学校场地合理科学对外开放的问题,未来我们仍然沿着科学发展和高质量管理的道路实现学校体育场地的健康发展。

三、全民健身、体育场地与群众体育

群众体育是广大人民群众参与体育活动的形式,具有普及性、大众性和社交性的特点。全面开展群众体育可以提供丰富多样的体育锻炼项目和场所,满足不同人群的需求,增加身体运动量,提高健康水平。此外,群众体育也有助于促进社区凝聚力、加强社交交流、营造健康向上的生活方式。

(一)全民健身与群众体育

群众体育则是以社会所有成员为主体,在闲暇之余,以各种形式进行的各种形式的运动,以健身和休闲为主要目标。全民健身从范围上涵盖了所有居民,但是主要领域就是广大普通群众,是非学校、非军队、非职业体育领域的普通人,是狭义的社会体育。

---

① 梅冬丽:《全民健身背景下高校体育场馆对外开放过程中的问题与对策研究》,《体育世界》,2023年第12期。

2023年12月《中国体育报》刊载文章指出,自2023年6月启动"国球进社区""国球进公园"活动以来,全国6495个老旧小区、2887个城市公园累计新增各类健身设施48646个,其中乒乓球台9151张,通过新建、改建等方式,完善社区、公园健身服务功能,构建城市社区"15分钟健身圈"。[①]

(二)体育场馆与群众体育

"健身去哪儿"一直是困扰全民健身高质量发展的"牛鼻子"问题,近年来,在多方的共同努力下,破题"健身去哪儿"已经取得了阶段性成果——《2022年全国体育场地统计调查》显示,截至2022年底,我国人均场地面积为2.62平方米,提前完成了《"十四五"体育发展规划》提出的人均体育场地面积2.6平方米的目标。全民健身场地设施供给不平衡、不充分的现象仍然存在,特别是针对不同地域、城乡、人群、行业健身人群的场地设施服务还有待加强。

2023年国家体育总局会同发改委、财政部、住建部、人民银行印发《全民健身场地设施提升行动工作方案(2023—2025年)》,明确提出开展健身设施强基础、提质量、优服务、增效益四大行动,提升健身设施开放服务水平和综合使用效益。

1.大数据、信息化

2023年国家体育总局推动上线了国家全民健身信息服务平台,已累计汇聚6464家公共体育场馆,健身场地50万多个,健身器材309.6万多件/套,收集赛事活动数据21.7万条,截至2023年11月15日,累计访问量1.53亿次,单日最高访问量423.7万次。在社区,场地设施从"有没有"到"优不优",很多地方的居民在家门口都能用上"高端健身房同款"室外智能健身设施,进行科学健身指导,开具个性化"运动处方"。利用央视频、抖音等媒体平台积

---

① 《中国体育报》,2023年12月21日。

极宣传科学的体育锻炼知识。

2.以赛事促健身

赛事活动是全民健身的重要抓手和支撑,近年来,国家体育总局群体司贯彻"创新、协调、绿色、开放、共享"的新发展理念,创新构建了"3731"群众性赛事活动体系,鼓励全国各地举办红红火火、丰富多彩、各具特色的群众赛事活动,真正将赛事活动办到群众身边、办到群众心坎上。"3"是全运会群众赛事活动、社区运动会、全国全民健身大会,分别侧重于"精""常""全";"7"是贯穿全年的七项全国性全民健身主题示范活动,分别为新年登高、"行走大运河"全民健身健步走、纪念毛泽东同志"发展体育运动增强人民体质"题词活动、全民健身日、农民丰收节体育健身活动、九九重阳节全民健身主题活动及大众冰雪季;另一个"3"是"三大球"群众赛事活动、群众冰雪赛事活动、各人群体协、行业体协举办的赛事活动;"1"是全民健身线上运动会。

3.提升群众体育的科学性

农村是我国群众体育中相对较弱的区域,随着农村留守人群现象的出现,开展农村人群的体育活动有助于广大农村人口的身心健康。2023年国家已经通过一系列措施带动和发展了农村体育活动的科学水平,比如"万村女性社会体育指导员培训计划"由体育总局联合农业农村部、全国妇联开展,旨在解决农村地区女性科学健身问题,促进农村地区女性参与全民健身热情,提升妇女健康水平,培育高素质农民,累计培养的公益类社会体育指导员数量已达到310.6万人,每千人拥有社会体育指导员2.21名。

结　论

　　党的十八大以来，我国的体育发展理念发生了改变，实现了从"金牌竞技"到"全民体育"的转变，全民健身上升为国家战略，全民健康理念深入人心，不断满足广大人民日益增长的体育健身需求、筑牢健康中国的体育之基迫在眉睫。党的二十大报告明确提出，促进群众体育和竞技体育全面发展，加快建设体育强国。在政策的强力推动和全民健身场地供需矛盾的冲击下，满足人口规模巨大的全民健身场馆需求成为体育场馆服务全民健身的主要目标。2022年10月16日，习近平总书记在中国共产党第二十次全国代表大会上的报告中指出："全过程人民民主是社会主义民主政治的本质属性，是最广泛、最真实、最管用的民主。"判断民主模式的是否广泛、真实和管用最重要的一个标准就是能不能体现人民群众的切身利益和福祉。

　　推动全民健身高质量发展，是加快推进体育强国建设、满足人民日益增长的美好生活需求的切入点和突破口，是顺应人民对高品质生活期待的内在要求，是实现中国式体育现代化的应然之举。大数据、云计算、人工智能等数字技术与体育场地和设施的广泛融合，大幅提升了全民健身的科学化程度，为全民健身高质量发展提供了技术与要素的双向支撑。

附　录

附录1　《国民体质测定标准施行办法》

2003年7月4日,国家体育总局、教育部等多部门印发《国民体质测定标准施行办法》。办法全文如下:

第一条　为推动和规范《国民体质测定标准》(以下简称《标准》)的施行工程,指导国民科学健身,促进全民健身活动的开展,提高全民族的身体素质,根据《中华人民共和国体育法》和《全民健身计划纲要》等有关规定,制定本办法。

第二条　《标准》适用于3~69周岁国民个体的形态、机能和身体素质的测试与评定,按年龄分为幼儿、青少年、成年人和老年人四个部分,其中青少年标准为《学生体质健身标准》。

第三条　施行《标准》坚持科学、规范、安全、便民的原则。

第四条　提倡国民在经常参加体育锻炼的基础上,定期按照《标准》进行体质测定。

健康状况不适合参加体质测定的可不进行体质测定。

第五条　国务院体育行政部门主管全国的《标准》施行工作。地方各级体育行政部门主管本行政区域内的《标准》施行工作。

国务院教育行政部门负责在全国各级各类学校施行《学生体质健康标准》工作。

国务院卫生、民政、劳动保障、农业、民族等部门和工会、共青团、妇联等社会团体在各自的职责范围内负责施行《标准》工作。

第六条　各级体育行政部门应当将施行《标准》与开展国民体质监测结合进行;扶持建立体质测定站;培训体质测定人员;划拨用于施行《标准》的

专项经费;收集并统计分析施行《标准》的信息资料。

第七条　各级国民体质监测中心应当将施行《标准》作为工作职责。

体育教学、科研等单位应当做好施行《标准》的科研、培训和指导工作。

第八条　城市街道办事处应当将施行《标准》作为社区建设的内容,全民城市体育先进社区和有条件的社区应当建立体质测定站,发挥居民委员会等社区基层组织的作用,为居民提供体质测定服务。

第九条　县、乡镇应当将施行《标准》作为农村体育工作的重要内容,与农村医疗卫生工作结合,创造条件建立体质测定站,为农民提供体质测定服务。

第十条　机关、企业事业单位和社会团体应当有组织、有制度地开展体质测定工作。

第十一条　体质测定站应当具备以下基本条件:

(一)有培训合格的体质测定人员;

(二)有符合体质测试项目要求的器材和场地;

(三)有对伤害事故及时救护的条件;

(四)有测试数据处理及健身指导的设备和人员。

第十二条　开展体质测定应当严格按照《标准》规范操作,为受试者提供测定结果并给予科学健身指导;保存测定数据和资料;对受试者的测定结果保密。

第十三条　从事营利性体质测定服务的,应当向当地工商行政管理部门办理登记注册,并接受其指导、监督和管理。

第十四条　对体质有特殊要求的部门和单位可将《标准》作为招生、招工、保险等体质考核的参考依据。

第十五条　各级体育、教育行政部门及有关部门应当对在《标准》施行工作中做出显著成绩的单位和个人予以表彰奖励。

第十六条　《标准》由国务院体育行政部门负责制定,其中青少年部分由国务院教育行政部门负责制定。

第十七条　有关部门和地方可参照《标准》制定适用于特定人群或地区的体质测定标准。

附录2 《国民体质测定标准手册》

体质是人类生产和生活的物质基础。党和政府历来十分重视并不断采取有效措施增强人民体质,其中一项重要举措就是建立并施行国民体质测定制度。

2000年国家体育总局会同10个有关部门对3~69岁的国民进行了首次全国性体质监测,获取了20世纪末我国国民体质状况资料。此后,国家体育总局组织专家利用这些翔实的数据,在《中国成年人体质测定标准》的基础上,制定了《国民体质测定标准》(以下简称《标准》)。

制定并施行《标准》是运用科学的方法对国民个体的形态、机能和身体素质等进行测试与评定,科学指导全民健身活动的开展,发挥体育对增强人民体质的积极作用的有效手段;是落实《中华人民共和国体育法》和《全民健身计划纲要》,构建面向大众的体育服务体系的一项重要工作;是在新的历史时期,贯彻党的体育方针,坚持体育为人民服务根本宗旨的具体体现。

为规范《标准》的施行,保证施行工作科学严谨、健康有序地开展,我们编写了《国民体质测定标准手册》,供有关人员使用。

《手册》分为幼儿部分、青少年部分、成年人部分、老年人部分。

国民体质测定标准施行办法

第一条 为推动和规范《国民体质测定标准》(以下简称《标准》)的施行工作,指导国民科学健身,促进全民健身活动的开展,提高全民族的身体素质,根据《中华人民共和国体育法》和《全民健身计划纲要》等有关规定,制定本办法。

第二条 《标准》适用于3~69周岁国民个体的形态、机能和身体素质的测试与评定,按年龄分为幼儿、青少年、成年人和老年人四个部分,其中青少年标准为《学生体质健康标准》。

第三条 施行《标准》坚持科学、规范、安全、便民的原则。

第四条 提倡国民在经常参加体育锻炼的基础上,定期按照《标准》进行体质测定。

健康状况不适合参加体质测定的可不进行体质测定。

第五条 国务院体育行政部门主管全国的《标准》施行工作。地方各级体育行政部门主管本行政区域内的《标准》施行工作。

国务院教育行政部门负责在全国各级各类学校施行《学生体质健康标准》工作。

国务院卫生、民政、劳动保障、农业、民族等部门和工会、共青团妇联等社会团体在各自的职责范围内负责施行《标准》工作。

第六条 各级体育行政部门应当将施行《标准》与开展国民体质监测结合进行;扶持建立体质测定站;培训体质测定人员;划拨用于施行《标准》的专项经费;收集并统计分析施行《标准》的信息资料。

第七条 各级国民体质监测中心应当将施行《标准》作为工作职责。

体育教学、科研等单位应当做好施行《标准》的科研、培训和指导工作。

第八条 城市街道办事处应当将施行《标准》作为社区建设的内容,全国城市体育先进社区和有条件的社区应当建立体质测定站,发挥居民委员会等社区基层组织的作用,为居民提供体质测定服务。

第九条 县、乡镇应当将施行《标准》作为农村体育工作的重要内容,与农村医疗卫生工作结合,创造条件建立体质测定站,为农民提供体质测定服务。

第十条 机关、企业事业单位和社会团体应当有组织、有制度地开展体质测定工作。

第十一条　体质测定站应当具备以下基本条件：

（一）有培训合格的体质测定人员；

（二）有符合体质测试项目要求的器材和场地；

（三）有对伤害事故及时救护的条件；

（四）有测试数据处理及健身指导的设备和人员。

第十二条　开展体质测定应当严格按照《标准》规范操作，为受试者提供测定结果并给予科学健身指导；保存测定数据和资料；对受试者的测定结果保密。

第十三条　从事营利性体质测定服务的，应当向当地工商行政管理部门办理登记注册并接受其指导、监督和管理。

第十四条　对体质有特殊要求的部门和单位可将《标准》作为招生、招工、保险等体质考核的参考依据。

第十五条　各级体育、教育行政部门及有关部门应当对在《标准》施行工作中做出显著成绩的单位和个人予以表彰奖励。

第十六条　《标准》由国务院体育行政部门负责制定，其中青少年部分由国务院教育行政部门负责制定。

第十七条　有关部门和地方可参照《标准》制定适用于特定人群或地区的体质测定标准。

第十八条　本办法自2003年7月4日起施行。

附录3　《国家学生体质健康标准》

一、说明

（一）为贯彻落实健康第一的指导思想,切实加强学校体育工作,促进学生积极参加体育锻炼,养成良好的锻炼习惯,提高体质健康水平,特制定本标准。

（二）本标准是《国家体育锻炼标准》的有机组成部分,是《国家体育锻炼标准》在学校的具体实施,是国家对学生体质健康方面的基本要求,适用于全日制小学、初中、普通高中、中等职业学校和普通高等学校的在校学生。

（三）本标准从身体形态、身体机能、身体素质和运动能力等方面综合评定学生的体质健康水平,是促进学生体质健康发展、激励学生积极进行身体锻炼的教育手段,是学生体质健康的个体评价标准。

（四）本标准将测试对象划分为以下组别:小学一、二年级为一组,三、四年级为一组,五、六年级为一组,初、高中每年级各为一组,大学为一组。

小学一、二年级组和三、四年级组测试项目分为三类,身高、体重为必测项目,其他二类测试项目各选测一项。小学五、六年级组,初、高中各组,大学组测试项目均为五类,身高、体重、肺活量为必测项目,其他三类测试项目各选测一项。

选测项目每年由地(市)级教育行政部门、高等学校在测试前两个月确定并公布。选测项目原则上每年不得重复。

（五）学校每学年对学生进行一次本标准的测试,本标准的测试方法按《国家学生体质健康标准解读》(人民教育出版社出版)中的有关要求进行。

（六）本标准各评价指标的得分之和为本标准的最后得分，满分为100分。根据最后得分评定等级：90分及以上为优秀，75分—89分为良好，60分—74分为及格，59分及以下为不及格。学生体质健康标准成绩每学年评定一次，按评定等级记入《国家学生体质健康标准登记卡》（见附表1—5）。学生毕业时体质健康标准的成绩和等级，按毕业当年得分和其他学年平均得分各占50%之和进行评定。因病或残疾免予执行本标准的学生，填写《免予执行〈国家学生体质健康标准〉申请表》（见附表6）。

（七）本标准由教育部负责解释。

二、《国家学生体质健康标准》评价指标与分值

组别评价指标（测试项目） 分值 备注

小学一、二年级身高标准体重 20分 必测

坐位体前屈、投沙包 40分 选测一项

50米跑（25米×2往返跑）、立定跳远、跳绳、踢毽子 40分 选测一项

小学三、四年级身高标准体重 20分 必测

坐位体前屈、掷实心球、仰卧起坐 40分 选测一项

50米跑（25米×2往返跑）、立定跳远、跳绳 40分 选测一项

小学五、六年级身高标准体重 10分 必测

肺活量体重指数 20分 必测

400米跑（50米×8往返跑）、台阶试验 30分 选测一项

坐位体前屈、掷实心球、仰卧起坐、握力体重指数 20分 选测一项

50米跑（25米×2往返跑）、立定跳远、跳绳、篮球运球、足球颠球、排球垫球 20分 选测一项

初中、高中、大学各年级身高标准体重 10 分必测

肺活量体重指数 20分 必测

1000米跑（男）、800米跑（女）、台阶试验　30分　选测一项

坐位体前屈、掷实心球、仰卧起坐（女）、引体向上（男）、握力体重指数
20分　选测一项

50米跑、立定跳远、跳绳、篮球运球、足球运球、排球垫球　20分　选测
一项

注：身高标准体重测试项目为身高、体重，肺活量体重指数测试项目为
肺活量，握力体重指数测试项目为握力。

三、《国家学生体质健康标准》评分表（略）

《国家学生体质健康标准》实施办法

一、《国家学生体质健康标准》（以下简称《标准》）的实施工作在教育部、
国家体育总局的领导下，由各级教育行政部门管理，体育行政部门指导，学
校组织实施。

二、《标准》的组织实施工作在校长领导下，由学校体育教研部门、教务
部门、校医院（医务室）、学工部门、辅导员（班主任）协同配合共同组织实施。
《标准》的测试应与学生的健康体检有机结合，避免重复测试。学生的《标
准》测试成绩按评定等级记入《国家学生体质健康标准登记卡》，小学列入学
生成长记录或学生素质报告书，初中以上学校列入学生档案（含电子档案），
作为学生毕业、升学的重要依据。对达到及格以上成绩的学生颁发证章。
《标准》的实施工作记入教师的教学工作量。

三、学生《标准》测试成绩达到良好及以上者，方可参加三好学生、奖学
金评选；成绩达到优秀者，方可获体育奖学分。《标准》成绩不及格者，在本学
年度准予补测一次，补测仍不及格，则学年《标准》成绩为不及格。普通高
中、中等职业学校和普通高等学校学生毕业时，《标准》测试的成绩达不到50
分者按肄业处理。

四、因病或残疾学生,可向学校提交免予执行《标准》的申请,经医疗单位证明,体育教学部门核准后,可免予执行《标准》,并填写《免予执行〈国家学生体质健康标准〉申请表》,存入学生档案。对确实丧失运动能力、免予执行《标准》的残疾学生,仍可参加三好学生、奖学金、奖学分评选,毕业时《标准》成绩可记为满分,但不评定等级。

五、认真上好体育课、积极参加体育活动、每天锻炼时间达到一小时者,奖励5分,计入学年《标准》总成绩。

六、属下列情况之一者,其《标准》成绩记为不及格,该学年《标准》成绩最高记为59分:

1.评价指标中400米(50米×8往返跑)、1000米跑(男)、800米跑(女)、台阶试验的得分达不到及格者;

2.体育课无故缺勤,一学年累计超过应出勤次数1/10者。

七、各地、各学校在实施《标准》时要树立"安全第一"的指导思想,健全各项安全保障制度,落实安全责任制,加强对场地、器材、设备的安全检查。要认真做好学生的体检工作,对生病学生实行缓测和免测。

八、全国各级各类学校每年均直接将本校各年级《标准》测试数据,通过中国学生体质健康网(网址中文域名:中国学生体质健康网,英文域名:www.csh.edu.cn),报送至教育部"国家学生体质健康标准数据管理系统",上报数据的时间为每年9月1日至12月31日,上报测试数据的工具软件,由学校在中国学生体质健康网上免费下载使用。

九、高职、高专类学校参照有关要求执行。

十、教育部每年公布各省、自治区、直辖市实施《标准》的基本情况;每学年对教育部直属高校本科新生《标准》测试结果,按生源所在地进行统计,并以省、自治区、直辖市为单位进行公布。

十一、各地教育、体育行政部门对本地各级各类学校实施《标准》的情况,要认真检查监督。要将《标准》的实施情况纳入各级政府教育督导内容和评估指标体系,并作为对各级各类学校进行评优、表彰的基本依据。对弄虚作假、徇私舞弊者,给予通报批评,情节严重者,给予行政处分。

十二、为保证《标准》测试数据的科学性、准确性,各地、各学校招标、选用的《标准》测试器材必须是经国家认证认可监督管理委员会批准的相关认证机构认证合格的产品。

十三、本办法由教育部负责解释。

附录4 《体育强国建设纲要》

《国务院办公厅关于印发体育强国建设纲要的通知》是由国务院办公厅于2019年8月10日印发实施的通知。

为进一步明确体育强国建设的目标、任务及措施,充分发挥体育在全面建设社会主义现代化国家新征程中的重要作用,制定本纲要。

一、总体要求

(一)指导思想。

以习近平新时代中国特色社会主义思想为指导,全面贯彻党的十九大和十九届二中、三中全会精神,认真学习贯彻习近平总书记关于体育工作的重要论述,按照党中央、国务院关于加快推进体育强国建设的决策部署,坚持以人为本、改革创新、依法治体、协同联动,持续提升体育发展的质量和效益,大力推动全民健身与全民健康深度融合,更好发挥举国体制与市场机制相结合的重要作用,不断满足人民对美好生活的需要,努力将体育建设成为中华民族伟大复兴的标志性事业。

(二)战略目标。

到2020年,建立与全面建成小康社会相适应的体育发展新机制,体育领域创新发展取得新成果,全民族身体素养和健康水平持续提高,公共体育服务体系初步建立,竞技体育综合实力进一步增强,体育产业在实现高质量发展上取得新进展。

到2035年,形成政府主导有力、社会规范有序、市场充满活力、人民积极参与、社会组织健康发展、公共服务完善、与基本实现现代化相适应的体育发展新格局,体育治理体系和治理能力实现现代化。全民健身更亲民、更便利、更普及,经常参加体育锻炼人数比例达到45%以上,人均体育场地面积达到2.5平方米,城乡居民达到《国民体质测定标准》合格以上的人数比例超过92%;青少年体育服务体系更加健全,身体素养显著提升,健康状况明显改善;竞技体育更好、更快、更高、更强,夏季项目与冬季项目、男子项目与女子项目、职业体育与专业体育、"三大球"与基础大项等实现均衡发展,综合实力和国际影响力大幅提升;体育产业更大、更活、更优,成为国民经济支柱性产业;体育文化感召力、影响力、凝聚力不断提高,中华体育精神传承发扬;体育对外和对港澳台交往更活跃、更全面、更协调,成为中国特色大国外交和"一国两制"事业的重要方面。

到2050年,全面建成社会主义现代化体育强国。人民身体素养和健康水平、体育综合实力和国际影响力居于世界前列,体育成为中华民族伟大复兴的标志性事业。

…… ……

三、战略任务

(一)落实全民健身国家战略,助力健康中国建设。

完善全民健身公共服务体系。充分发挥国务院全民健身工作部际联席会议作用,地方各级政府建立全民健身工作联席会议机制。紧紧围绕便民惠民,抓好全民健身"六个身边"工程建设。积极开展体育强省、全民运动健身模范市、全民运动健身模范县三级联创活动,逐步推动基本公共体育服务在地区、城乡、行业和人群间的均等化。推动全民健身公共服务资源向农村倾斜,重点扶持革命老区、民族地区、边疆地区、贫困地区发展全民健身事业。

统筹建设全民健身场地设施。加强城市绿道、健身步道、自行车道、全民健身中心、体育健身公园、社区文体广场以及足球、冰雪运动等场地设施建设,与住宅、商业、文化、娱乐等建设项目综合开发和改造相结合,合理利用城市空置场所、地下空间、公园绿地、建筑屋顶、权属单位物业附属空间。鼓励社会力量建设小型体育场所,完善公共体育设施免费或低收费开放政策,有序促进各类体育场地设施向社会开放。紧密结合美丽宜居乡村、运动休闲特色小镇建设,鼓励创建休闲健身区、功能区和田园景区,探索发展乡村健身休闲产业和建设运动休闲特色乡村。

广泛开展全民健身活动。坚持以人民健康为中心,制定并实施全民健身计划,普及科学健身知识和健身方法,因时因地因需开展全民健身活动,坚持大健康理念,从注重"治已病"向注重"治未病"转变。推行《国家体育锻炼标准》和《国家学生体质健康标准》,建立面向全民的体育运动水平等级标准和评定体系。大力发展群众喜闻乐见的运动项目,扶持推广各类民族民间民俗传统运动项目。建立群众性竞赛活动体系和激励机制,探索多元主体办赛机制。推进冰雪运动"南展西扩东进"战略,带动"三亿人参与冰雪运动"。

优化全民健身组织网络。发挥全国性体育社会组织示范作用,推进各级体育总会建设,完善覆盖城乡、规范有序、富有活力的全民健身组织网络,带动各级各类单项、行业和人群体育组织开展全民健身活动。组织社会体育指导员广泛开展全民健身指导服务,建立全民健身志愿服务长效机制。

促进重点人群体育活动开展。制定实施青少年、妇女、老年人、农民、职业人群、残疾人等群体的体质健康干预计划。将促进青少年提高身体素养和养成健康生活方式作为学校体育教育的重要内容,把学生体质健康水平纳入政府、教育行政部门、学校的考核体系,全面实施青少年体育活动促进计划。实行工间健身制度,鼓励和支持新建工作场所建设适当的健身活动场地。积极推进冰雪运动进校园、进社区,普及冬奥知识和冰雪运动。推动残疾人康复体育和健身体育广泛开展。

推进全民健身智慧化发展。运用物联网、云计算等新信息技术,促进体育场馆活动预订、赛事信息发布、经营服务统计等整合应用,推进智慧健身路径、智慧健身步道、智慧体育公园建设。鼓励社会力量建设分布于城乡社区、商圈、工业园区的智慧健身中心、智慧健身馆。依托已有资源,提升智慧化全民健身公共服务能力,实现资源整合、数据共享、互联互通,加强分析应用。

(二)提升竞技体育综合实力,增强为国争光能力。

完善举国体制与市场机制相结合的竞技体育发展模式,坚持开放办体育,形成国家办与社会办相结合的竞技体育管理体制和运行机制。创新优秀运动员培养和优秀运动队组建模式,建立向全社会开放的国家队运动员选拔制度,充分调动高校、地方以及社会力量参与竞技体育的积极性。综合评估竞技体育项目发展潜力和价值,统筹各项目发展,建立竞技体育公共投入的效益评估体系。

构建科学合理的训练体系。加强优秀运动队复合型训练团队建设,构建符合科学发展要求的训练体系。统筹国际国内体育科技资源,构建跨学科、跨地域、跨行业、跨部门的体育科技协同创新平台,加强科研攻关、科技服务和医疗保障工作。加大对训练基地科研、医疗、文化教育等支持,把若干现有基地建设成为世界一流的"训、科、医、教、服"一体化训练基地。

建立中国特色现代化竞赛体系。推进竞赛体制改革,建立适应社会主义市场经济、符合现代体育运动规律、与国际接轨的体育竞赛制度,构建多部门合作、多主体参与的金字塔式体育竞赛体系,畅通分级分类有序参赛通道,推动青少年竞赛体系和学校竞赛体系有机融合。深化全国运动会、全国冬季运动会、全国青年运动会改革。支持全国性单项体育协会举办高水平体育赛事活动,鼓励社会力量举办形式多样的系列赛、大奖赛、分站赛等。

做好2020年东京奥运会、残奥会和2022年北京冬奥会、冬残奥会备战参赛工作。在保持传统优势项目领先地位的基础上,做大做强基础项目;持续加大冰雪项目选材力度,恶补冰雪项目短板,不断提高冰雪竞技水平;扎实推进备战工作,全面加强科学训练、赛事平台建设、反兴奋剂、综合服务保障等工作,建立人才流动绿色通道;打造能征善战、作风优良的一流队伍,确保在2020年东京奥运会、残奥会上取得运动成绩与精神文明双丰收,在2022年北京冬奥会上实现全项目参赛,取得我国冬奥会和冬残奥会参赛史上最好成绩。

全面推动足球、篮球、排球运动的普及和提高。积极探索中国特色"三大球"发展道路,构建政府主导、部门协同、社会力量积极参与的"三大球"训练、竞赛和后备人才培养体系。加强国际交流与合作,强化科技助力,提高"三大球"训练、竞赛的科学化水平。挖掘"三大球"项目文化,提高大众的认知度和参与度。

推进职业体育发展。鼓励具备条件的运动项目走职业化道路,支持教练员、运动员职业化发展,组建职业联盟。完善职业体育俱乐部法人治理结构,加快俱乐部现代企业制度建设。建立体育经纪人制度,积极探索适应中国国情和职业体育特点的职业运动员管理制度。完善职业体育联赛体制机制,充分发挥俱乐部的市场主体作用,培育形成具有世界影响力的职业联赛。

(三)加快发展体育产业,培育经济发展新动能。

打造现代产业体系。完善体育全产业链条,促进体育与相关行业融合发展,推动区域体育产业协同发展。加快推动互联网、大数据、人工智能与体育实体经济深度融合,创新生产方式、服务方式和商业模式,促进体育制造业转型升级、体育服务业提质增效。

激发市场主体活力。支持体育用品研发设计、生产制造和示范应用,引导企业加大自主研发和科技成果转化力度,开发科技含量高、拥有自主知识产权的产品,支持可穿戴运动设备和智能运动装备的研发与制造,显著提升体育用品供给能力。打造一批具有国际竞争力的知名体育企业和具有国际影响力的自主体育品牌,支持优势企业、优势品牌和优势项目"走出去"。完善健身教练、体育经纪人等职业标准和管理规范。扶持体育培训、策划、咨询、经纪、营销等企业发展。鼓励大型健身俱乐部跨区域连锁经营,鼓励大型体育赛事进行市场开发,支持成立各类体育产业孵化平台。

扩大体育消费。广泛开展群众性体育活动,增强体育消费粘性,丰富节假日体育赛事供给,激发大众体育消费需求。拓展体育健身、体育观赛、体育培训、体育旅游等消费新空间,促进健身休闲、竞赛表演产业发展。创新体育消费支付产品,推动体育消费便利化。支持各地创新体育消费引导机制。

加强体育市场监管。完善体育市场监管体制,推进综合行政执法。充分发挥法律法规的规范作用、行业协会的自律作用、市场的配置作用、公众和舆论的监督作用,促进体育市场主体自我约束、诚信经营。推进体育行业信用体系建设,完善体育企业信息公示制度,强化体育企业信息归集机制,健全信用约束和失信联合惩戒机制。

(四)促进体育文化繁荣发展,弘扬中华体育精神。

大力弘扬中华体育精神。深入挖掘中华体育精神,将其融入社会主义核心价值体系建设,精心培育和发展体育公益、慈善和志愿服务文化。完善中国体育荣誉体系,鼓励社会组织和单项体育协会打造褒奖运动精神的各类荣誉奖励。倡导文明观赛、文明健身等体育文明礼仪,促进社会主义思想道德建设和精神文明创建。

传承中华传统体育文化。加强优秀民族体育、民间体育、民俗体育的保护、推广和创新,推进传统体育项目文化的挖掘和整理。开展体育文物、档案、文献等普查、收集、整理、保存和研究利用工作。开展传统体育类非物质文化遗产展示展演活动,推动传统体育类非物质文化遗产进校园。

推动运动项目文化建设。挖掘体育运动项目特色、组织文化和团队精神,讲好以运动员为主体的运动项目文化故事。培育具有优秀品德和良好运动成绩的体育明星,组织运动队和体育明星开展公益活动。以各类赛事为平台,举办以运动项目为主要内容的文化活动、文化展示。以2022年北京冬奥会和冬残奥会筹办为契机,弘扬冰雪运动项目文化。

丰富体育文化产品。实施体育文化创作精品工程,创作具有时代特征、体育内涵、中国特色的体育文化产品,鼓励开展体育影视、体育音乐、体育摄影、体育美术、体育动漫、体育收藏品等的展示和评选活动。

(五)加强对外和对港澳台体育交往,服务中国特色大国外交和"一国两制"事业。

构建体育对外交往新格局。深化与亚洲各国尤其是周边国家的体育交流合作,务实推进与欧美发达国家的体育互利合作,巩固和发展与非洲和拉美国家的体育友好关系。引导、支持和鼓励体育类社会组织、体育明星、大众媒体、体育企业、海外华侨等在体育对外交往活动中发挥作用。

加强与重点国家和地区体育交流合作。积极参与政府间人文交流活动,扎实推进共建"一带一路"、金砖国家、上海合作组织等多边合作框架下的体育交流活动。制定实施共建"一带一路"体育发展行动计划,积极搭建各类体育交流平台,鼓励丰富多样的民间体育交流。推动与共建"一带一路"国家在体育旅游方面深度合作,打造"一带一路"精品体育旅游赛事和线路。

提升中国体育国际影响力。实施中华武术"走出去"战略,对标奥运会要求,完善规则、标准,力争武术项目早日进入奥运会。通过孔子学院和海外中国文化中心等平台,推动中国传统体育项目的国际化发展。拓展对外传播优势平台,加强与国际体育组织的交流合作,扩大我国在国际体育事务中的影响力和话语权。

深化对港澳台地区体育交流合作。积极开展内地与港澳体育交流合作,支持港澳体育事业发展。邀请港澳相关人士参加和观摩全国综合性运动会。支持港澳申请和举办国际体育赛事。积极稳妥地开展两岸体育交流合作,强化两岸体育交流机制。坚持在"奥运模式"框架内,妥善处理国际体育活动中的涉台问题。

四、政策保障

(一)加强组织领导。体育、发展改革、财政、税务、人力资源社会保障、公安、教育、文化和旅游、卫生健康、科技、民政、外交、住房城乡建设、自然资源、农业农村、残联等部门和单位要建立目标任务分解考核和动态调整机制,确保体育强国建设目标如期完成。进一步转变政府职能,充分调动社会力量,构建管办分离、内外联动、各司其职、灵活高效的体育发展新模式,实现体育治理体系和治理能力现代化。

(二)加大政策支持力度。完善公共财政体育投入机制,多渠道筹措资金支持体育强国建设。合理划分地方各级政府在体育领域的财政事权和支出责任,明确地方主体责任。加大政府性基金与一般公共预算的统筹力度。加大政府向社会力量购买公共体育服务的力度。落实体育税费政策,加强对政策执行情况的评估督查。将全民健身场地设施纳入各级政府经济社会发展规划和各级国土空间规划,统筹考虑全民健身场地设施、体育用地需求,建立社区全民健身场地设施配建标准和评价制度。研究完善建设用地标准,在国家土地政策允许范围内,保障重要公益性体育设施和体育产业设施、项目必要用地,并依法依规办理用地手续。

(三)促进区域协调发展。积极推进京津冀、长三角、粤港澳、海峡西岸等区域内体育协调发展。加快在海南建设国家体育训练南方基地和国家体育旅游示范区。挖掘中西部地区独特的体育资源优势,形成东、中、西部体育良性互动格局。丰富革命老区、民族地区、边疆地区、贫困地区群众的体育生活,做好体育援疆、援藏工作。

(四)加快体育人才培养和引进。制定全国体育人才发展中长期规划,实施高层次人才培养专项计划。建立健全适应体育行业特点的人事制度、薪酬制度、人才评价机制。选派重点项目、重点领域专业人才出国(境)培训、留学,支持与海外高水平机构联合培养体育人才。开展体育引智工作,加大人才引进力度。

(五)推进体育领域法治和行业作风建设。推动《中华人民共和国体育法》修订,加快体育领域相关法规文件立改废释工作。深化体育领域"放管服"改革,精简行政审批事项,加强对体育赛事、体育市场经营等活动的事中事后监管,不断优化服务。强化体育执法,建立体育纠纷多元化解机制。深入开展赛风赛纪和反兴奋剂专项治理。加强运动队党建和运动员、教练员思想政治工作。加强运动员职业道德教育和文明礼仪修养。各类体育协会要加强行业自律,引导行业健康发展、企业规范经营。

(六)加强体育政策规划制定等工作。制定全民健身、竞技体育、体育产业等领域以及包括"三大球"在内的各运动项目发展规划。全面推进体育标准化建设,重点推进基本公共体育服务建设以及运动水平、赛事活动、教育培训等体育服务领域的规范和标准制修订。进一步完善体育事业和体育产业统计制度。推进体育信息化建设。加强体育基础理论研究,为体育强国建设提供理论支持和决策参考。

附录5　《关于构建更高水平的全民健身公共服务体系的意见》

2022年3月,中共中央办公厅、国务院办公厅印发了《关于构建更高水平的全民健身公共服务体系的意见》。

构建更高水平的全民健身公共服务体系,是加快体育强国建设的重要基石,是顺应人民对高品质生活期待的内在要求,是推动全体人民共同富裕取得更为明显的实质性进展的重要内容。为贯彻落实党中央、国务院有关决策部署,增强人民体质,提高全民健康水平,现就构建更高水平的全民健身公共服务体系提出如下意见。

一、总体要求

(一)指导思想。以习近平新时代中国特色社会主义思想为指导,全面贯彻党的十九大和十九届历次全会精神,坚持以人民为中心,贯彻新发展理念,以增强人民体质、提高全民健康水平为根本目的,深入实施全民健身国家战略,全面推进健康中国建设,进一步发挥政府作用,激发社会力量积极性,优化资源布局,扩大服务供给,构建统筹城乡、公平可及、服务便利、运行高效、保障有力的更高水平的全民健身公共服务体系。

(二)工作原则

——覆盖全民,公益导向。健全促进全民健身制度性举措,扩大公益性和基础性服务供给,提高参与度,增强可及性,推动全民健身公共服务体系覆盖全民、服务全民、造福全民。

——科学布局,统筹城乡。以需求为导向配置全民健身公共服务资源,引导优质资源向基层延伸。对接国家重大战略,促进全民健身公共服务城乡区域协调发展。

——创新驱动,绿色发展。强化资源集约利用和科技支撑,推动体制机制改革和供给方式创新。打造绿色便捷的全民健身新载体,促进全民健身与生态文明建设相结合。

——政府引导,多方参与。发挥政府保基本、兜底线的作用,推进基本公共服务均等化,尽力而为、量力而行。激发社会力量积极性,推动共建共治共享,形成全民健身发展长效机制。

(三)主要目标。到2025年,更高水平的全民健身公共服务体系基本建立,人均体育场地面积达到2.6平方米,经常参加体育锻炼人数比例达到38.5%,政府提供的全民健身基本公共服务体系更加完善、标准更加健全、品质明显提升,社会力量提供的普惠性公共服务实现付费可享有、价格可承受、质量有保障、安全有监管,群众健身热情进一步提高。到2035年,与社会主义现代化国家相适应的全民健身公共服务体系全面建立,经常参加体育锻炼人数比例达到45%以上,体育健身和运动休闲成为普遍生活方式,人民身体素养和健康水平居于世界前列。

二、完善支持社会力量发展全民健身的体制机制

(四)健全全民健身组织网络。积极稳妥推进体育协会与体育行政部门脱钩。体育行政部门要加强对体育社会组织的政策引导和监督管理。全国性单项体育协会要加强对会员单位的联系和服务,完善相关标准规范。支持全国性单项体育协会积极发展单位会员,探索发展个人会员。将运动项目的推广普及作为对单项体育协会的主要评价指标。支持党政机关、企事业单位、学校常态化制度化组织健身活动。鼓励发展在社区内活动的群众自发性健身组织。

（五）夯实社区全民健身基础。将全民健身公共服务纳入社区服务体系，培育一批融入社区的基层体育俱乐部和运动协会。在社区内活动的符合条件的基层体育组织可依法向县级民政部门申请登记。在社区设立健身活动站点，引导体育社会组织下沉社区组织健身赛事活动。实施社区健身设施夜间"点亮工程"。

（六）推动更多竞技体育成果全民共享。推动体育系统管理的训练中心、基地、体校的健身设施以及运动康复等服务向社会开放。促进国家队训练方法、日常食谱、康复技巧等实行市场化开发和成果转化。建立国家队、省队运动员进校园、进社区制度，现役国家队、省队运动员每年要在中小学校或社区开展一定时间的健身指导服务。建立面向全社会的体育运动水平等级制度，健全服务全民健身的教练员、裁判员评价体系。建立高水平运动队帮扶基层体育社会组织的机制。

三、推动全民健身公共服务城乡区域均衡发展

（七）按人口要素统筹资源布局。加大全民健身公共服务资源向基础薄弱区域和群众身边倾斜力度，与常住人口总量、结构、流动趋势相衔接。完善农村全民健身公共服务网络，逐步实现城乡服务内容和标准统一衔接。鼓励有条件的城市群和都市圈编制统一的全民健身规划，促进区域内健身步道、沿河步道、城市绿道互联互通，健身设施共建共享。

（八）优化城市全民健身功能布局。超大特大城市中心城区要推广功能复合、立体开发的集约紧凑型健身设施发展模式。大中城市要加强多中心、多层级、多节点的全民健身资源布局，打造现代时尚的健身场景。县城城镇化要同步规划、同步建设健身设施。老城区要结合城市更新行动，鼓励运用市场机制盘活存量低效用地，增加开敞式健身设施。新建城区要结合城市留白增绿，科学规划社区全民健身中心，建设与生产生活空间相互融合、与

绿环绿廊绿楔相互嵌套的健身设施。

(九)构建对接国家重大战略的空间布局。结合落实京津冀协同发展、长江经济带发展、粤港澳大湾区建设、推进海南全面深化改革开放、长三角一体化发展、黄河流域生态保护和高质量发展等重大战略,以及推进成渝地区双城经济圈建设,完善健身设施布局。研究推动在河北崇礼、吉林长白山(非红线区)、黑龙江亚布力、新疆阿勒泰等地建设冰雪丝路带。支持京张体育文化旅游带建设。支持新疆、吉林共同创建中国冰雪经济高质量发展试验区。沿太行山和京杭大运河、西安至成都、青藏公路打造"三纵",沿丝绸之路、318国道、长江、黄河沿线打造"四横",构建户外运动"三纵四横"的空间布局。

四、打造绿色便捷的全民健身新载体

(十)打造群众身边的体育生态圈。实施全民健身设施补短板工程,建设全民健身中心、公共体育场、社会足球场等健身设施,加强乡镇、街道健身场地器材配备,构建多层级健身设施网络和城镇社区15分钟健身圈。新建居住区要按室内人均建筑面积不低于0.1平方米或室外人均用地不低于0.3平方米的标准配建公共健身设施,纳入施工图纸审查,验收未达标不得交付使用。支持社会力量建设"百姓健身房",鼓励有条件的企事业单位利用自有资源建设共享健身空间。建设国家全民健身信息服务平台。

(十一)拓展全民健身新空间。制定国家步道体系建设总体方案和建设指南。支持依法利用林业生产用地建设森林步道、登山步道等健身设施。推进体育公园建设,推动体育公园向公众免费开放。在现有郊野公园、城市公园中因地制宜配建一定比例的健身设施。在符合相关法律法规、不破坏生态、不妨碍行洪和供水安全的前提下,支持利用山地森林、河流峡谷、草地荒漠等地貌,建设特色体育公园,在河道湖泊沿岸、滩地等地建设健身步道,并设立必要预警设施和标识。

（十二）完善户外运动配套设施。加强冰雪、山地等户外运动营地及登山道、徒步道、骑行道等设施建设。加强户外运动目的地与交通干线之间的连接，完善停车、供电、供水、环卫、通信、标识、应急救援等配套设施。公共户外运动空间可配套建设智能化淋浴、更衣、储物等设施。支持建设符合环保和安全等要求的气膜结构健身馆等新型健身场地设施。

（十三）推进健身设施绿色低碳转型。开展公共体育场馆开放服务提升行动，推广绿色建材和可再生能源使用，实施节能降本改造，加快运用5G等新一代信息技术改进场馆管理和赛事服务。制定绿色体育场馆运营评价通用规范。控制大型综合体育场馆的规模和数量，鼓励有条件的地方建设高品质专项运动场馆。体育场馆建设要与城市风貌、城市文脉、城市精神相适应。户外运动设施不能逾越生态保护红线，不能破坏自然生态系统，充分利用自然环境打造运动场景。

（十四）推动健身场地全面开放共享。事业单位和国有企业要带头开放可用于健身的空间，做到能开尽开。已建成且有条件的学校要进行"一场两门、早晚两开"体育设施安全隔离改造；新建学校规划设计的体育设施要符合开放条件。鼓励学校体育设施对社会开放实行免费和低收费政策。支持第三方对区域内学校体育设施开放进行统一运营。鼓励私营企业向社会开放自有健身设施。

五、构建多层次多样化的赛事活动体系

（十五）支持社会力量举办赛事。公开全国综合性运动会和单项体育赛事目录及承接标准，引入社会资本参与承办赛事。优化体育赛事使用道路、空域、水域、无线电等行政审批流程。修订《大型群众性活动安全管理条例》，推动体育赛事活动安保服务社会化、市场化、专业化发展。

(十六)培育赛事活动品牌。建立分学段、跨区域的四级青少年体育赛事体系。建立足球、篮球、排球业余竞赛体系。加快发展以自主品牌为主的体育赛事体系,培育形成具有世界影响力的职业联赛。支持打造群众性特色体育赛事,引导举办城市体育联赛。鼓励群众自发性健身组织举办广场舞、健步走、棋牌等健身活动。

(十七)推动户外运动发展。编制户外运动产业发展规划。开展自然资源向户外运动开放试点,制定在可利用的水域、空域、森林、草原等自然区域内允许开展的户外运动活动目录。推动户外运动装备器材便利化运输。鼓励户外运动装备制造企业向服务业延伸发展。

(十八)加强赛事安全管理。落实赛事举办方安全主体责任,严格赛事安全监管责任,责任履行不到位的,依照有关规定严肃追责问责。配足配齐安保力量,强化安保措施,确保各类赛事活动安全顺利举办。建立户外运动安全分级管控体系,分类制定办赛安全标准。制定政府有偿救援标准。支持保险和商业救援服务发展,培育民间公益救援力量。加强户外安全知识教育,引导群众科学认识身心状况、理性评估竞技能力、积极应对参赛风险。

六、夯实广泛参与全民健身运动的群众基础

(十九)落实全龄友好理念。建立适合未成年人使用的设施器材标准,培养未成年人参与体育项目兴趣。推动公共体育场馆向青少年免费或低收费开放。为老年人使用场地设施和器材提供必要帮扶,解决老年人运用体育智能技术困难问题。营造无障碍体育环境,为残疾人参与全民健身运动提供便利。

(二十)培养终身运动者。实施青少年体育活动促进计划,让每个青少年较好掌握1项以上运动技能,培育运动项目人口。开齐开足上好体育课,鼓励基础教育阶段学校每天开设1节体育课。支持体校、体育俱乐部进入学

校、青少年宫开设公益性课后体育兴趣班。支持学校、青少年宫和社会力量合作创建公益性体育俱乐部。

(二十一)提高职工参与度。按职业类型制定健身指导方案。发挥领导干部带动作用,组织开展各类健身活动。鼓励机关、企事业单位配备健身房和健身器材。发挥工会作用,鼓励工会每年组织各类健身活动,并将此纳入工会考核内容。鼓励按照《基层工会经费收支管理办法》规定,使用工会经费为职工购买健身服务。

七、提高全民健身标准化科学化水平

(二十二)完善全民健身公共服务标准体系。制定全民健身基本公共服务国家标准并动态更新。健全全民健身场地设施、器材装备等标准。修订镇域、城市公共体育设施规划标准。研究制定城市公共体育场、体育馆、游泳馆建设标准。加强运动技能、赛事活动、体育教育培训等体育服务领域标准制定修订。建立健全全民健身公共服务统计监测制度。

(二十三)提高健身运动专业化水平。修订《社会体育指导员管理办法》,发展公益社会体育指导员队伍,指导其依法开展健身志愿服务活动。推动持有职业资格证书的社会体育指导员与教练员职业发展贯通,完善群众体育教练员职称评审标准。深入实施《国家体育锻炼标准》。完善《全民健身指南》。

(二十四)深化体卫融合。制定实施运动促进健康行动计划。建立体卫融合重点实验室。鼓励有条件的医疗机构加强以体育运动康复为特色的专科能力建设。推动国民体质监测站点与医疗卫生机构合作,推广常见慢性病运动干预项目和方法,倡导"运动是良医"理念。

八、营造人人参与体育锻炼的社会氛围

(二十五)普及全民健身文化。将全民健身理念和知识融入义务教育教材。打造一批科学健身传播平台,加大全民健身公益广告创作和投放力度。发挥体育明星正能量,弘扬中华体育精神。实施体育文化创作精品工程。加强体育非物质文化遗产保护。

(二十六)强化全民健身激励。向国家体育锻炼标准和体育运动水平等级标准达标者颁发证书。鼓励有条件的地方发放体育消费券。建立第三方评估机制,定期发布全民健身城市活力指数。

(二十七)开展全民健身国际交流。以2022年北京冬奥会、冬残奥会等国际赛事为契机,加强全民健身领域国际交流合作。与共建"一带一路"国家搭建合作平台,共同举办群众性体育赛事。加强中华传统体育活动国际交流,支持中华传统体育项目走出去。

九、保障措施

(二十八)加强组织领导。加强党对全民健身工作的领导,发挥国务院全民健身工作部际联席会议作用,着力构建更高水平的全民健身公共服务体系。县级以上政府要将全民健身公共服务体系建设纳入经济社会发展规划,作为一项重要民生实事定期专题研究。

(二十九)注重因地制宜。各地要实事求是提出发展目标,因地制宜选择全民健身发展路径,既坚持一定标准,又防止好高骛远,做到各项指标和政策贴近实际、务实管用。开展全民健身公共服务体系建设重点推进城市创建工作。

(三十)完善支撑条件。支持体育院校加强体育管理、社会体育、休闲体育等相关专业建设。加强冰雪运动等紧缺领域教练员培养。中央财政统筹

利用一般公共预算和政府性基金预算等渠道,发挥中央预算内投资的引导和撬动作用。地方财政综合运用中央对地方有关转移支付资金和自有财力,完善支持政策。制定政府购买全民健身公共服务的办法及实施细则。积极吸引社会力量参与,支持有意愿的房地产企业以及健康养老、文化旅游等社会资本投资全民健身。

(三十一)强化法治保障。加快修订《中华人民共和国体育法》。研究修订《全民健身条例》。研究制定体育市场管理条例、公共体育设施管理办法。完善地方体育行政执法工作机制,将适当事项纳入同级综合执法范畴。健全体育仲裁、监管和信息公开等制度。

(三十二)加强督促落实。国家发展改革委、体育总局牵头对本意见实施情况进行跟踪监测,重大问题及时向党中央、国务院请示报告。各地要根据本意见要求,建立工作落实机制,及时分解任务分工,确保各项任务落到实处、见到实效。

附录6 《2022年全国体育场地统计调查数据》

为深入贯彻落实党的二十大精神和党中央、国务院关于体育工作的决策部署,加快建设体育强国,依据《中华人民共和国统计法》《中华人民共和国统计法实施条例》《体育总局关于防范和惩治体育统计造假、弄虚作假责任制的规定(试行)》等,制定全国体育场地调查制度。通过对全国体育场地进行统计调查、统计分析,真实、准确、完整、及时地反映我国体育场地发展情况。

本制度的调查对象是指可供我国居民开展体育训练、比赛、健身活动的各类体育场地。统计范围为体育、教育和其他行业。本制度的调查内容包括单位的基本情况、场地类型、场地数量、场地面积等。本制度采用重点调查和全面调查相结合的方法。本制度的调查组织方式为统一组织、分级实施。体育总局统一部署全国体育场地统计调查工作,省级人民政府体育行政部门组织管理本省统计调查工作,地市级和区县级人民政府体育行政部门组织实施本行政区域内的现场调查和数据填报工作。每年4月30日前,体育总局通过官方网站发布上一年度全国体育场地主要统计数据。一般每年6月30日前,省级、地市级和区县级人民政府体育行政部门通过本单位官方网站公开上一年度本行政区域内的体育场地主要统计数据。